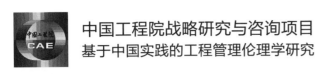

中国工程院战略研究与咨询项目

基于中国实践的工程管理伦理学研究

中国建筑工业出版社
学术著作出版基金项目

工程管理伦理

——基于中国工程管理实践的探索

方东平　张恒力　李文琪　刘　合　等著

中国建筑工业出版社

图书在版编目（CIP）数据

工程管理伦理：基于中国工程管理实践的探索/方东平等著. —北京：中国建筑工业出版社，2022.8
ISBN 978-7-112-27848-0

Ⅰ.①工… Ⅱ.①方… Ⅲ.①工程管理—伦理学—研究—中国 Ⅳ.①F423-05

中国版本图书馆CIP数据核字（2022）第159365号

本书是一部探索性的学术著作，旨在回应新时代工程向善的发展诉求，鉴于工程伦理在我国发展与应用的局限性，针对当前普遍存在的关键性、突出性伦理问题，初步提出工程管理伦理的基本概念、框架与原则，以补充完善中国工程哲学与工程管理学理论，形成解决中国工程实践中伦理问题的创新性方案。本书在结构上分为"导论""理论篇"和"案例篇"三个部分。"理论篇"对工程管理伦理理论体系进行探索性勾画。"案例篇"对我国工程建设的一些具有代表性、典型性、示范性的案例从工程管理伦理的角度进行了具体研究分析。

无论是在国内还是国外，本书都是第一部基于工程伦理在中国工程实践中的不完全适用性，提出工程管理伦理基本概念与理论框架的著作，具有重要的理论价值和现实意义。

责任编辑：赵晓菲　朱晓瑜　张智芊
责任校对：赵　菲

工程管理伦理——基于中国工程管理实践的探索
方东平　张恒力　李文琪　刘　合　等著

*

中国建筑工业出版社出版、发行（北京海淀三里河路9号）
各地新华书店、建筑书店经销
华之逸品书装设计制版
北京市密东印刷有限公司印刷

*

开本：787毫米×1092毫米　1/16　印张：16¼　字数：291千字
2022年11月第一版　2022年11月第一次印刷
定价：**65.00元**
ISBN 978-7-112-27848-0
（39996）

版权所有　翻印必究
如有印装质量问题，可寄本社图书出版中心退换
（邮政编码 100037）

序

21世纪是工程建设和工程科技高速发展的时代，我国建成了一大批世界级工程，工程建设取得历史性成就，在我国经济社会发展中发挥了重要的支柱作用。

中国工程院工程管理学部自2000年成立以来，一直注重对工程与工程管理基本理论的研究。2004年起立项进行的工程哲学研究，对工程的本质、特征与功能进行深入探讨。"工程—技术—科学"三元论与工程本体论明确了工程具有本体地位，而非科学或技术的衍生物，在此基础上形成的中国工程哲学体系把对工程的认识提升到哲学高度。2012年起开展的"工程管理理论体系研究"，基于中国大型、超大型工程建设的管理经验，集成中国工程管理自主创新的理论与方法，增进了对工程管理本体论、认识论、方法论与核心价值观的系统性认识。

与此同时，工程质量缺陷和安全事故频发，与工程满足人类生存与美好生活需求的初衷背道而驰；大量消耗资源、能源的工业部门因大规模建设需求迅速发展，加剧了资源短缺与环境破坏；基于利益关系和人情面子的工程腐败现象破坏了行业规则与生态；部分大型工程建设对公众的安全、健康与福祉带来威胁与损害，造成负面的社会影响。在这些工程活动造成的矛盾中，伦理问题深刻地渗透于各个维度，而伦理棱镜所折射出的工程问题成因的价值性根源，越来越不可回避。一方面，随着工程管理所涉及的实践主体增多，主体间交互关系与利益冲突愈发复杂，工程对社会与环境的负面影响范围与强度也在增大。另一方面，管理主体价值观念的进步与道德水准的提升大大落后于工程发展速度，对伦理问题缺乏认知与敏感，往往是导致工程陷入困境甚至失败的重要原因。如何贯彻新发展理念，在工程管理实践中构建起人与人、人与工程、人与自然之间合理有序的伦理关系，以实现和谐共赢，推动工程的良性发展，是新时代工程建设的迫切需要。

《工程管理伦理——基于中国工程管理实践的探索》便是在这个背景下应运而生的。本书直面新时代工程管理中亟须解决的伦理问题，针对已有工程伦理理论在我国工程建设中应用的局限性进行理论创新，也是对"工程管理理论体系研究"的深化与延展。最重要的贡献，就是考虑我国以工程管理者为核心主体的建设项目组织结构，将伦理主体由工程师转向工程管理者。同时挖掘和总结我国工程实践中管理者解决伦理问题的经验与智慧，期待工程管理者德以配位，承担起与其权力相匹配的伦理责任。

理论与实践紧密结合是本书的特点。用理论方法指导案例研究，以案例成果丰富理论框架，使本书既不乏理论深度，又具备广阔的工程视野。在理论层面，尝试对工程管理伦理的定义、内涵、主体特征等基础性理论问题进行界定与阐述，从问题识别与分析的角度勾勒出工程管理伦理的基本理论框架。在实践层面，在充分调研我国多个领域典型重大工程项目的基础上，对其中关键的工程管理伦理问题进行深度剖析，总结中国实践中工程管理伦理问题的类别、形式、成因与动态发展，提炼工程管理者应对工程管理伦理问题所需的理念、能力与智慧。基于上述工作，本书还起草了工程管理伦理指南，可作为提升工程管理者伦理水平的有力工具。

我们深信，《工程管理伦理——基于中国工程管理实践的探索》将会为解决我国当前工程管理实践中的伦理问题开辟新的途径。也期待本书的发行能够激发同侪对工程管理伦理研究的兴趣，共同推动工程管理伦理理论体系的完善与工程管理伦理指南的落地，推动新时代中国工程向好向善高质量发展。

中国工程院院士 殷瑞钰 王基铭 胡文瑞

2022年8月31日于北京

前 言

作者关于工程管理伦理的思考源于工程实践中不断出现的伦理问题。随着工程经验的积累和对工程的认识不断深化，我们深刻体会到工程中人的利益考虑、价值选择、道德水准的差异，以及人与人之间交互关系的多样性，使工程活动中的伦理问题呈现出高度的复杂性和前所未有的重要性。

中国工程院工程管理学部自2000年成立以来，持续对我国各类工程问题的本质与解决方案进行深入探索，殷瑞钰院士提出并主持了工程哲学的研究；何继善院士等在工程管理理论体系研究方面取得了丰硕成果，极大增进了我们对工程和工程管理的认识；刘合院士在2019年提出将伦理主体转移到工程管理者身上，基于中国工程管理实践来研究工程伦理问题的构想。

2021年，"基于中国实践的工程管理伦理学研究"在工程院正式立项。在前期准备过程中，多位院士专家提供了宝贵的意见与建议。殷瑞钰院士和何继善院士的肯定给予了我们信心，让我们坚信工程管理伦理研究对工程哲学和工程管理学理论的丰富和完善也具有重要意义。在刘合院士的带领下，我们组建了一支横跨多个学科、多个领域的研究队伍，包括工程学、伦理学、工程管理学等学科领域，顺利完成了第一阶段的目标。本书浓缩了历时近两年的研究成果，编写工作在刘合院士的领导和组织下完成，具体分工如下：导论、第1章、第2章、第3章、第4章由刘合、方东平、张恒力、李文琪、杨宏、李国欣、王建华、罗长森、李军、李正风、刘洪玉、李芬、苏健完成；第5章由李国欣、何文渊、支东明、吴志宇、陈林、李彦录完成；第6章由林鸣、高纪兵、董政、肖珈完成；第7章由王建华、何凡、姜姗、刘欢完成；第8章由杨宏、陈国宇、夏侨丽、李伟、高珊完成；第9章由罗长森、陈志刚、黄潜、苏罡、薛妍、冯行、卫毓卿、杨克完成；第10章由李建华、段先军、刘汉朝、张谦完成。方东平、张恒力、李文琪、刘合完成全书的统稿。此外，胡文瑞院士、殷瑞钰院士、何继善院士、孙丽丽院士、郑静晨院士、黄维和院士、袁晴棠院士、李贤玉院士、董尔丹院士、万俊人教授等为本书编写提供了重要指导与帮助，在此谨致诚挚谢意！

鉴于作者的思考深度和水平有限，本书的缺点与不足在所难免。希望本书的出版，能够引起学术界和工程界对工程管理伦理更多的关注，起到抛砖引玉的作用。

本书作者

2022 年 8 月 8 日

目 录

导 论 001

理论篇

第1章 工程管理伦理理论框架 013
  1.1 工程管理伦理的理论内涵 013
    1.1.1 基本概念 013
    1.1.2 工程管理伦理的理论内涵 014
    1.1.3 工程管理伦理与工程伦理 017
  1.2 工程管理伦理的行为主体结构 018
    1.2.1 管理者共同体 018
    1.2.2 工程共同体 021
    1.2.3 社会环境中的利益相关者 022
  1.3 工程管理伦理问题的识别 022
    1.3.1 伦理问题及分类 022
    1.3.2 工程管理伦理问题的分类与识别 023
  1.4 工程管理伦理问题的分析 027
    1.4.1 工程管理伦理问题分析的理论依据 027
    1.4.2 工程管理伦理问题的分析方法 033
  1.5 工程管理伦理分析框架与案例研究方法 035
    1.5.1 基于全生命周期的工程管理伦理问题分析框架 035
    1.5.2 案例研究思路与选择标准 037

第2章 工程管理伦理问题 — 040

2.1 安全伦理问题 — 041
- 2.1.1 安全是个人与社会的基本需求 — 041
- 2.1.2 安全伦理问题的成因 — 042
- 2.1.3 工程实践中的安全伦理问题 — 045

2.2 环境伦理问题 — 049
- 2.2.1 现代工程中的环境问题 — 049
- 2.2.2 环境伦理问题的成因 — 050
- 2.2.3 环境伦理问题的不同表现 — 053

2.3 利益冲突伦理问题 — 055
- 2.3.1 利益与利益冲突 — 055
- 2.3.2 工程建设活动中利益冲突问题 — 056
- 2.3.3 利益冲突伦理问题成因与利益协调 — 058
- 2.3.4 典型工程案例中的利益冲突伦理问题 — 060

2.4 全生命周期视角下的工程管理伦理问题 — 062
- 2.4.1 抓住主要矛盾,解决各阶段伦理问题 — 063
- 2.4.2 遵从预防原则,履行前瞻性伦理责任 — 065

2.5 工程演化视角下的工程管理伦理问题 — 069
- 2.5.1 利益冲突演变——工程管理伦理问题发展的重要动力 — 071
- 2.5.2 工程技术创新——解决工程管理伦理问题的重要手段 — 072
- 2.5.3 宏观价值与伦理水平提高——工程演化的重要筛选力 — 073

第3章 工程管理伦理与工程管理者 — 076

3.1 管理者的伦理领导力 — 076
- 3.1.1 伦理领导力及其作用 — 076
- 3.1.2 管理者的伦理领导力的构成要素 — 080

3.2 管理者的伦理智慧 — 084
- 3.2.1 伦理智慧的核心是追求共赢 — 084
- 3.2.2 中国工程实践中的伦理智慧 — 086

3.3 培养具有卓越工程管理伦理能力的中国工程管理者 — 092

第4章 工程管理伦理指南建议 ········· 094
4.1 绪论 ········· 095
4.2 基本原则 ········· 096
4.3 指南 ········· 097
4.3.1 将人的安全、健康与福祉置于首位 ········· 097
4.3.2 以公正的原则对待各利益相关者并开展管理活动 ········· 098
4.3.3 尊重科学规律，秉持职业良心，维护职业荣誉 ········· 100
4.3.4 以和谐共赢的原则追求工程目标 ········· 101
4.3.5 保护人文历史遗存与自然环境，促进可持续发展 ········· 103

案例篇

第5章 长庆油田页岩油开发建设工程管理伦理 ········· 109
5.1 长庆油田页岩油开发建设工程概况 ········· 109
5.2 长庆油田页岩油开发面临的挑战 ········· 110
5.3 行动者网络的构建与分析 ········· 111
5.3.1 工程管理者与其他行动者间的交互 ········· 111
5.3.2 管理者共同体内部各方各级管理者间的交互 ········· 112
5.4 土地征借伦理问题 ········· 113
5.4.1 井场用地征借问题产生的背景 ········· 113
5.4.2 工程用地与环境保护之间的伦理冲突 ········· 113
5.4.3 工程需求与生态效益兼顾的行动方案 ········· 114
5.4.4 行动方案的短期与长期影响 ········· 116
5.5 基于土地征借问题的多维度伦理反思 ········· 116
5.5.1 全生命周期视角下工程管理伦理问题的解决 ········· 116
5.5.2 管理者在伦理决策中的作用 ········· 117
5.5.3 影响管理者伦理决策的因素 ········· 118
5.5.4 管理者共同体内部的伦理决策矛盾成因 ········· 119
5.5.5 发展眼光下的工程管理伦理问题分析 ········· 120
5.5.6 管理者的道德能力与伦理智慧表现 ········· 122

第6章　港珠澳大桥岛隧工程管理伦理 ……… 123

6.1 港珠澳大桥岛隧工程 ……… 123
6.1.1 港珠澳大桥的战略意义与岛隧工程概况 ……… 123
6.1.2 管理组织结构与设计施工总承包联合体 ……… 124

6.2 岛隧工程建设的特殊性 ……… 125

6.3 港珠澳大桥岛隧工程行动者网络构建与分析 ……… 127
6.3.1 管理者共同体外部行动者网络 ……… 127
6.3.2 管理者共同体内部行动者网络 ……… 128

6.4 工程管理中突出的伦理问题 ……… 129
6.4.1 人工岛建设与海洋生态保护问题 ……… 129
6.4.2 岛隧工程安全、质量与风险问题 ……… 133
6.4.3 岛隧工程建设中利益冲突问题 ……… 138

6.5 问题应对与伦理选择的影响因素 ……… 144
6.5.1 不同工程阶段中管理者的所思所想所为 ……… 144
6.5.2 行动方案效果与管理者表现评价 ……… 144
6.5.3 支撑行动方案的理念、技术与能力因素 ……… 146
6.5.4 管理者团队内部伦理决策中的矛盾 ……… 150
6.5.5 人工岛建设不同发展阶段的工程管理伦理问题 ……… 151
6.5.6 管理者的道德能力与伦理智慧 ……… 153

6.6 基于工程管理中突出性伦理问题的反思 ……… 154
6.6.1 人工岛建设与海洋生态保护问题 ……… 154
6.6.2 工程建设风险、质量、安全问题 ……… 155
6.6.3 工程共同体内部伦理关系协调 ……… 155

第7章　南水北调中线一期工程管理伦理 ……… 157

7.1 南水北调中线一期工程 ……… 157
7.1.1 南水北调工程总体方案 ……… 157
7.1.2 中线一期工程概况 ……… 157
7.1.3 南水北调工程建设管理体制 ……… 159

7.2 南水北调中线一期工程特殊性 ……… 160

7.3 南水北调中线一期工程行动者网络构建与分析 ……… 163

  7.3.1 异质行动者转译 ……………………………………………… 163
  7.3.2 异质行动者网络构建 …………………………………………… 164
  7.3.3 内部行动者关系 ………………………………………………… 164
 7.4 移民搬迁安置伦理问题 …………………………………………………… 165
  7.4.1 移民搬迁问题概述 ……………………………………………… 165
  7.4.2 搬迁效率与移民福祉之间的伦理冲突 ………………………… 166
  7.4.3 伦理问题解决与行动方案评价 ………………………………… 166
 7.5 水利工程中的移民搬迁伦理问题反思 …………………………………… 169
  7.5.1 工程管理伦理具有发展性和时代性 …………………………… 169
  7.5.2 工程管理伦理在移民安置中的重要作用 ……………………… 170
  7.5.3 主体责任模糊导致伦理问题判定困难 ………………………… 171
  7.5.4 工程管理伦理规范的制度化 …………………………………… 172

第8章　载人空间站工程管理伦理 …………………………………………… 173
 8.1 载人空间站工程 …………………………………………………………… 173
  8.1.1 我国载人航天工程的发展 ……………………………………… 173
  8.1.2 载人空间站工程的复杂系统 …………………………………… 174
 8.2 载人空间站工程的特点 …………………………………………………… 175
 8.3 载人空间站工程行动者网络构建与分析 ………………………………… 176
  8.3.1 载人空间站工程外部行动者网络 ……………………………… 176
  8.3.2 载人空间站工程各级各方管理者交互网络 …………………… 177
 8.4 载人航天安全管理伦理问题的识别与分析 ……………………………… 178
  8.4.1 工程对人的安全与健康的影响 ………………………………… 178
  8.4.2 伦理冲突——"人"的安全与"机"的运行 ………………… 179
  8.4.3 兼顾安全健康与工程效益的行动方案 ………………………… 179
  8.4.4 行动方案效果与管理者表现评价 ……………………………… 181
 8.5 载人航天工程管理伦理问题应对举措 …………………………………… 182
  8.5.1 投入与目标之间的平衡 ………………………………………… 182
  8.5.2 持续风险与安全保障 …………………………………………… 184
  8.5.3 复杂系统风险管控 ……………………………………………… 184
 8.6 载人航天安全管理伦理问题反思 ………………………………………… 185

  8.6.1　空间站全任务阶段的工作重点转移 ⋯⋯⋯⋯⋯⋯⋯⋯⋯⋯⋯⋯⋯ 185
  8.6.2　支撑伦理问题解决的关键因素 ⋯⋯⋯⋯⋯⋯⋯⋯⋯⋯⋯⋯⋯⋯⋯ 186
  8.6.3　工程共同体内部的决策矛盾成因 ⋯⋯⋯⋯⋯⋯⋯⋯⋯⋯⋯⋯⋯⋯ 189
  8.6.4　载人航天工程不同发展阶段的伦理反思 ⋯⋯⋯⋯⋯⋯⋯⋯⋯⋯⋯ 189

第9章　秦山核电站建设与运行工程管理伦理 ⋯⋯⋯⋯⋯⋯⋯⋯⋯⋯⋯⋯⋯⋯⋯⋯ 191

9.1　秦山核电站建设与运行工程 ⋯⋯⋯⋯⋯⋯⋯⋯⋯⋯⋯⋯⋯⋯⋯⋯⋯⋯⋯⋯⋯ 191
  9.1.1　秦山核电的发展历程 ⋯⋯⋯⋯⋯⋯⋯⋯⋯⋯⋯⋯⋯⋯⋯⋯⋯⋯⋯ 191
  9.1.2　组织结构及其演变 ⋯⋯⋯⋯⋯⋯⋯⋯⋯⋯⋯⋯⋯⋯⋯⋯⋯⋯⋯⋯ 194
9.2　秦山核电站工程的重大意义与挑战 ⋯⋯⋯⋯⋯⋯⋯⋯⋯⋯⋯⋯⋯⋯⋯⋯⋯ 195
  9.2.1　重要的战略地位 ⋯⋯⋯⋯⋯⋯⋯⋯⋯⋯⋯⋯⋯⋯⋯⋯⋯⋯⋯⋯⋯ 195
  9.2.2　缺乏经验与参照的开创性工作 ⋯⋯⋯⋯⋯⋯⋯⋯⋯⋯⋯⋯⋯⋯⋯ 196
9.3　秦山核电站工程行动者网络构建与分析 ⋯⋯⋯⋯⋯⋯⋯⋯⋯⋯⋯⋯⋯⋯⋯ 199
  9.3.1　管理者共同体与外部利益相关方的交互关系 ⋯⋯⋯⋯⋯⋯⋯⋯⋯ 199
  9.3.2　工程内部各相关方的交互关系 ⋯⋯⋯⋯⋯⋯⋯⋯⋯⋯⋯⋯⋯⋯⋯ 201
9.4　工程与核心利益相关者之间的伦理协调 ⋯⋯⋯⋯⋯⋯⋯⋯⋯⋯⋯⋯⋯⋯⋯ 202
  9.4.1　管理者与地方政府 ⋯⋯⋯⋯⋯⋯⋯⋯⋯⋯⋯⋯⋯⋯⋯⋯⋯⋯⋯⋯ 202
  9.4.2　管理者与社会公众 ⋯⋯⋯⋯⋯⋯⋯⋯⋯⋯⋯⋯⋯⋯⋯⋯⋯⋯⋯⋯ 208
9.5　基于企地关系协调的伦理评价与反思 ⋯⋯⋯⋯⋯⋯⋯⋯⋯⋯⋯⋯⋯⋯⋯⋯ 211
  9.5.1　全生命周期伦理问题应对的成功经验 ⋯⋯⋯⋯⋯⋯⋯⋯⋯⋯⋯⋯ 211
  9.5.2　自主研发创新，增进社会效益 ⋯⋯⋯⋯⋯⋯⋯⋯⋯⋯⋯⋯⋯⋯⋯ 212
  9.5.3　构建互利共赢的伦理生态 ⋯⋯⋯⋯⋯⋯⋯⋯⋯⋯⋯⋯⋯⋯⋯⋯⋯ 213

第10章　北京大兴国际机场航站楼核心区工程管理伦理 ⋯⋯⋯⋯⋯⋯⋯⋯⋯⋯⋯ 215

10.1　北京大兴国际机场航站楼核心区工程 ⋯⋯⋯⋯⋯⋯⋯⋯⋯⋯⋯⋯⋯⋯⋯ 215
  10.1.1　工程背景与建设情况 ⋯⋯⋯⋯⋯⋯⋯⋯⋯⋯⋯⋯⋯⋯⋯⋯⋯⋯ 215
  10.1.2　工程成果与意义 ⋯⋯⋯⋯⋯⋯⋯⋯⋯⋯⋯⋯⋯⋯⋯⋯⋯⋯⋯⋯ 221
  10.1.3　工程管理体系的组织架构 ⋯⋯⋯⋯⋯⋯⋯⋯⋯⋯⋯⋯⋯⋯⋯⋯ 223
10.2　北京大兴国际机场航站楼核心区工程的意义与挑战 ⋯⋯⋯⋯⋯⋯⋯⋯⋯ 224
10.3　北京大兴国际机场航站楼核心区工程行动者网络构建与分析 ⋯⋯⋯⋯⋯ 228
  10.3.1　工程共同体与外部行动者网络 ⋯⋯⋯⋯⋯⋯⋯⋯⋯⋯⋯⋯⋯⋯ 228

  10.3.2 工程共同体内部行动者网络 ·· 229
10.4 工程安全与生态效益伦理问题 ·· 230
  10.4.1 伦理问题的来源与背景 ·· 230
  10.4.2 高安全环保要求与有限资源之间的冲突 ························ 231
  10.4.3 兼顾工程、社会与环境效益的行动方案 ························ 232
  10.4.4 行动方案的效果评价 ·· 238
10.5 基于伦理决策主体与伦理问题演变的反思 ······························ 239
  10.5.1 管理者的作用和表现 ·· 239
  10.5.2 管理者伦理决策的主客观影响因素 ······························ 240
  10.5.3 管理者共同体内部决策矛盾成因 ·································· 240
  10.5.4 机场建设工程管理伦理问题的演变 ······························ 241

后　记 ·· 243

导 论

1. 工程管理伦理研究的意义

（1）我国工程实践中伦理问题普遍存在，伦理冲突愈发凸显

作为一种造物活动，工程是以人为主体，以所造之物为客体，物化劳动的过程，其整合了多方面的知识与要素，从而表现为直接的生产力[①]。工程创造物质财富，塑造人文价值，不断满足人们日益增长的物质和文化生活的需要。改革开放以来，我国工程建设取得了举世瞩目的伟大成就，工程对经济、社会各方面的影响愈发突出，但也存在着诸多问题、矛盾与冲突。

工程安全事故持续高发。2013年山东青岛"11·22"中石化东黄输油管道泄漏爆炸特别重大事故，2016年江西丰城发电厂"11·24"冷却塔施工平台坍塌特别重大事故，2020年福建泉州欣佳酒店"3·7"坍塌事故……爆炸、坍塌、物体打击、高处坠落、机械伤害，工程建设风险突出，而任何对安全的轻视、疏忽、放任，都有可能酿成灾祸，给公众的生命安全与身体健康带来极大伤害，造成重大的社会经济损失。

工程反腐败形势依然严峻。规划拿地、招标投标、转包分包、工程审批、监理验收，工程建设的各个主要环节都有可能滋生贪污腐败，招标投标更是工程腐败的重灾区。从早些年的北京城乡建设集团有限责任公司原总经理聂某受贿案，陕西省高速集团原董事长陈某受贿案，到近两年的西藏自治区林芝市涉嫌水利工程项目发包、承揽、拨款等多环节贪腐的人大财经委原副主任委员欧某，湖南省沅江市从招标投标资格中大肆敛财的自然资源局原局长龚某，一批典型人物的落马，牵涉出一系列触目惊心的工程贪污腐败现象，破坏工程公正性，助长不良风气，埋下事故隐患。

工程带来的社会性矛盾时有发生。2007年，福建省厦门市公众对海沧半岛

[①] 殷瑞钰，汪应洛，李伯聪，等. 工程哲学[M]. 4版. 北京：高等教育出版社，2022：3-4.

计划兴建的对二甲苯（PX）项目选址进行抗议，公众以"散步"的形式表达强烈反对，使得这项已通过环评报告审查，获得国家发展改革委核准的项目被迫迁址。工程的社会性体现在其具有社会影响，与广大社会公众的祸福息息相关。如果不能妥善处理工程建设与社会公众之间的分歧与矛盾，会严重阻碍工程的开展，甚至导致大规模群体性事件，造成不良社会影响。

部分工程造成环境污染，加剧生态恶化。 吉林某石化公司双苯厂苯胺车间发生"11·13"爆炸事故，流出的有机污染物造成了松花江水严重污染，影响了沿岸数百万居民的生活；工程造成的扬尘污染比比皆是，某公司曾因未采取扬尘污染防治措施遭到监管部门处罚，某县重点建设工程由于扬尘污染严重被勒令整改。工程改造自然，对环境带来的负面影响可能如吉化"11·13"爆炸般剧烈，也可能像日常扬尘污染一般积少成多，不得不加以警惕。

这些工程建设领域的问题、矛盾与冲突不是特例，而具有一定的普遍性。其实质是涉及人与人、人与工程、人与环境之间复杂的价值排序与利益协调的伦理问题。安全投入不足、安全措施缺位是工程事故的重要成因，很大程度缘于工程管理者重经济效益而轻生命价值的伦理选择；工程贪腐与工程管理者损公利以谋私利，伦理责任失于履行密切相关；工程建设与文物保护之间的冲突实质是经济与文化效益之间的伦理冲突；社会性矛盾的出现涉及利益分配不合理引发的公正失衡问题；工程污染是经济和生态利益相权衡的结果，也体现发展的代际公平问题等[1]。一方面，伦理可以看作调节利益关系、维护社会共同利益而产生的一系列行为规则[2]。工程建设活动中实践主体众多，各主体在工程既定关系网络与地位构型中争取自身利益最大化的过程中，难免会产生利益冲突。另一方面，伦理可以理解为处理人与人、人与自然的相互关系应遵循的规则[3]。工程改造自然的属性势必会引发工程、社会与自然之间的价值排序的争议。因此，在工程实践中，伦理问题具有普遍性。

工程建设领域中大大小小的伦理问题广泛存在，给决策者和管理者带来严重困扰。随着工程技术的发展，工程规模的增大，工程组织复杂性的提升，工程影响范围的扩大，工程的社会性愈发凸显，利益相关者之间的利益冲突也愈发尖

---

[1] 方东平，李文琪，张恒力，等.面向中国实践的工程管理伦理研究[J].中国工程科学，2022，24（5）：187-196.

[2] 李建华.伦理与道德的互释及其侧向[J].武汉大学学报（哲学社会科学版），2020，73（3）：59-70.

[3] 李正风，丛杭青，王前，等.工程伦理[M].2版.北京：清华大学出版社，2019：14.

锐。同时，新工程观念的出现和新工程技术的使用带来新的伦理问题，使工程实践主体面临着更大的挑战。

（2）工程建设领域中的伦理问题是阻碍新时代工程向善向好高质量发展的重要因素

任何工程活动都是从一定社会需要出发，并最终满足该需要进而获得相应的利益。因此，工程活动也是一个创造价值、形成价值和实现价值的过程①。工程向善是新时代中国工程发展的基本诉求。党的十八大以来大力推进科技伦理治理，以应对所面临的科技伦理挑战。从科学、技术、工程三元论来看，工程化是科学、技术转化为大规模的、直接的生产力的关键环节②。科技向善，工程也应该向善。在从工程大国走向工程强国的进程中，新时代中国工程不能仅关注"有没有"，还要考虑"好不好"③。"好不好"从工程价值层面理解有以下三层含义④。

"好"的工程应该增进正价值，规避负价值。工程活动的复杂性决定了任何一项工程都具有正价值和负价值，正价值包括满足社会需求、增进经济效益、提供民生福祉等，负价值包括破坏生态环境、消耗自然资源、造成安全风险等，从而与社会发展、人民幸福的需要背道而驰。因此，应尽量规避或减少负价值以获得更大的正价值，这要求解决目前工程安全、环境破坏、技术风险等方面的伦理问题。

"好"的工程应该在满足实用价值的基础上，追求人文价值。工程不仅具有功利价值，也具有超功利价值或文学价值，这是更高层次工程价值的表达。工程是为满足人的需要而进行的造物活动，而人除了生理需要，更希望通过工程这种自主活动不断丰富自身个性，提升精神境界。因此，所造之物也是人的本质的对象化，包含着人对美好事物的向往，体现着人对真、善、美的需要，表达着人对自由的追求。"好"的工程应在满足工程实用价值基础之上，彰显人文关怀，这要求解决目前工程歧视、工程腐败、弱势群体、公正失衡、人文历史环境破坏等方面的伦理问题。

"好"的工程应该促进多方面工程价值的实现。工程往往是多目标的，也因而具有政治、经济、军事、生态、社会等多方面的价值。在有限资源的约束

---

① 张秀华.工程共同体的结构及维系机制[J].自然辩证法研究，2009，25（1）：86-90.
② 殷瑞钰，汪应洛，李伯聪.工程哲学[M].3版.北京：高等教育出版社，2018：5.
③ 习近平.我们的目标就是让全体中国人都过上更好的日子[M]//习近平谈治国理政（第三卷）.北京：外文出版社，2020：133.
④ 张秀华.工程价值及其评价[J].哲学动态，2006（12）：42-47.

下开展工程，难免会陷入多目标间权衡取舍的困境中；工程中众多主体需求相异，也常常会带来利益冲突问题。尽管不同领域的工程活动有其主导的价值，但"好"的工程不应顾此失彼，为保全某一方面价值而不顾其余方面的价值，应该促进多方面工程价值的实现，以最大程度发挥工程效益，推动社会发展，这要求解决目前工程多目标之间冲突和不同实践主体之间的利益冲突的伦理问题。

因此，当前工程建设活动中伦理问题的普遍存在是阻碍新时代工程向善向好高质量发展的重要因素。新时代的国家建设需要质量高、效益好，同时与当今社会经济条件下的以人民为中心、资源节约、环境保护、公平正义、可持续等发展观相契合的"好"的中国工程。重视我国工程建设领域的伦理问题及其解决方法的探讨意义重大。

（3）工程伦理在我国工程实践中的应用具有一定的局限性

过去的几十年里，工程伦理已经成为解决工程实践中伦理问题的主要理论与方法。西方工程伦理学发端于20世纪70年代，目前在美国、欧洲等发达国家和地区已经较为成熟。中国的工程伦理学起步较晚，基本承用了西方的研究框架，即从工程师的职业伦理入手，结合案例研究，围绕工程师在工作实践中面临的道德问题和选择，解决工程伦理准则如何适用于具体的现实环境，以使工程师的决定和行为符合伦理准则的要求[①]。尽管随着工程伦理的发展，除了工程师，决策者、投资者、管理者、工人等也作为利益相关者进入研究视野，但以工程师为主体仍然是工程伦理问题分析与解决的主要视角。

然而，现有的工程伦理理论与规范在中国工程实践中适用性不强，对伦理问题的解决指导乏力，其根本原因在于工程伦理理论与中国工程现实中的伦理主体不相匹配[②]。

工程伦理的核心主体是工程师，而在中国工程实践中，工程管理者处于核心地位。西方语境下，工程师是具有工程设计、管理、评估等能力的职业群体，受雇于企业和其他大型组织；而管理者则作为工程师的雇主或企业管理者，在工程伦理中常常被置于工程师的对立面，工程师如何解决与管理者之间从工程目标到价值选择的矛盾冲突成为工程伦理关注的焦点之一。即工程行为规范既要求工程师作为雇主的忠诚代理人，又要求他们将公众的安全、健康和福祉放在首

[①] 李世新.工程伦理学概论[M].北京：中国社会科学出版社，2008：72-73.

[②] 方东平，李文琪，张恒力，等.面向中国实践的工程管理伦理研究[J].中国工程科学，2022，24(5)：187-196.

位①。若所受雇企业的决策可能危害公众安全、健康与福祉，工程师便陷入伦理困境。工程伦理要求工程师秉持职业良心，当善意被严重威胁且对管理层的报告未得到满意结果时，应采取揭发（举报）的行动②。该伦理困境本质成因是工程师决策权力赋予与伦理责任要求的不对等，因此很多时候需要通过揭发的方式，借助外界力量来解决，此时工程师伦理责任的承担意味着与雇主（企业管理者）的对立和"抗争"，也意味着工程师做出牺牲③。

而中国语境下，更常见的状况是工程师作为具有专业知识的工程项目合同中的技术负责人而存在，除去技术管理，较少承担管理职能，职权范围较小，中国的工程专业协会或社团的职业化色彩较淡；而管理者不但拥有西方语境下工程师的部分职责，还拥有比他们更大更广泛的权力和影响力，在决策、计划、组织、指挥、协调与控制的工程管理过程中处于核心地位④，其业务能力与道德水平一定程度上决定了整体工程水准。在工程师的任务更多是同意管理者的决定，只有很少的职业自治权利⑤的情况下，让工程师承担工程决策对社会、环境影响的主要伦理责任，难度更大。工程伦理规范对工程师的高责任要求与中国实践中工程师的低影响力水平的错位，让工程伦理在我国不具有很好的适用性。工程伦理为工程师订立的职业规范，所规定的工程师的职业责任，积累的丰富的解决伦理问题的案例，无法很好地为中国工程管理者提供有效的参照。

新时代中国工程伦理的发展，需要伦理主体从工程师向管理者进行转变。基于中国工程管理体系，将工程管理者作为中国工程实践的核心伦理主体是必要的，也具有相当的合理性。

一方面，工程管理者在工程决策中处于核心地位。决策是工程活动的关键环

---

① 查尔斯·E.哈里斯，迈克尔·S.普里查德，迈克尔·J.雷宾斯.工程伦理：概念和案例[M].3版.丛杭青，沈琪，等，译.北京：北京理工大学出版社，2006：160.
② 迈克·W.马丁，罗兰·辛津格.工程伦理学[M].李世新，译.北京：首都师范大学出版社，2010：179-180，188-192.
③ 方东平，李文琪，张恒力，等.面向中国实践的工程管理伦理研究[J].中国工程科学，2022，24（5）：187-196.
④ 何继善，王孟钧，王青娥.工程管理理论解析与体系构建[J].科技进步与对策，2009，26（21）：1-4.
⑤ 肖平，铁怀江.工程职业自治与工程伦理规范本土化思考[J].西南民族大学学报（人文社会科学版），2013，34（9）：71-75.

节,"谁拥有决策权"和"应该根据什么程序进行决策"又是决策的关键①。一方面,工程管理者在大小工程决策中居于主导地位,并常常拥有最终决定权。另一方面,工程管理者的领导地位便于其整合团队资源,并通过组织制度、管理方式、决策程序的设计,增进对决策的社会与环境影响的认知(Cognizance),确保正确的人参与决策(Inclusion)②,提升决策合理性。

另一方面,工程管理者具有决策的知识基础与价值诉求。西方工程伦理中的"管理者"即企业管理者,常常既不具备充分的技术知识——因此应更多地考虑有知识的人的意见,工程师的作用便举足轻重;也没有对社会与环境负责的价值观念——与工程师首要关注安全与质量不同,管理者更注重客户满意度与金融③,而如果与公司利益无关,管理者往往不会认真考虑伦理问题④。中国实践中的工程师与管理者在角色上存在复合与转换,大型项目的总工程师同时也是高层管理者,具有工程师背景与资质,参与技术问题的解决的工程管理者也不在少数⑤。这有利于工程管理者在决策中统筹考虑技术与非技术要素,更好地发挥作用。与工程伦理对管理者一心逐利的片面刻画不同,实践中的工程管理者在注重经济利益之外,亦不乏向善的价值追求。改革开放以来取得的举世瞩目的工程成就,离不开工程管理者管理能力的展现与伦理责任的承担,这些都是植根中国实践、体现中国价值的宝贵财富,却如散落在砂砾中的珍珠,等待我们去挖掘、拾取。

因此,工程管理者既"应该"也"能够"承担工程决策中的重要伦理责任,以工程管理者为伦理主体的转向既有必要性,也具备有效性的基础。相比于工程伦理所探讨的"工程师应该如何做",对"工程管理者应该怎么做"的研究意义重大——如何使工程管理者德以配位,承担与权力对等的伦理责任,发挥与资源匹配的管理职能——是解决新时代我国工程实践中突出伦理问题的关键,也是进行工程管理伦理研究的重要目标⑥。

---

① 李伯聪.工程伦理学的若干理论问题——兼论为"实践伦理学"正名[J].哲学研究,2006(4):95-100,129.
② Devon R. Towards a Social Ethics of Technology: A Research Prospect[J]. Techné, 2004, 8(1): 99-115.
③ 迈克尔·戴维斯.像工程师那样思考:Thinking Like an Engineer Studies in the Ethics of a Profession[M].丛杭青,沈琪,等,译.杭州:浙江大学出版社,2012:215.
④ 丛杭青,王华平.工程中的技术决定和管理决定[J].自然辩证法研究,2007,3(8):56-59.
⑤ 张秀华.工程共同体的结构及维系机制[J].自然辩证法研究,2009,25(1):86-90.
⑥ 方东平,李文琪,张恒力,等.面向中国实践的工程管理伦理研究[J].中国工程科学,2022,24(5):187-196.

（4）我国工程管理伦理的整体水平滞后于工程建设的迅速发展

处理好工程管理实践中的伦理问题，是我国工程建设高质量发展的关键，其中管理者发挥着核心作用。然而，目前我国工程管理伦理水平的提升滞后于工程建设的迅速发展，成为亟待解决的问题。

工程管理伦理研究缺失。进入21世纪，我国发展了属于自己的工程哲学理论体系[①]，工程管理理论体系也逐步走向完善[②]，但工程中的伦理问题仍需更全面深入地探讨，目前还未有过针对工程管理伦理的专项研究。建立系统的工程管理伦理学理论体系是必要的，通过深入研究，提出不同工程领域伦理问题的应对准则，形成基于中国实践的工程管理伦理学，对学术引领、实践指导和政策完善意义重大。

工程管理者应对伦理问题的能力与其在工程实践中的核心地位不匹配。目前，我国工程管理者应对工程管理实践中伦理问题的能力普遍较低，究其原因，一是伦理意识薄弱，不能清晰地识别工程管理伦理问题，缺乏从伦理层面思考工程问题的意识；二是道德水准的个体差异性大，难以自觉规范自身管理行为，进行向善的工程管理践履；三是缺乏应对工程管理伦理问题的方法和工具，缺少对工程管理伦理问题的应对经验和教训的总结积累，关键时刻脑海中没有成功案例参照和指导。

工程管理伦理相关制度规范不健全。伦理规范可以为工程管理者解决伦理问题提供指导，规约和激励工程管理者在实践活动中的向善行为，促使工程管理者提高伦理意识，提升伦理能力，增强伦理自律，涵养伦理智慧。目前，医药、人工智能、传染病暴发应急管理等领域已推行相应的伦理规范或指南，而在工程建设领域，已有的工程伦理规范与中国工程实践中工程管理者处于核心地位的工程现实不符，在中国工程实践中具有一定的应用局限性。现阶段，还没有以工程管理者为主体，涵盖工程管理全生命周期中工程管理者与利益相关者、工程、环境之间的复杂伦理问题，能够为工程管理者在中国工程实践中的伦理行为提供指导和约束的工程管理伦理规范。

因此，迅速提升工程建设领域的工程管理伦理水平已成为当前中国工程实践的迫切需求。开展工程管理伦理研究，探讨我国工程实践中普遍存在的伦理问题的应对之法，切实提升我国工程管理者处理伦理问题的能力，意义重大，且刻不容缓。

---

① 殷瑞钰，汪应洛，李伯聪. 工程哲学 [M]. 4版. 北京：高等教育出版社，2022.
② 何继善. 论工程管理理论核心 [J]. 中国工程科学，2013，15（11）：4-11，18.

2. 本书撰写目标与思路

本书题名为《工程管理伦理——基于中国工程管理实践的探索》，是一部探索性的学术著作，旨在回应新时代工程向善的发展诉求，鉴于工程伦理在我国发展与应用的局限性，针对当前普遍存在的、关键性的伦理问题，初步提出工程管理伦理的基本概念、框架与原则，以补充完善中国工程哲学与工程管理学理论，形成解决中国工程实践中伦理问题的创新性方案。

理论与实践相结合是本书一以贯之的撰写思路，从实践中提炼理论，以理论来指导实践。一则，中国工程建设的悠久历史与瞩目成就为新时代工程实践提供了丰富的素材，通过总结归纳普遍性的工程管理伦理问题，反思工程管理者的伦理责任践履，借鉴示范性工程的经验做法，可以洞察工程管理伦理问题的成因与发展，提炼应对伦理问题的行动准则。再则，工程管理伦理理论研究成果当应用于具体实践，规约和激励工程管理者的向善行为，指导工程管理伦理问题的解决，才能切实提升我国工程管理伦理水平，促进工程建设高质量发展。

本书在结构上分为"导论""理论篇"和"案例篇"三个部分。

"导论"部分阐述新时代中国工程实践中伦理问题的普遍存在性，提出这些伦理问题是阻碍新时代工程向善向好、高质量发展的重要因素，论证工程伦理在应对中国实践中伦理问题的不完全适用性，分析从工程师向工程管理者的伦理主体转变的必要性以及提升工程管理伦理水平的重要意义。

"理论篇"包括4章，对工程管理伦理理论体系进行探索性勾画。

第1章为工程管理伦理理论框架。具体辨析工程管理伦理相关概念，提出工程管理伦理的基本涵义，凝练工程管理伦理微观、中观、宏观三个层次的研究内容，讨论工程管理伦理与工程伦理之间的区别与联系；构建适用于中国工程实践的工程管理伦理问题分析框架，识别工程管理伦理的行为主体结构，提出工程管理伦理问题的识别原则，梳理工程管理伦理问题分析的理论工具与方法，讨论案例研究之于工程管理伦理研究的意义，阐述典型案例选择的标准，为案例研究工作奠定方法论基础。

第2章与第3章为基于案例分析的理论提炼。凝练当代中国工程建设领域中最普遍、最紧迫的伦理问题，分析所揭示的安全、环境、利益冲突三类工程管理伦理问题的成因，挖掘工程管理者在问题应对过程中伦理领导力的发挥、道德能力的运用与伦理智慧的体现，探求工程管理伦理问题在动态发展中与工程技术、社会制度、文化背景、宏观价值之间的互动关系。

第4章在理论分析与案例研究基础上形成《工程管理伦理指南（建议稿）》，

囊括了工程管理全生命周期各个阶段突出的工程管理伦理问题，基于中国工程管理实践的现实需求和中国精神文化的价值旨归，提出了工程管理者在实践中应遵循的五项伦理原则，以及在此基础上的具体行为规范，为向善管理实践的践履和具体伦理问题的解决提供指导。

"案例篇"包含本书的后6章内容，编撰了案例分析大纲，作为开展各工程案例的工程管理伦理分析的脉络。第5章到第10章着重对我国工程建设中一些具有代表性、典型性、示范性的案例从工程管理伦理角度进行了具体分析。这些案例包括长庆油田页岩油开发建设工程、港珠澳大桥岛隧工程、南水北调中线一期工程、载人空间站工程、秦山核电站建设运行工程、北京大兴国际机场航站楼核心区工程，涵盖了油气工程、土木工程、水利工程、载人航天工程、核工程五个工程领域。在所构建的工程管理伦理问题分析框架基础上，识别与分析各案例中突出的工程管理伦理问题，关注管理者在伦理问题应对的各个阶段中的理念与行为的变化，对伦理问题解决方案的善恶优劣进行伦理判断、评价与论证。

案例研究从正反两个角度切入，一方面总结管理者成功应对工程管理伦理问题的经验，另一方面关注我国工程实践中尚未解决的伦理问题。同时，关注工程管理伦理问题的动态性与发展性，探索工程管理伦理问题与特定历史文化背景和社会经济条件的关系。

理论篇

"导论"部分论述了工程管理伦理研究的重要性与必要性来自于新时代阻碍中国工程向好向善高质量发展的伦理问题的普遍存在以及工程伦理在以管理者为核心的中国实践中的不完全适用性。本篇将根据"导论"中阐述的指导思想在工程管理伦理领域进行初步的理论探索,一方面以工程管理者为核心主体,深入发掘其在伦理问题应对过程中的所思所想所为和道德能力特质;另一方面以实践中的工程管理伦理问题为起点和依托,在案例分析基础上进行理论层面的凝练与提升。

本书采用将"理论篇"与"案例篇"分而论述的结构,但二者并非毫无关联,而是互相对照和互为补充。本篇包括4章,既有面向实践的分析框架构建,也有基于实践的理论总结提升。

本篇的第1章勾勒工程管理伦理的基本理论框架,阐释工程管理伦理的定义与内涵,建构工程管理伦理的行为主体结构,提出实践中工程管理伦理问题识别与分析方法。第2章和第3章基于案例分析结果,分别对中国实践中的工程管理伦理问题和工程管理者进行探析。第2章分析安全伦理问题、环境伦理问题、利益冲突伦理问题三类普遍性问题的特点、成因与表现形式,并从全生命周期视角和工程演化的纵向维度探讨工程管理伦理的动态性与发展性。第3章提出工程管理者的伦理领导力与伦理智慧是其应对伦理问题的关键,并对其构成要素和表现形式进行分析和阐述。第4章在理论框架和案例成果的基础上,提出工程管理伦理指南建议,作为工程管理者向善实践的伦理规约和激励。

我们希望能够以理论篇4章的整体阐释展现出一个工程管理伦理理论体系的基本框架和体系概貌,为后续工程管理伦理研究提供坚实的基础和铺垫。

第1章　工程管理伦理理论框架

1.1 工程管理伦理的理论内涵

1.1.1 基本概念

工程管理伦理涉及三个核心概念，即"工程""管理"与"伦理"，要想探知工程管理伦理的内涵，以及其与工程管理、管理伦理、工程伦理等之间的关系，须从对基本概念及概念之间关系的理解入手。

伦理是处理人与人、人与自然的相互关系应遵循的规则[1]。如果说道德在本质上是自律的，是个体对自我的要求与规范，通过个体的内视和对自我的叩问得到"我应当如何"或"我怎样做是正当"的含义；伦理则偏重于他律，是在多方关系角逐中所制定的超越任何一方利益之上的伦理规则，探讨的是"大家应当如何"，目的是调和社会共同体中不同个体之间的利益需求，从而维护共同体的和谐，维护每个共同体成员赖以生存的基础。人性是道德的基础，而利益是伦理的基础，共同体中各行动者[2]之间固有的复杂关系和交互作用构成了伦理问题出现的基础，而人与人之间的利益冲突是伦理问题出现的根源。伦理的"善"是实现社会共同体的最大利益[3]。

工程是人类为了生存和发展，实现特定的目的，运用科学和技术，有组织地利用资源所进行的造物或改变事物性状的集成性活动[4]。因此，工程是直接的、现实的生产力，是人类社会存在和发展的物质基础。工程活动承载着实现人类

---

[1] 李正风，丛杭青，王前等.工程伦理[M].2版.北京：清华大学出版社，2019：14.

[2] Latour B. Reasembling the Social：An Introduction to Actor-Network-Theory[M]. Oxford：Oxford University Press，2005.

[3] 李建华.伦理与道德的互释及其侧向[J].武汉大学学报（哲学社会科学版），2020，73（3）：59-70.

[4] 何继善，陈晓红，洪开荣.论工程管理[J].中国工程科学，2005（10）：5-10.

需求的目的，具有价值性，有追求正价值也就是"善"的需要；另一方面，工程活动实现人类需求、追求正价值的程度受到当时当地资源、科技、认知水平的限制。因此，如何更好地推进工程，以满足人类需求，推动社会进步，是工程演化过程中永恒的探索。

工程是多维度的（政治、经济、文化、生态、伦理等），体现在其蕴含的人类需求的多元性和带来的工程影响的复杂性。工程承载着政治、军事、经济、文化等多方面的需求，这些需求在有限资源条件下往往无法同时充分实现；工程是造物活动，不可避免会对自然环境带来负面影响；工程涉及众多实践主体，不同主体在既定的工程关系网络与地位构型中争取自身利益最大化，因此，利益层面的摩擦与冲突十分常见。向好向善就是工程伦理维度的体现，而工程中的需求矛盾、环境影响、利益冲突，是造成工程正价值减损，阻碍其向好向善的重要因素。因此，工程活动内在地和伦理相关，或者说，伦理诉求是工程活动的一个内在规定[①]。

工程管理可以看作促使工程更好地推进的手段之一。工程管理是为实现预期目标，有效地利用资源，对工程所进行的决策、计划、组织、指挥、协调与控制，具有系统性、综合性和复杂性[②]。随着工程的演进，工程管理的理念与方式也在不断变化，以不断应对工程中出现的种种问题。从原始时代工程、古代工程到近现代工程，工程技术水平不断进步，资源利用方式不断提升，工程组织效率不断改善；但同时工程的需求更加多元，与自然环境的关系更加紧张，实践主体之间的利益冲突更加复杂，伦理维度的重要性更加凸显。因此，伦理问题的解决成为现代工程管理的重大挑战，也必须在伦理层面对工程管理进行考量与反思。

1.1.2 工程管理伦理的理论内涵

在立足于中国实践中的广泛工程案例阐释与研究的基础上，基于对工程管理与伦理学专家和多个领域的工程管理者的调研，可以从以下几个方面形成对工程管理伦理内涵的认识。

第一，工程管理伦理是什么？工程管理伦理是以工程管理者为核心主体，针对工程管理行为和工程管理实践活动，处理工程管理全生命周期中工程管理者

---

① 殷瑞钰，汪应洛，李伯聪，等.工程哲学[M].4版.北京：高等教育出版社，2022：83.
② 何继善，王孟钧，王青娥.工程管理理论解析与体系构建[J].科技进步与对策，2009，26（21）：1-4.

与利益相关者、与工程、与环境之间的相互关系时应遵循的道德准则[①]。

第二，工程管理伦理在哪里？它贯穿于主体工程管理者在工程管理全职能、全过程、全要素的管理活动中。一方面，解决工程建设中普遍存在的伦理问题是工程管理的重要任务；另一方面，应该通过工程管理伦理探索工程管理的向善方式，以更好地完成工程目标，实现工程价值。

第三，怎样进行工程管理伦理判断？工程管理中的是非、好坏、善恶、安危等伦理问题的判断，应以促进提升公众安全、健康与福祉为依据，建立工程管理中道德价值标准和伦理准则。传统伦理学理论和公正、人道、诚信等基本伦理原则，也可以结合具体境域，应用到工程管理实践中来。

第四，怎样解决工程管理伦理问题？工程管理者是解决工程管理伦理问题的核心主体，其在伦理判断、伦理选择、伦理践行等环节发挥着重要作用。工程管理者应具备较高的道德水准，对伦理原则和道德规范有深刻的理解；并能够运用伦理智慧，在工程管理伦理问题上做出正确的价值权衡和利益取舍。工程管理者也应该了解中国工程实践中的成文规则与不成文规则，灵活设计伦理问题解决的方案，减少冲突，促进共赢。

第五，怎样发展工程管理伦理？提升工程管理者解决工程管理伦理问题的能力是关键。通过制定适用于中国工程实践的工程管理伦理规范，可以指导工程管理者践行"善"的工程管理活动，从而打造"好"的工程。而通过对伦理规范的遵从和体悟，可以推进管理者在工程管理过程中塑造更崇高的道德价值和伦理追求，将他律的伦理规范内化为自觉的道德要求，并进行积极的道德践履，从而提升整体工程建设领域的工程管理伦理水平。

莱德（Ladd）提出工程伦理的微观与宏观之分，前者考虑工程师个体与其委托人、同事、雇主等主体间的关系，后者关注工程师职业活动对社会产生的影响以及职业群体应承担的社会责任[②]。李伯聪对微观、中观与宏观工程伦理学做了讨论，微观工程伦理是工程共同体成员的个体伦理；中观工程伦理包含企业、行业、项目层面的伦理问题，以及工程政策与制度伦理等；宏观工程伦理关注

[①] 方东平，李文琪，张恒力，等.面向中国实践的工程管理伦理研究[J].中国工程科学，2022，24(5)：187-196.

[②] Ladd J. The Quest for a Code of Professional Ethics：An Intellectual and Moral Confusion[C]// Johnson D G. Ethical Issues in Engineering. Englewood Cliffs：Prentice-Hall，1991：130-136.

国家和全球尺度的伦理问题[①]。

工程管理伦理与工程伦理在理论体系构建上具有相似性，但研究对象存在差异。基于对工程伦理的体系探讨，考虑到工程管理伦理以工程管理者为核心、面向中国工程实践的特点，可以将其研究对象划分为三个层次，即工程管理者、工程环境、社会环境，并在此基础上进行微观、中观、宏观层面的建构（图1-1）[②]。

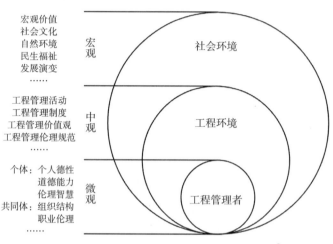

图1-1　工程管理伦理的微观、中观与宏观层次[③]

微观工程管理伦理聚焦工程管理者个体的伦理素养与职业美德、工程管理者共同体的组织结构，以及工程管理者与其他工程共同体成员间的伦理关系等。工程管理者作为工程活动最重要的伦理责任主体，应该具有较高的道德水准和职业伦理美德；不仅要有向善的动机，也应有向善的能力，应该涵育自己的道德能力与伦理智慧；不仅道德自律，也应该利用管理权力与地位声望带来的影响推动组织中积极伦理氛围的形成，促进其他工程共同体成员的向善行为。

中观工程管理伦理研究全生命周期工程管理活动、工程管理制度、工程管理价值观、工程管理伦理规范等企业、项目与行业层面的问题。全生命周期是进行伦理问题识别与分析的思维线索，工程管理伦理指南是工程管理实践向善的标尺。

宏观工程管理伦理关注工程对社会公众与自然环境的负面影响以及由此产生的伦理问题，探索横向尺度下不同社会文化背景中的工程管理伦理，以及纵向尺

---

① 李伯聪.微观、中观和宏观工程伦理问题——五谈工程伦理学[J].伦理学研究，2010（4）：25-30，141.
② 方东平，李文琪，张恒力，等.面向中国实践的工程管理伦理研究[J].中国工程科学，2022，24（5）：187-196.
③ 注释：工程环境指与工程相关的所有要素和因素的集合。

度下工程管理伦理问题的动态性和发展性等。

1.1.3 工程管理伦理与工程伦理

伦理可以被看作一种规则,如果将这种规则的语句写出来,可以表示为"主体+(不)应当+行动+客体"的形式。工程管理伦理与工程伦理的重要区别就在于核心主体的不同,即工程管理伦理以工程管理者为核心主体,工程伦理以工程师为核心主体。狭义工程伦理学也被称作工程师的职业伦理学,广义工程伦理学关注的不仅是工程师的职业伦理,还有工程活动全过程的相关人员的道德决策和行为,以及这些道德决策对工程活动产生的影响[1],但其核心主体仍然聚焦工程师。

工程环境与工程所影响的社会环境范围内存在不同的行动者,他们在不同社会文化背景下具有不同的组织结构与关系构型,彼此之间存在交互作用,构成工程行动者网络[2]。

工程管理伦理将工程管理者作为核心主体,聚焦的"行动"是其在该工程全生命周期中的管理行为。与将工程师作为核心主体的工程伦理相比,工程管理伦理更强调从工程管理者的视角去看待伦理问题,探讨工程管理者"应该"怎么做,聚焦工程管理者在工程中所发挥的作用,这与我国工程实践中工程管理者的核心地位是一致的,因此更符合中国工程建设的发展要求和实践特征。

工程师与管理者在中西方语境中的含义不尽相同。西方语境下,工程师已经发展为成熟的职业群体,有较为完善的职业规范。工程师常常受雇于某个组织,具有提供并实施各种切实可行的技术和工艺手段以及组织管理方法以确保工程活动的工期、质量和最终完成乃至获得社会实现的职责[3]。管理者更多的是指"企业管理者",也即在工程伦理中作为工程师"雇主"的角色,工程师对管理者有忠诚的责任,而当这份对雇主忠诚的职业责任与公众安全健康与环境保护的道德义务发生矛盾时,就会产生伦理冲突,这也是工程伦理所研究的核心问题之一[4]。在中国工程实践中,工程师更多承担技术相关的职责,管理职能减弱,基本只涉及技术管理;而管理者即"工程管理者",具有复杂的组织结构,肩负全生命周

---

[1] 马丁,辛津格.工程伦理学[M].李世新,译.北京:首都师范大学出版社,2010:2-8.
[2] Latour B. Reasembling the Social: An Introduction to Actor-Network-Theory[M]. Oxford: Oxford University Press, 2005.
[3] 张秀华.工程共同体的结构及维系机制[J].自然辩证法研究,2009,25(1):86-90.
[4] 张恒力,王昊,许沐轩.美国工程伦理规范的历史进路[J].自然辩证法通讯,2018,40(1):82-88.

期中组织管理、资源调配、风险调控等多方面的职能，是工程管理的核心。总体而言，中国语境下的工程师职责范围小于西方工程师，而管理者在工程中具有更大的权力和影响力。

在具体实践中，有时管理者和工程师在角色上会出现复合与转换。一些工程技术人员担任一定的管理职务，例如，总工程师同时也是高层管理者，技术把握和组织管理的职责兼而有之。而一些管理者同时也具有工程师的资质，或者是由工程师转换而来，因此也会在工程实践中解决一些技术问题。但即使出现工程师与管理者"合二而一"的情况，也不妨碍把工程师和管理者看成是两种不同的"社会角色"[①]。为厘清概念，便于研究，将工程师看作工程活动中技术要素的代表，工程管理者看作管理要素的代表。

因此，工程管理伦理与工程伦理的区别与联系可以归纳为以下三点：

（1）从工程主体角度，工程伦理主要关注以工程师为主体的伦理问题，工程管理伦理主要关注以管理者为主体的伦理问题。

（2）从工程过程角度，工程伦理更多关注技术过程，工程管理伦理更多聚焦管理过程。

（3）从工程结果角度，聚焦工程结果，工程伦理与工程管理伦理具有一致性；但从造成工程结果的原因来看，二者存在差异。工程伦理更多关注技术原因，工程管理伦理更多关注管理原因。

1.2 工程管理伦理的行为主体结构

以工程管理者为核心主体，可以构建工程管理伦理问题研究过程中的行为主体结构。如图1-2所示，将工程所在内外部环境分为三个层次，即管理者共同体、管理者共同体所处的工程环境、工程外部的社会环境。不同的环境中存在不同的行为主体，其在工程管理伦理中扮演不同的角色。

1.2.1 管理者共同体

将工程实践中各类工程管理者构成的集合体称为管理者共同体，如图1-3所示。工程活动复杂的交付模式和组织架构更加剧了管理者共同体结构的复杂性。

---

① 李伯聪.工程活动共同体的形成、动态变化和解体——"工程共同体"研究之四[J].自然辩证法通讯，2010，32(1)：40-44，16，126-127.

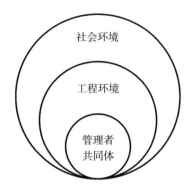

图1-2 工程所在内外部环境的三个层次

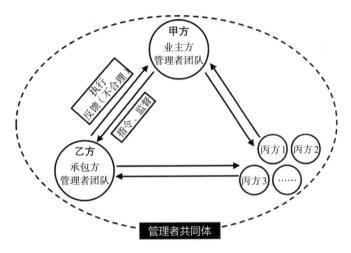

图1-3 管理者共同体的结构

管理者共同体内部包含不同的管理者团队,即甲方管理者团队、乙方管理者团队和丙方管理者团队。在工程管理伦理问题研究中,甲方通常指业主方,乙方指承包方,丙方包括除前两者之外的所有第三方,例如设计方、监理方等,依据实际工程不同的交付模式可能有所不同。这种简化有助于统一工程活动复杂的组织架构,并且更聚焦于甲方与乙方二者的管理者团队。甲方与乙方作为不同交付模式的核心,在工程管理伦理问题中也成为核心关注点。

将管理者共同体作为一个整体考虑,其与其他行为主体具有交互作用。若考察管理者共同体内部,也存在两种形式的交互作用:不同管理者团队之间的交互,以及同一管理者团队内部的交互。

(1)不同管理者团队之间的交互

不同管理者团队之间存在交互作用,其中甲方与乙方管理者团队之间的交互是工程管理实践中矛盾聚焦的重点,也是工程管理伦理研究关注的重点。

①甲方管理者与乙方管理者之间的交互作用

甲方管理者对乙方管理者合同的履行情况进行监督与检验；同时甲方管理者依据合同对乙方管理者直接发出通知与指令。

乙方管理者按照合同的要求组织施工，配合甲方管理者的监督与检验工作；同时乙方管理者接收甲方管理者（依据合同发出）的指令并执行，如认为指令不合理，乙方管理者对甲方管理者提出反馈与修改请求。

②甲方管理者与丙方管理者之间的交互作用

以丙方为监理方为例。甲方授予丙方管理者合同范围内的职权，并督促丙方管理者履行职权。

丙方管理者在甲方委托范围内自行行使职权，某些情况下需要征得甲方管理者批准才能行使权力，特殊紧急情况下可以在未征得甲方管理者批准情况下发布指令。

③乙方管理者与丙方管理者之间的交互作用

以丙方为监理方为例。在甲方授权范围内，丙方管理者对乙方管理者合同履行情况进行监督与检验；同时丙方管理者也对乙方管理者直接发出通知与指令。

乙方管理者配合丙方管理者的监督与检验工作；同时乙方管理者接收丙方管理者（在授权范围内）的指令并执行，如认为指令不合理，乙方管理者对丙方管理者提出反馈与修改请求。

（2）同一管理者团队的内部交互

考察一个管理者团队的内部组织结构，会因工程领域、项目类型、团队规模等有所不同，一般情形下的管理者团队内部组织结构如图1-4所示，将同一管理者团队内部的管理者分为三个层级：高层管理者、中层管理者、基层管理者。

①高层管理者，一般是整个工程项目管理团队的总负责人，例如，甲方管理代表、乙方项目经理等。

②中层管理者，一般为工程项目中某一系统或部门管理的负责人，例如，乙方质量管理、进度管理、安全管理等部门的负责人等。

③基层管理者，往往是管理任务的执行负责人，既直接管理操作人员，也涉及对"物"的管理，例如，对信息、设备、合同的直接管理。

三层级管理者的划分方法根据具体工程实践中管理者团队情况的不同有所不同，例如，一些小规模的丙方管理者团队可能在组织结构上少于三个层级。

不同层级之间的管理者存在交互作用，包括高层级对低层级管理者的指令作用和低层级对高层级管理者的遵从与反馈作用，从职业伦理的角度，低层级管理

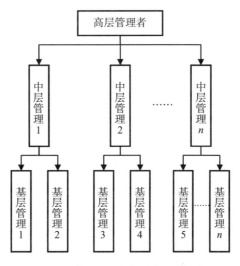

图1-4 同一管理团队内部的管理者组织结构

者对高层级管理者有忠诚的义务。

同一层级管理者之间也存在交互作用，包括分工、合作、沟通、协调等，同一层级的管理者具有平等性。

中层管理者既是下属层级的"管理者"又是上属层级的"被管理者"，具有双重角色。不同层级的管理者、同一层级的不同管理者在工程管理活动不同阶段的地位与作用有所不同。全生命周期不同阶段对伦理问题的探讨可能会聚焦不同层级的管理者，例如，工程前期决策主要依赖高层管理者的作用，在后续工程项目实施过程中的现场决策与管理，更多是中层和基层管理者的责任。

1.2.2 工程共同体

探究在工程环境中的利益相关者，可以采用"工程共同体"的概念。依照岗位划分，工程共同体一般包括工程师、工人、投资者、管理者等[①]。工程师与管理者在前述章节已有所探讨。管理者是工程管理伦理的核心主体，所探讨的工程环境中的利益相关者为管理者之外的其他工程共同体成员。

投资者是工程项目发起人，提供资金，在工程目标决策中拥有主动权，也在一定程度上影响和决定着工程的规模、品位。一定意义上，工程师、管理者和工

---

① 李伯聪.关于工程师的几个问题——"工程共同体"研究之二[J].自然辩证法通讯，2006（2）：45-51，111.

人都是被雇佣者，应对投资者负责[①]。

工人是操作环节的执行者，他们体力和智力付出使工程行动方案最终落到实处。工人不是机械、被动的执行者，各工序和工种都有许多能工巧匠，操作本身就蕴涵着智慧[①]。

一方面，工程共同体是具有相同目标（即工程实现）的利益共同体，具有紧密性；另一方面，工程共同体中不同职业群体具有异质性，追求利益多元化，因此共同体内部可能产生矛盾。作为工程管理伦理主体的管理者，在协调工程共同体成员之间的利益关系、促使工程共同体作为利益共同体协力推进工程顺利进行方面，发挥着重要作用。

1.2.3 社会环境中的利益相关者

社会环境中的利益相关者主要包括政府与社会公众。

政府出台的相关法律法规是工程管理必须遵守的底线，政府的一些政策导向也会影响工程管理者对工程走向的把握，另外政府还会对工程实施的过程和结果进行监管。

社会公众指工程活动参建主体之外的各类社会群众的总称。工程的社会性使得社会公众虽然不直接参与工程，也可能会受到工程的影响，因此属于利益相关者的范畴，例如工程排污、工程噪声、工程事故等都可能对其带来负面影响。一般来说，离工程所在地越近的社会公众所受工程的影响越大。

1.3 工程管理伦理问题的识别

1.3.1 伦理问题及分类

对伦理问题的理解存在不同视角。一种观点是从伦理的关系性层面探讨伦理问题，即当一个人的行动不受约束地执行时，会对他人产生影响（伤害他人或使他人受益）[②]。另一种观点是从价值、利益、规范的冲突、排序和选择层面理解伦理问题，即两种或两种以上的积极的道德价值或规范不能同时完全实现的问题；从这个角度来说，伦理困境（Ethical Dilemmas）中的冲突更加激烈，因为在有限

---

① 张秀华.工程共同体的结构及维系机制[J].自然辩证法研究，2009，25（1）：86-90.
② Jones T M. Ethical Decision Making by Individuals in Organizations：An Issue-contingent Model[J]. Academy of Management Review，1991，16（2）：366-395.

数量的选择中，无论主体选择什么，都会犯道德错误①。

这两种视角是缺一不可的，如果只关乎主体自身的不同利益间的冲突与选择，便不能称之为伦理问题，而只有涉及不同利益主体间的利益冲突，才构成伦理问题。伦理是关系性概念，无关系则无伦理②。

伦理问题识别是问题分析与解决的基础。应用伦理学的不同领域存在不同的伦理问题，也使用不同的伦理问题分类方法。

一是依据工程要素分类。伦理因素是一个"渗透性"的要素③，它深刻地渗透在工程活动的其他维度之中，包括经济、技术、管理、社会、生态等。因此将伦理维度运用到其他维度中，可将主要的工程伦理问题分为四类，即工程的技术伦理问题、工程的利益伦理问题、工程的责任伦理问题和工程的环境伦理问题④。

二是依据伦理主体分类，可将工程伦理分为微观伦理问题和宏观伦理问题。工程中的微观伦理问题关涉由个人和公司做出的伦理决策；而宏观工程伦理问题关乎工程技术发展的一般方向，以及工程师、工程师职业协会和工业协会的集体责任⑤。

三是依据突出议题分类。生命伦理学中，冲突与选择是伦理困境的核心，这些价值与利益冲突中存在一些与行业和职业紧密联系的特有伦理议题，包括安乐死、患者自主性、患者信息保护、药物滥用等⑥。

1.3.2 工程管理伦理问题的分类与识别

工程管理伦理问题的识别是问题分析与解决的基础。实践中，有些工程管理者缺乏伦理意识，并不能认识到伦理问题的普遍存在。因此，有必要提供全生命

---

① Van de Poel I R, Royakkers L M. Ethics, Technology and Engineering : An Introduction[M]. Wiley-Blackwell, 2011 : 138.

② 李建华. 伦理与道德的互释及其侧向[J]. 武汉大学学报（哲学社会科学版），2020（3）：59-70.

③ 李伯聪. 工程与伦理的互渗与对话——再谈关于工程伦理学的若干问题[J]. 华中科技大学学报（社会科学版），2006（4）：71-75.

④ 李正风，丛杭青，王前等. 工程伦理[M]. 2版. 北京：清华大学出版社，2019：23-25.

⑤ 迈克·W. 马丁，罗兰·辛津格. 工程伦理学[M]. 李世新，译. 北京：首都师范大学出版社，2010：29.

⑥ Braunack-Mayer A J. What Makes a Problem an Ethical Problem? An Empirical Perspective on the Nature of Ethical Problems in General Practice[J]. Journal of Medical Ethics, 2001, 27（2）: 98-103.

周期工程管理伦理问题识别框架。

工程管理伦理是以工程管理者为核心主体,针对工程管理行为和工程管理实践活动,处理工程管理全生命周期中工程管理者与利益相关者、与工程、与环境之间的相互关系时应遵循的道德准则。伦理是关系性的,伦理问题常蕴含在行动者之间的交互关系之中;利益是伦理的基础,那么利益冲突则是伦理问题的重要来源。人、工程、环境之间存在的利益冲突与价值排序常常是潜在工程管理伦理问题所在之处。

图1-5表示工程行动者网络中人、工程与环境之间的关系,以及可能出现的工程管理伦理问题。

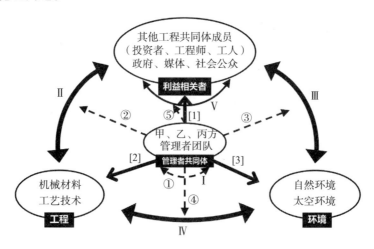

图1-5 工程管理伦理问题识别

图1-5中,[1]~[3]表示管理者对利益相关者、工程与环境的认识,这是伦理问题识别与分析的基础。工程管理者应该认识到不同利益相关者之间的共同利益与利益冲突,认识到工程机械材料等资源状况和工艺技术水平,认识到工程对自然环境的影响程度以及环境对工程活动开展带来的限制。

Ⅰ~Ⅴ表示可能存在的伦理问题。任何可能出现价值与利益冲突的交互中都可能存在伦理问题,因此伦理问题存在于管理者共同体内部、不同利益相关者之间、人与工程之间、人与环境之间、工程与环境之间。

Ⅰ即管理者共同体内部的伦理问题。工程管理伦理将管理者作为核心主体,赋予其调节利益关系、解决伦理问题的责任,一定程度上也将其期望为无私心、有能力的个体或群体,对其提出了十分高的要求,而这显然是不符合工程实际的。因此必须聚焦工程管理者共同体的内部矛盾——作为群体,应该解决好管理者共同体内部的目标分歧与利益冲突带来的伦理问题;作为个体,应该约束好管理者追求私利的私心而保证其能够公正地分析与处理伦理问题。

Ⅱ即人与工程之间的伦理问题。工程是承载人的某种需求的造物活动，因此工程具有价值性。人与工程之间关涉两个层面的伦理问题，一是人-物关系，工程应该以人为本，工程造物实现人的需求，而人亦是复杂工程系统运行的一个部分，存在着人与物的复杂交互，应该考虑其中可能存在的价值冲突；二是工程技术的应用，考虑新技术、材料、工艺等的应用对人、环境、社会带来的新伦理风险。

Ⅲ即人与环境之间的伦理问题。尽管对自然环境的价值的理解存在不同视角，例如人类中心主义观点认为对自然的保护最终是出于对人类的利益的保护，而非人类中心主义认可自然本身具有其内在价值而不以人为目的。但不管出于人类中心主义还是非人类中心主义，在"应当保护自然环境""促进人与自然和谐发展"的观点上具有一致性。载人航天工程中，环境由自然环境拓展到了太空环境，人与太空环境如何交互，应该构建怎样的关系，是应该进一步探索的议题。

Ⅳ即工程与环境之间的伦理问题。工程建设依托一定的环境，自然环境是工程建造的物质载体与材料来源，并受到工程的影响；另一方面，"天然自然"通过人为工程建造转化为"人工自然"①，从这个意义上来说，工程又是自然的延伸。尽管工程与环境之间存在相互影响，但本质上，工程与环境之间的伦理冲突仍然是人类活动与环境之间的冲突。因此，第Ⅳ类交互可以为我们提供工程管理伦理问题识别的视角，但不作为单独的伦理议题分类而存在。

Ⅴ即不同利益相关者之间的伦理问题。人类社会发展过程中，个体利益范围与他者利益范围就像两个圆，从相切到相交并不断扩大相交范围（图1-6）。而这个不断扩大的相交范围，其实就是人们的伦理行为的可能范围。对相交利益范围来说，主体既可以"争"以自利，也可以"让"以利他，在自利与利他之间的不当选择，往往是伦理问题产生的原因②。从这个角度看，可以识别两种情形下的

图1-6 主体间的利益相交

---

① 曾国屏，高亮华，刘立，等.当代自然辩证法教程[M].北京：清华大学出版社，2015：96-97.
② 易小明.道德的利益之维——兼评"利益决定道德"论[J].伦理学研究，2010（6）：14-19.

伦理问题：一是主体在追求个人利益的过程中造成他人正当利益的损害；二是不同主体间的利益分配不符合公正原则，即没有做到"得所当得"。

图1-5中的①～⑤表示工程管理者对伦理问题的应对与处理。管理者对人、工程与环境的态度是伦理问题能否妥善解决的关键。以"善"为取向，管理者具有维护每个利益相关者的利益的道德目的，具有促进工程技术发展、达成工程目标、实现工程效益的道德目的，也有保护自然环境的道德目的。但管理者往往不能够使所有行动者的利益同时充分实现，因此人、工程和环境之间会存在价值与利益的权衡取舍，需要工程管理者结合具体伦理情境，运用伦理智慧寻求最善的行动路径。

工程中人、物、环境之间的关系随着工程活动的开展动态变化，全生命周期不同阶段突出的利益冲突不同，不同阶段的重点伦理问题也有所不同。对伦理问题的识别应考虑其在工程全生命周期中的动态性，抓住主要矛盾，提高工程管理效率。

实践中，工程管理伦理问题也可以从宏观和微观两个层次来考虑。

宏观层次涉及工程管理伦理相关的政策、制度与文化，社会宏观价值观念与相关政策倡议会影响管理者处理伦理问题的价值排序，例如对环境保护、劳动保护的倡导，安全指标上的严格要求，对性别、地域等歧视的抵制等。从某种意义上说，伦理或价值观的改变先于法律法规的订立，并成为法律法规制定的驱动力[①]。而相关法规制度是伦理方案施行的途径之一，如通过环境评价落实工程决策中对环境保护的重视，通过在技术规范中设置伦理标准来减少工程操作中伦理问题的发生等。社会文化背景使得中国工程实践中伦理问题和价值观念具有独特性，管理者必须充分理解中国文化背景下工程活动中的成文规则与不成文规则，学会运用中国文化意蕴中的伦理智慧去解决伦理问题，创新工程管理伦理的中国方案。

微观层次聚焦工程的组织管理流程和个体管理决策。工程管理者具有决策、计划、组织、指挥、协调、控制的职能，一方面应该积极思考如何正当地行动以实现工程目标和价值，另一方面发挥职能作用来解决伦理问题，决策阶段对不同目标的权衡取舍，计划阶段伦理责任的分配，组织人、材、机等资源时对效率和公平的考量，指挥工程施工时在具体情境下灵活运用伦理规范，协调不同利益相

---

① Carroll A B. The Pyramid of Corporate Social Responsibility：Toward the Moral Management of Organizational Stakeholders[J]. Business Horizons, 1991, 34（4）：39-48.

关者之间的冲突，控制伦理方案的施行以防止其偏离航向，每个阶段都有大大小小的伦理问题，工程管理者的个体伦理决策可能会对整体工程带来影响。

据此，从工程管理者的角度出发，可将其在工程管理实践中遇到的常见伦理议题归纳为四个方面：工程管理者自身、工程管理者与利益相关者、工程管理者与工程技术、工程管理者与自然环境，如表1-1所示。这四类工程管理伦理议题在工程管理全生命周期的不同阶段和不同工程领域有不同的具体表现。

常见工程管理伦理议题分类　　　　　　　　　　表1-1

类别		常见问题
工程管理者自身	个体	专业能力、职业责任、伦理责任、同僚关系、个人德性、组织名誉、行业形象
	群体	甲方（业主方）、乙方（承包方）、丙方（设计方、监理方、采购方等）不同管理者团队之间的交互作用（利益冲突、工程决策）、同一管理者团队内部的横向（同层级管理者）交互（目标冲突、分工合作）、同一管理者团队内部的纵向（上下级管理者）交互（指令合理性、应急处理）
工程管理者与利益相关者	投资者	合同订立、决策权力、保密义务
	工程师	工程技术应用、设计方案选择
	工人	职业安全与健康、歧视问题、高风险性补偿
	政府	守法守规、政策引导、政府监管
	社会公众	公共安全、决策参与、风险披露、生活权益、纠纷调解、弱势群体、社会秩序、社会监督
工程管理者与工程技术		工程目标（质量、进度、成本、安全、环保等）冲突、工程质量、技术安全、技术创新、标准更新、风险控制
工程管理者与自然环境		工程污染、资源损耗、生物多样性、人文历史遗存破坏

1.4 工程管理伦理问题的分析

1.4.1 工程管理伦理问题分析的理论依据

工程管理伦理问题分析需要有一定的依据，来判断什么是善，什么是恶。尽管工程管理伦理探讨的是"工程管理者应该怎么做"，聚焦以工程管理者为主体的伦理问题，但仍然可以使用传统伦理学的理论观点来做出伦理判断。针对不同的伦理学理论，需要管理者结合具体问题和工程情境综合应用。

人的行为结构即某一行为是由某一行动者（人或组织）带有一定的意图而进行的，并由此产生一定的后果。所以，可以从三个角度来对一个伦理行为进行评判：行为主体、行为意图与行为后果[①]。

(1) 行动后果角度——功利主义

功利主义(Utilitarianism)是后果论的重要理论之一，即认为行为之"善"与"应当"的判断应依据其结果，而非在于行为本身对某些规则与信条的遵守。功利主义起源于古希腊的昔勒尼学派和伊壁鸠鲁学派的快乐主义，由边沁(Bentham)发展为系统的伦理体系，其最经典表述是密尔(Mill)在《功利主义》中提到的"最大幸福原则"(The Greatest Happiness Principle)，即判断行为对与错的唯一道德标准，在于其相比于其他选择是否能够增进最大多数人的最大幸福，而对幸福的衡量也是功利主义最大的难题之一[②]。现代功利主义伦理学用货币衡量的效用的增减来衡量个人幸福的增减。

功利主义伦理理论一直存在争议，批评包括对"幸福"的度量方式是否妥当、指标考虑是否全面，因为作为结果导向的理论，"幸福"的测量准确性影响着伦理判断和行为选择的可靠性。也存在对功利主义是否把人当作手段而非目的的质疑，因为只根据后果与利益进行伦理评判，而完全不考虑作为主体的人的本身的动机与倾向，显然相对缺乏人本质的完整性。

尽管功利主义存在不足，但到目前为止仍是伦理学中应用最广的理论之一，因为其伦理判断标准简单、明确、统一、易于操作，具有更好的实践适用性。在工程管理伦理分析中，功利主义也是应用的主要理论之一。可将"增减每个人的利益总量"作为功利主义的伦理判断总标准，"增"则为善，"减"则为恶。由于"每个人"都有不同的利益追求，在工程实践中普遍存在利益冲突，因此分两种情况进行探讨：①当人们的利益发生冲突无法两全时，应该以实现"最大利益净余额"作为标准，以增进所有人的最大利益净余额为判断依据，即实现最大多数人的最大利益，这种情况下要重视公正问题，对为实现总体最大利益而牺牲其个人利益的弱势群体，应该给予相应的补偿；②当人们的利益之间不存在冲突时，应该以"无害一人地增加利益总量"作为标准，此标准与帕累托改进含义相同：使至少有一个人的情况变好，而不使任何人的情况变坏[③]。除此之外，在"利益"的含义与衡量上，应该结合中国工程实践和社会发展需求，从而与中国社会宏观价值相一致，例如在"绿水青山就是金山银山"的人与自然和谐发展观念下，对

---

① Van de Poel I R, Royakkers L M. Ethics, Technology and Engineering: An Introduction[M]. Wiley-Blackwell, 2011: 77-78.
② 唐凯麟. 西方伦理学名著提要[M]. 南昌：江西人民出版社，2000：285-290.
③ 王海明. 伦理学导论[M]. 上海：复旦大学出版社，2009：56-57.

效益的考量便不能将生态效益排除在外。

总体而言，从行动后果角度，应用功利主义伦理学进行工程管理伦理分析，主要关注以下问题：

①效益大于成本的行动，是善的吗？

②成本大于效益的行动，是恶的吗？

③除成本、效益两因素外，还有哪些因素可作为重要衡量指标，使行动后果被认为是善的？

(2) 符合规则角度——义务论

义务论（Deontology）又称道义论，其对行为的道德评价不依据后果，只看行为本身的性质，与功利主义的道德判断标准相反，也经常被看作功利主义的对立视角进行对比讨论。在义务论的发展历程中，存在行为义务论与规则义务论两种观点，前者认为每个伦理行为是独一无二的，不提供普遍性的准则，需要凭借良心或直觉做出行为判断与选择；后者则强调普遍道德指令或准则的存在，只是依据准则数量的不同有一元论与多元论的分歧。后者一般被认为是合理的义务论。

康德理论的确立是义务论臻于成熟的标志。康德提出道德领域的绝对命令，认为存在普遍有效的道德准则，并且这种准则是人可以通过意志的自律达到的[1]。罗尔斯继承了康德的思想，提出人们对幸福的追求应该存在限制，正义是社会制度的首要价值，人们对利益的追求应符合公平正义的要求，而不损害他人追求自由平等的权利[2]。因此，义务论的基本观点是考虑动机之利而非结果之利，只有符合正当的规则，或者为道德而道德的行为才是正当的，而不论预期的结果如何。

相比于功利主义，义务论不考虑结果，很难有直接、明确的伦理判断标准，因此指导实践的适用性差。然而，在工程管理伦理分析中，义务论仍旧具有重要的意义，因为其强调人是目的而非手段，并且对主体的道德自律提出了更高的要求。一方面，不能只从义务论考虑问题，这样很容易推导出只有为道德而道德的行为，也即无私利他的行为才是善的[3]，这种伦理标准很难践行。不同个体具有不同的道德水准，而社会性的、集体性的普遍伦理规范无法要求每个人都无私奉

---

[1] 康德.实践理性批判[M].张铭鼎，译.北京：商务印书馆，1999：67.

[2] 罗尔斯.正义论[M].何怀宏等，译.北京：中国社会科学出版社，1988：1-2.

[3] 王海明.伦理学导论[M].上海：复旦大学出版社，2009：58-59.

献、毫不利己。另一方面，作为主体的工程管理者也应该具有更高的道德水准，从而自觉践行"向善"的工程管理实践，并带动其他利益相关者乃至整个工程领域伦理水平的提升。因此在工程管理伦理分析中应该将功利主义与义务论相结合，将结果之善和动机之善同时作为判断行为善恶的伦理标准，也作为推动工程管理伦理水平建设的不倦追求。

总体而言，从符合规则角度，应用义务伦理学进行工程管理伦理分析，主要关注以下问题：

①行动主体符合规则（符合程度从完全符合、不完全符合到完全不符合）是善的吗？

②行动主体符合何种规则是善的？探讨规则的完善程度（根本规则；成文规则与不成文规则；健全规则与不健全规则）和主体符合规则的程度。

③行动主体如何制定合理性的契约规则？如何平衡契约各方利益诉求达成契约规则的一致性赞同？行动双方对契约规则的完全遵从是善的？违背契约规则是不善的？

（3）行动主体角度——美德伦理学

一般认为，传统美德伦理学源于古希腊亚里士多德的相关思想，亚里士多德认为美德是人实现理想生活目的过程中的关键因素，人可以通过后天培养来践行美德[①]。17世纪以来西方伦理学以规范伦理学为主导[②]，包括后果论与义务论。1958年，安斯康姆（Anscombe）[③]对规范伦理学提出批判，认为这种受到律法主义传统影响，以责任等法律概念为核心的道德哲学由于缺少权威的立法者而变得没有意义，这让美德伦理学重新受到关注。麦金太尔（Macintyre）《追寻美德》的出版提出近代以来的社会现实和道德文化后果已证明普遍理性主义规范伦理的失败，并成为美德伦理复兴的标志。

不论是否依据行为结果或意图来判断行为之善恶，规范伦理学评价的是行为本身。与规范伦理学不同，美德伦理学将行为主体作为关注的焦点，从探讨"我们应该如何行动？"（Doing）到"我们应该怎样生活？""我们应该成为什么样的人？"（Being）的问题。规范伦理的特点在于规范内容的基本性和作用范围的普适性，体现人们社会生活的现实需要；美德伦理则具有某种高尚性，表征人们

---

① 麦金太尔.追寻美德[M].宋继杰,译.南京:译林出版社,2003:187.
② 万俊人.美德伦理如何复兴?[J].求是学刊,2011,38(1):44-49.
③ Anscombe G E M. Modern Moral Philosophy1[J]. Philosophy, 1958, 33(124):1-19.

自我完善的追求①。20世纪90年代以来，中国对西方美德伦理学相关著作进行译介与研究，诸多学者都坚持规范伦理与美德伦理相统一的观点，构建制度化规则设计与主体性德性激励有机统一的社会伦理结构。

关于美德德目有哪些，不同伦理学家基于自己的思想建构了不同的理论。亚里士多德列举了诸多美德，包括勇敢、慷慨、大度、温和、友善、诚实、机智等②。亚里士多德用中道（Moderate）来描述美德，认为德性走极端即为恶德，美德是适度的德性，不能过度，亦不能不及，例如勇敢过度便为鲁莽，不及便是怯懦③。

利用美德伦理学进行工程管理伦理分析时，在了解国外研究成果的基础上，也应该关注中国具有传统美德伦理学性质的学说，例如儒家学说。从而在中国工程建设语境中，结合中国文化特色对美德伦理学进行重释甚至重构④。中国传统哲学中有着极为丰富的美德伦理学资源，中国古代思想家也提出了诸多美德，如仁义、忠恕、廉耻等。尽管现代人面临着不同的历史背景、社会形态与生活环境，但一些人类基本美德仍然发挥着光芒，使得现代人的美德印记上，既有某种普遍的、恒常持久的历史标准，亦有现代伦理精神对现代人格的崭新要求①。

通过探究主体"是什么"，了解其性格品质，也是为了更好地判断其会"做什么"；从制定行为规范来约束和指导主体"做什么"，也是希望外在规范经由学习、运用和体悟，转变为内在的品德恪守，从而丰满主体"是什么"的本质。从这个意义上来看，"是什么"与"做什么"是相互促进、密不可分的。现代社会语境下追寻的不再只是个体化的内在美德，而是具有公共化特征的社会性美德⑤，体现在工程管理伦理中，所追寻的不是某个工程管理者高尚的品德，而是希望通过提升工程管理者群体的伦理水平，带动工程领域整体工程管理伦理水准的提高。

总体而言，从行动主体角度，应用美德伦理学进行工程管理伦理分析，主要关注以下问题：

①主体的动机是否向"善"？即是否想把事情做好，考察主体的动机性或倾向性。

---

① 肖群忠.美德诠释与美德伦理学研究[J].广西民族大学学报（哲学社会科学版），2006(5)：122-126.
② 亚里士多德.尼各马可伦理学[M].廖申白，译.北京：商务印书馆，2003：77-125.
③ 亚里士多德.尼各马可伦理学[M].廖申白，译.北京：商务印书馆，2003：53-57.
④ 万俊人.关于美德伦理学研究的几个理论问题[J].道德与文明，2008(3)：17-26.
⑤ 万俊人.美德伦理的现代意义——以麦金太尔的美德理论为中心[J].社会科学战线，2008(5)：225-235.

②主体是不是"好人"？决定"好人"的根本性要素是性善或性恶，这是从人的本质与本性来考察主体。

③主体能否成为"好人"？即向善的能力、勇气与水平等是否足够，这是从实践角度判断主体成为好人的可能性。

（4）其他伦理学理论

①预防伦理。预防原则是基本伦理原则之一，在医学伦理、科技伦理、生态伦理等领域都有应用，反映了对风险和不确定性的态度，主张在科学不确定性的情况下，也应采取措施预防可能的风险[①]。在工程管理伦理中，工程环境和利益相关者之间的交互关系复杂多变，风险的来源众多。例如，2019年底突然爆发的新冠肺炎疫情，给工程带来了诸多伦理风险：工程违约、工程变更带来的利益损失、复工工人的安全与健康受到威胁等。因此，工程管理者应该基于预防原则，充分考虑工程全生命周期过程中可能遇到的各种伦理风险，并通过制度层面的设计来应对风险。

②激励伦理。激励伦理在伦理的约束作用之外，更强调伦理的激励作用。激励伦理探讨激励的人性基础，通过激励机制的设计来实现伦理目标，并评估激励方法及其效果的合理性和有效性。在工程管理伦理中，利益相关者众多，利益冲突复杂，如果仅靠外部约束管理所有主体的伦理行为有很大难度，但是通过工程管理政策和制度层面的设计，可以激励各实践主体向善，从而实现工程的顺利推进。例如，满足需要原则可以满足人的自我价值和自我发展的心理倾向，从而激励人的行为；依照调动积极性原则的制度设计可以最大限度激励实践主体发挥主动性和创造力；公正、公平、公开原则可以增强团队成员的凝聚力，激励伦理行为[②]。

③关怀伦理。关怀伦理是在女性主义运动兴起的背景下发展起来的伦理学派，以诺丁斯（Noddings）为代表人物。诺丁斯的关怀伦理学认为关怀不是一种美德，而是双方平等互惠的关系；关怀体现了生活最终极的本质，自然关怀是一种本能情感，但许多时候需要行动者付出伦理努力，才能克服不愿给予自然关怀的心理，承担起伦理关怀的责任[③]。

---

① H.S.E. Reducing Risks, Protecting People：HSE's Decision-making. London：HSE Books，2001.

② 朱贻庭.应用伦理学辞典[Z].上海：上海辞书出版社，2010：489.

③ Noddings, Nel. The Challenge to Care in Schools[M]. NewYork：Teachers College Press，1992：15.

关怀伦理从心理与情感视角来建构当代人的伦理道德关系，对工程管理伦理分析也具有启发意义。一是在外在伦理准则的约束之外，还可以从内部情感的角度来探讨人与之间伦理关系的变化，例如工程建设活动中，如果各利益相关者都能够在追寻私利之外关怀其他利益相关者，拥有追寻互惠互利的共识，那么许多伦理问题也就迎刃而解；二是可以通过关怀互予，营造良好的人与人之间的伦理互动，从而得到正向反馈，例如工程建设活动中，管理者如果在雇佣关系之外，还有关怀工人福祉、关心工人个性发展的举措，这种关怀传递给工人，极有可能得到努力工作的正向反馈和情感上对组织的认同，从而减少伦理摩擦的发生；三是关怀伦理本身是一种情境性的伦理，这与工程管理的复杂性不谋而合，需要工程管理者不是僵化依赖普遍伦理规范来采取行动，而是考虑不同情境下各利益相关者的道德反应来进行管理和解决伦理问题。

④商谈伦理。商谈伦理是20世纪80年代后期，由哈贝马斯在其交往行动理论的基础上提出的伦理理论，关注的重点是不同独立自由主体间如何通过商谈达成道德共识。哈贝马斯认为，商谈过程中有两个原则是关键的：一是"U"原则，强调规范应该具有普通化，可以为每一个自由参与者所分享，并相比其他选择能更好地满足每个参与者的利益；二是"D"原则，强调所有参与者应该自愿接受遵守该规范带来的所有正面或负面后果[①]。商谈伦理提出只有参与者自愿交往、平等对话，且能够在正义规范下充分表达自己的利益诉求，最终达成道德共识，形成的规范才具有有效性。

商谈伦理在工程管理伦理分析中也具有重要作用。现代社会的多样化与工程的多主体参与性，使得复杂的利益相关者之间的利益冲突成为工程管理伦理问题的重要来源。决策不能以某一实践主体的利益诉求为中心，通过"独白"的方式进行，而必须建立起不同主体间的商谈机制，通过协商和论证来进行利益协调、化解矛盾。商谈伦理给出了商谈的途径和达成道德共识所需要的条件，对工程管理过程中的伦理协商具有启发意义。

1.4.2 工程管理伦理问题的分析方法

伦理周期（Ethical Cycle）是工程伦理案例分析中常用的方法，是通过对伦理问题进行系统和全面的分析来构建并完善伦理决策的工具，它能帮助实践主体

---

① 张向东.哈贝马斯商谈伦理中道德共识形成的逻辑[J].道德与文明，2009（4）：72-74.

做出伦理选择，并进一步证明伦理决策的正当性[①]。其优点主要有：①能够对伦理问题进行多方面的系统分析论证；②能够寻求在道德问题出现的特定情境下，道德上最好的，或者至少是道德上可接受的行为选择；③能够论证该道德选择的正当性。其主要分析流程如图1-7所示。"周期"的特点就体现在通过伦理评价与反思，能够对之前的伦理问题有更深入的理解与分析，从而经过循环论证，最终做出符合道德的伦理决策。

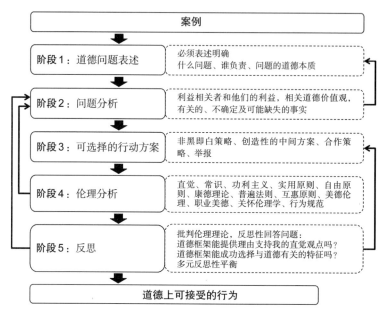

图1-7 伦理周期方法的分析流程

然而，传统工程伦理的伦理周期方法在工程管理伦理问题分析中不完全适用。图1-8所示的流程，是通过对传统伦理周期方法的改进，以契合中国实践中工程管理伦理问题研究，体现在以下两个方面。

一方面，伦理周期方法作为工程伦理常用的分析方法，所解决的是以工程师为主体的工程伦理问题。将工程师看作主体，其职能范围以及权力的影响小于工程管理者，解决伦理问题的方式也有所不同。工程师所面临的伦理上的最大考验在于其职业责任与伦理责任的冲突，例如雇主坚持使用污染环境的工程技术，工程师的伦理责任驱使他抵制这种技术，但对雇主忠诚的职业操守又让他必须遵从雇主的决定。此时工程师可以选择采取"举报"的行动方案——也即伦理周期

---

① Van de Poel I R, Royakkers L M M. Ethics, Technology and Engineering: An Introduction[M]. Wiley-Blackwell, 2011: 137-138.

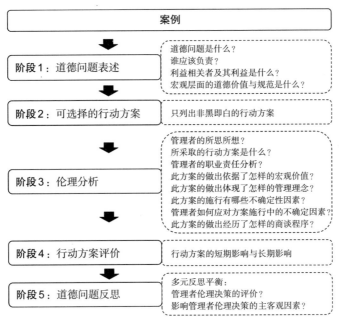

图1-8 工程管理伦理问题的伦理周期方法分析流程

方法的阶段3，通过向有关部门揭发来坚守自己的伦理责任。而在工程管理伦理中，管理者作为主体，拥有更大的权力，在决策中发挥核心作用，也更少受到"雇主"的掣肘，举报对工程管理者来说，不是一个有效解决问题的伦理选择。因此，传统工程伦理的伦理周期方法不完全适用于以工程管理者为主体的工程管理伦理分析。

另一方面，伦理周期方法的流程用以分析工程师面临的问题，以期最终形成最优的伦理决策方案。而基于中国实践的工程管理伦理是探索性研究，希望通过对已有工程案例的分析，在已知管理者面对伦理问题所采取的决策基础上，回顾管理者在决策前对问题的思考、决策过程中对价值观念的选择、决策后对伦理选择的反思，深入挖掘工程管理者解决工程管理伦理问题的所思所想所为，进行经验总结和理论提炼。如果传统的工程伦理问题所用的伦理周期方法是决策导向的，那么适用于基于中国实践的工程管理伦理探索性研究的伦理周期方法则更偏重于伦理反思与评价。

1.5 工程管理伦理分析框架与案例研究方法

1.5.1 基于全生命周期的工程管理伦理问题分析框架

工程管理伦理问题的识别与分析要考虑工程全生命周期的各个阶段，一般可分为前期决策、规划设计、建造实施、运营维护、工程退役五个阶段，依据不同领域的具体工程实践活动可以有所调整。

（1）前期决策阶段。工程决策的内容包括目标决策（做什么）与路径决策（怎样做）。事实上在工程活动全生命周期各个阶段都涉及大大小小的管理决策，这里讨论的是工程前期决策，其在工程活动中具有头等重要的地位和作用，对整个工程活动有着全局性的影响①。

（2）规划设计阶段。工程规划是对整体工程进展的谋划，工程设计则是工程规划的具体化和深化的过程，一般来说包括方案设计、初步设计、施工图设计等步骤②。工程规划设计的结果应该是明晰规范的图纸、程序或操作流程，作为定向性的指导环节，不能留下缺失与疏漏③。

（3）建造实施阶段。工程实施是将工程设计具体化的实践过程。

（4）运营维护阶段。造物是为了用物，因此建成之后的运营也是关键环节。一方面，通过运营效果，可以评估工程设计的合理性；另一方面，为了保证人造物的正常运行，需要必要的日常维护与管理④。

（5）工程退役阶段。不同类型的工程退役方式不同，退役的可能方式包括物质工程弃置，人员遣散；物质工程拆除，资源、装备回收再利用，人员遣散；物质工程原址转业发展，人员再就业；物质工程转址改造，人员随同转移就业④。

全生命周期不同的工程阶段会产生不同的伦理问题，正如诺贝尔奖得主西蒙所认为的，"管理即决策"，不仅在工程前期，决策充斥工程管理的各个阶段。对作为核心主体的管理者而言，决策往往是工程管理伦理问题出现的地方，同时又要通过合理决策来解决伦理问题。

基于全生命周期的工程管理伦理分析框架包括行为主体结构的构建（主体、利益相关者及其之间的关系网络），伦理问题的识别（以管理者为主体，以全生命周期的工程管理活动为线索），伦理问题的分析（理论依据与流程方法）。作为研究具体工程案例中的工程管理伦理问题的工具，此框架也为实践中的工程管理者提供了认识伦理问题的角度，以及解决伦理问题的思路。

---

① 殷瑞钰，汪应洛，李伯聪，等.工程哲学[M].3版.北京：高等教育出版社，2018：120.
② 丁士昭.工程项目管理[M].北京：高等教育出版社，2017：283-284.
③ 殷瑞钰，汪应洛，李伯聪，等.工程哲学[M].3版.北京：高等教育出版社，2018：237.
④ 殷瑞钰，李伯聪，汪应洛，等.工程方法论[M].北京：高等教育出版社，2017：108.

1.5.2 案例研究思路与选择标准

(1) 案例研究的重要意义

工程管理伦理研究是面向中国工程发展需求，植根于中国工程案例，立足于中国文化背景，依托于中国价值体系的探索性研究。在全生命周期工程管理伦理分析框架下，通过识别具体工程案例中最突出的、最具代表性的工程管理伦理问题并进行深入分析，可以从不同层次、不同视野、不同尺度凝练中国实践中普遍存在伦理问题的原因、特点、共性，总结审视应对这些伦理问题的经验，回应尚未解决的伦理问题带来的挑战。

因此，案例研究在工程管理伦理研究体系中具有重要作用，体现在以下几点。

第一，案例研究是理论框架检验与完善的过程。作为案例研究的工具，基于全生命周期的工程管理伦理分析框架为具体工程案例中行为主体结构的构建、伦理问题的识别、伦理问题的分析提供了方法，也为工程实践中的管理者提供解决伦理问题的基本思路。通过将该分析框架应用到实际工程案例的探索中去，可以检验理论框架的可行性与适用性，并推动其进一步完善，从而对工程管理伦理的内涵获得更深刻的理解，对工程实践中各利益相关者之间的关系有更清晰的洞察，对工程内外部环境有更周全的考虑，对实践中工程管理伦理问题有更精准的认知，对伦理问题有效解决的思路有更切实的体会。

第二，案例研究使得一般性工程管理伦理理论与不同行业的具体工程实际相结合。工程一个重要特征是行业性，而工程的行业性又表现在工程技术、组织结构、管理系统、利益相关者关系等特征的行业性。同一行业的不同工程又具有当时当地性的特点，因而在工程管理伦理层面也有着不同的表现。因此，要充分探索工程建设领域的工程管理伦理问题，有必要从三个层次进行考虑，即一般性工程管理伦理，行业性、产业性、类型性工程管理伦理和具体工程项目的工程管理伦理。案例研究就是实现工程管理伦理研究的层次性的关键方法。

对工程整体而言，不同行业表现出具有独特性的工程管理伦理问题，而每个工程行业中又必然存在着共性的工程管理伦理特征。通过对不同行业具有典型性和代表性的工程项目进行考察，可以掌握考虑具体工程项目的特征并进行工程管理伦理分析的特殊性方法；通过对不同行业的典型工程案例研究成果进行理论总结与提炼，可以发现不同行业工程管理伦理的共性与差异，从而探知整体工程建设领域一般性的工程管理伦理理论。

第三，案例研究是在归纳提炼基础上获取工程管理伦理新知识的关键。工程管理伦理理论分析框架的构建,是在借鉴伦理学、工程伦理学、工程管理学等学科领域知识的基础上完成的,对工程管理伦理问题进行探索的方法论层面的内容只有与中国工程具体实践相结合,才能创造出新的知识。工程管理伦理内涵的丰富、工程管理伦理研究内容的充实、典型性工程管理伦理困境的聚焦、工程管理者伦理思考的挖掘、中国实践中工程管理价值观念的提炼、解决工程管理伦理问题的中国方案的总结,都要依靠具体工程案例,从而完善工程管理伦理理论体系,拓展研究的广度与深度。

总体而言,工程管理伦理研究的落脚点是工程实践,以理论指导实践,以实践丰富理论,理论与实践相结合。基于中国工程管理实践的案例研究对工程管理伦理探索性研究具有重要意义。

(2)案例研究的基本思路

从方法论角度看,案例研究应遵循"由点到面,深度挖掘"的原则。

从案例研究形式层面看,"点"指工程管理伦理案例研究应该形式统一,在伦理问题识别与分析方面,应该具有一致的流程,以便于不同案例之间的横向对比;"面"指案例研究应该广泛吸纳实践主体的所思所想,鼓励工程项目实践者尤其是管理者的深度参与,也有利于工程管理伦理的宣传教育,提升工程实践主体的伦理意识。

从案例研究内容层面看,"点"指聚焦某一工程案例中最突出、最紧要、最具代表性的工程管理伦理问题,并对该伦理问题进行深刻剖析与深度探索,避免浮于表面,泛泛而谈;"面"指对所聚焦的工程管理伦理问题进行纵向与横向延展,纵向探讨工程管理伦理问题的动态性与发展性,并关注与其动态发展相关的社会文化背景、政策法规变迁与价值观念更新,横向延伸到整个工程行业甚至整体工程建设领域中,反思行业性和一般性工程管理伦理问题产生的原因以及解决方法。

实地观察与深度访谈等具体方法是保证案例研究深刻性的关键,以工程管理者为主体,深度挖掘其面对工程管理伦理问题的所思所想所为,从不同角度考察其对伦理问题的认识、价值观念的选择、道德行为的动因、多因素决策的权衡、解决问题面临的困难等,是基于中国实践的工程管理伦理研究的重要特点。

(3)典型工程管理伦理案例选择标准

在进行工程管理伦理典型案例的选择时,应依据以下几条标准:

① 案例在其工程领域具有代表性、典型性、示范性;

② 案例的过程、问题、后果较为明确、清楚、简单;

③案例的主体较为清晰，责权利相对明确；

④案例的技术表征、技术使用过程尽可能是明确的；

⑤案例能反映伦理问题的两面性，既有负面的、消极的，也有正面的、积极的，尤其是正面的、积极的经验，是具有重要意义的。

第2章　工程管理伦理问题

不同工程领域的典型工程项目呈现出不同的工程管理伦理问题。通过对我国五个工程领域中六个工程案例进行深入调研与分析（表2-1），初步总结较为普遍性的工程管理伦理问题，归纳不同伦理问题的共性特点，研究问题的成因并探索问题解决的影响机制，从而为发掘有效的工程管理伦理问题的应对方案奠定基础。

案例研究基本情况　　　　　　　　　　　　　　表2-1

工程领域	工程项目	伦理问题
油气工程	长庆油田页岩油开发建设工程	工程占地需求与耕地资源保护
土木工程	港珠澳大桥岛隧工程	人工岛建设与海洋生态保护 工程安全与建设成本 工程建设中的利益冲突
载人航天工程	载人空间站工程	"人"的安全与"机"的运行
水利工程	南水北调中线一期工程	移民搬迁安置中的效率与公平
核工程	秦山核电站建设与运行工程	企地利益关系协调
土木工程	北京大兴国际机场航站楼核心区工程	安全环保要求与工程资源限制

不同工程关涉不同形式的价值排序与利益冲突难题，呈现出不同的伦理问题。

长庆油田页岩油开发建设工程，对土地征借有较大需求，但在地貌与政策限制下，适用的土地资源有限，修建井场与作为耕地等其他用途之间产生矛盾，存在工程建设者与社会公众之间的利益冲突。

秦山核电站建设与运行工程，由于对核电清洁、安全的特性缺乏了解，地方政府与公众普遍对安全事故与工程污染怀有疑虑与担忧，对核电站建设持抵触甚至抵制态度，存在核电认知偏差下工程建设者与当地政府和公众之间的利益冲突。

南水北调中线一期工程建设需要移民近42万人，对于水利工程移民来说，不可避免地要遭受经济、文化、情感的巨大影响，需要调节移民群体、安置区原居民与当地其他公众之间的利益冲突。

港珠澳大桥岛隧工程中，工程建设区域位于环境保护核心区，在施工水域进行人工岛筑岛作业会不可避免地造成海域污染和生态破坏，存在工程与当地自然环境之间的价值排序问题。

载人空间站工程，为避免太空环境对航天员在轨驻留造成的生理损伤和精神障碍等不利影响，需创造防护环境；但过多的防护措施会影响空间站顺利在轨运行，存在人的安全与机的运行之间的价值排序问题。

北京大兴国际机场航站楼核心区工程作为重点工程、标杆工程、样板工程，有着安全方面的高标准严要求，但由于其规模大、人员众多、技术先进复杂，安全控制难度大，存在工程效益与安全效益之间的价值排序问题。

尽管从图 1-5 所示的全生命周期工程管理伦理问题识别框架来看，伦理问题可能存在于人与人、人与工程、人与环境的任意交互中，且随着工程行业与具体工程项目的不同具有差异性，但关键性、紧要性伦理问题的类别却具有一致性。其中，安全问题、环境问题与利益冲突问题出现频率最高，对工程项目影响最大，最受工程管理者关注。这三个问题既是工程伦理问题，又是工程管理伦理问题。但作为工程管理伦理问题，一方面，我们重点关注作为决策核心主体的工程管理者在安全生产、环境保护等管理实践中的伦理行为，避免管理者在利益选择中偏离道德规范；另一方面，工程管理者作为工程实践过程顺利进行的维护者与各相关方之间利益关系的协调者，其引导其他工程实践主体的伦理行为和应对安全矛盾、环境破坏、利益冲突等伦理问题的能力、技巧与智慧值得探寻。

管中窥豹，可见一斑，这些问题也是困扰中国当代工程实践中诸多工程管理者的普遍性伦理问题，探讨这些伦理问题的成因、特点与解决思路，具有重要意义。

2.1 安全伦理问题

2.1.1 安全是个人与社会的基本需求

基于人道主义观点，人本身就是最高价值，是社会的目的。而安全是人最基本的需要之一，意味着人不受到非期望的损害，保持正常的、完好的生存状态与内在感受，这构成人生活与发展的基础。随着人作为本体论意义上的生命存在的价值愈发凸显，安全的重要性也更加不言而喻。从个人角度来看，安全是人生存、发展、追求个人价值的前提条件；从社会角度来看，公共安全是维系社会稳定、保障社会生产、推动社会进步的重要基础。因此，安全不仅是个人的基本需求，也是人类社会普遍性及基础性的目标，且与当今社会经济条件下的以人民为中心、公平正义等发展观念相契合。

从工程建设角度来看，工程是为满足人的需求而进行的造物活动。严控工程质量，保证最终用户的安全，从而实现工程标的物对最终用户的价值包含在工程目标之内，为题中应有之义；工程从业者构成了工程建设活动的生产力，维护工程从业者的生命安全与身体健康是保障工程建设活动顺利进行的基础；社会公众是工程活动中的利益相关者，保护公众安全、避免工程事故对其生命与健康的负面影响，是工程增进正价值、规避负价值的向善追求。更重要的是，人的生命是最高价值，保障最终用户、工程从业者、社会公众的安全，与工程建设满足人类需求、创造社会价值的目的相一致，是工程根本价值的体现；而为了其他价值损害人的安全，则背离工程初心，从而舍本逐末，与社会发展、人民幸福的需要背道而驰。

2.1.2 安全伦理问题的成因

在工程案例研究中，安全伦理问题普遍存在，尤其是在港珠澳大桥岛隧工程、载人空间站工程、秦山核电站建设与运行工程、北京大兴国际机场航站楼核心区工程中，安全成为核心的工程管理伦理问题。通过对这些大型工程的安全伦理问题的成因进行分析，一些共有特征值得重视。

安全的目标是预防事故、控制事故，避免灾难的严重程度，而事故的发生取决于安全风险因素的形态及程度[1]。风险可被定义为"事件发生的可能性和其所造成的危害量级的乘积"[2]。也即安全风险由安全事故发生的可能性与其产生负面后果的强度两个因素构成。在港珠澳大桥岛隧工程中，安全风险来源于复杂危险的工程环境、工程技术和作业方式，例如沉管隧道工程管节浮运安装需在有限的窗口期内和广袤海洋空间中实施完成，沉管管节精准对接的实现需潜入深海查看对接情况，高未知性的施工环境与高危的潜水作业方式增加了施工现场不确定性，提升了安全风险。在北京大兴国际机场航站楼核心区工程中，安全风险来源于超大规模、复杂技术和众多参建人员的难协调性，例如为满足材料需要，一种方案是塔式起重机接力倒运四次后到达中心位置，安全风险随之增大；采取搭

---

[1] 罗云，许铭. 安全科学公理、定理、定律的分析探讨[A]//中国职业安全健康协会. 中国职业安全健康协会2013年学术年会论文集[C]. 中国职业安全健康协会：中国职业安全健康协会，2013：9.

[2] 查尔斯·E. 哈里斯，迈克尔·S. 普里查德，迈克尔·J. 雷宾斯，等. 工程伦理：概念与案例[M]. 5版. 丛杭青，沈琪，魏丽娜，等，译. 杭州：浙江大学出版社，2018：105.

设支撑架平台的方式安装网架钢结构和大吊顶板则会大大增加高空作业的风险。在载人空间站工程中，安全风险来自进入太空、在轨驻留以及返回着陆三个阶段航天器的可靠性与太空环境对人的负面影响，在航天员进入太空和返回着陆阶段，航天器和应急系统设计与运行的可靠性是风险主要来源；而太空环境对航天员在轨驻留会造成眼球和脑组织损伤、肌肉骨骼系统损伤和精神障碍等不利影响。在秦山核电站建设与运行工程中，安全风险来自于其核电事故的高危害性，核电安全风险的概率虽然不高，但是一旦发生事故，危害性是巨大的，并且核事故具有扩散性，例如人为疏忽或自然灾害造成的放射性物质泄漏对周边土地、环境的污染和对人体生命健康的损害是大范围和长久性的。

安全风险在工程建设活动中普遍存在，要想预防事故、保障安全，就要全面认知风险，了解工程事故致因机理。目前普遍认为，人的不安全行为、物的不安全状态与环境的不安全因素及其相互作用是事故发生的直接原因[①]。导致不安全行为与状态的原因有人、机、环境的因素，但究其根源，管理因素发挥着重要作用。因此，在工程建设活动中占据核心地位的工程管理者在减少不安全行为，避免工程事故方面发挥着关键作用，也有着义不容辞的责任。

安全与风险在工程系统中具有矛盾性和统一性，一方面，二者相伴相生并且可以互相转化，风险越小即安全程度越高；另一方面，二者互相排斥，安全是相对的，而风险是绝对的[②]。工程管理者可以通过科学技术方法、工程安全措施、组织管理手段来降低工程风险，当风险无限趋近于零时，工程也就更接近安全的理想状态。但在实践中，风险发生概率为零的工程几乎不存在，因为人对风险的认知还在不断发展中，人类预测风险、控制安全的科学技术水平与社会经济承受能力是有限的。因此安全没有最好，只有更好，绝对安全是一种理想化的目标，相对安全才是客观现实。

安全的相对性意味着工程风险的"可接受性"。费斯科霍夫（Fischhoff）主张，可接受风险问题是一个决策问题，不同的决策方式、信息和考虑的不同选项会使决策者做出不同的决定，因此"可接受风险"不是绝对的，而是相对的"可接受性"[③]。所以，作为工程决策的核心主体，工程管理者对可接受风险的认知、

---

① 方东平，黄新宇，Jimme Hinze. 工程建设安全管理[M]. 2版. 北京：中国水利水电出版社，知识产权出版社，2005：29.
② 金龙哲，杨继星. 安全学原理[M]. 北京：冶金工业出版社，2010：25.
③ 巴鲁克·费斯科霍夫，沙拉·利希滕斯坦，保罗·斯诺维克，等. 人类可接受风险[M]. 王红漫，译. 北京：北京大学出版社，2009：3-8.

价值倾向与选择至关重要，关乎工程安全程度，也常常是工程安全伦理问题发生的重要原因。

面对同样的工程风险，工程管理者、工程师、工人、社会公众等不同实践主体对"可接受风险"的认知与倾向不同。对工程管理者来说，除了要考虑技术层面的安全性，也要综合考虑安全的社会效益，以及安全控制所耗费的经济成本。因此安全伦理问题常常发生在安全与生产效率、工程进度、经济利益等发生矛盾与冲突的情况下。例如置备安全措施、更换安全的机械会使工程成本增加；新技术的研发与使用可以为工人创造更安全的工程环境，但要耗费精力，增加成本；组织工人进行安全教育，配备足够的现场安全管理人员需要人力、物力、财力的支持；为保证安全而摒弃密集与不合理的工作安排、减轻工人负载则会使工程进度放缓，效率降低等。此时工程管理者或决策者面临着价值选择和利益协调问题，而不少管理者做出了错误的伦理选择，为了经济效益等其他利益放弃了安全，这也反映在我国工程安全事故持续频发多发的工程现实之中。

近年来，随着安全发展战略的推进实施和公共安全科学理论体系的构建，安全价值观逐渐建立，工程安全文化也在不断形成。习近平总书记多次就安全生产作出重要指示："人命关天，发展决不能以牺牲人的生命为代价。这必须作为一条不可逾越的红线。"[①] "生命重于泰山。……树牢安全发展理念，绝不能只重发展不顾安全。"[②] 目前重大工程项目的工程文化中都强调安全的重要性，如秦山核电站工程"安全第一，质量第一"的工程要求，载人空间站工程"以人为本、技术创新"的管理理念，港珠澳大桥岛隧工程的理念"安全高效生产"将安全摆在首位，北京大兴国际机场航站楼核心区工程"以人为本、生命至上"的安全价值观和"安全第一、预防为主"的管理理念等。"生命安全至高无上"的安全科学公理与"坚持安全第一的原则"的安全科学定理被提出[③]，似乎为安全伦理问题的解决提供了答案。既然生命安全在一切事物中必须置于最高、至上的地位，那么在安全与其他价值和利益的选择中，工程管理者当然应该毫不犹豫地选择安全，

---

① 中国应急管理报. 发展决不能以牺牲安全为代价 这必须作为一条不可逾越的红线[EB/OL]. [2020-06-06]. https：//baijiahao.baidu.com/s?id=1668751685400138690&wfr=spider&for=pc.

② 人民日报. 习近平：绝不能只重发展不顾安全[EB/OL]. [2020-04-10]. https：//baijiahao.baidu.com/s?id=1663580619948922463&wfr=spider&for=pc.

③ 罗云，许铭. 安全科学公理、定理、定律的分析探讨[A]//中国职业安全健康协会. 中国职业安全健康协会2013年学术年会论文集[C].中国职业安全健康协会：中国职业安全健康协会，2013：9.

才是符合伦理规范的、向善的工程管理实践。

然而事实并非如此，由于安全是相对的，对工程安全的追求永无止境，而囿于人类认知水平、科技手段以及经济承受能力的限制，工程管理者很难不计成本地追求绝对安全，具体工程实践中"安全第一"常常是"条件允许""可接受程度下"的"安全第一"。此时，面对安全与其他利益与价值之间的伦理冲突，工程管理者对可接受风险的决策反映了其对安全的价值认识，以及对安全背后所体现的人的价值的重视程度。只有真正做到以人民为中心，以人为本，将人的价值置于首位，才能够做出正确的安全伦理决策。如果只以功利主义思维去计算安全事故的利益得失，便会犯下如福特汽车20世纪70年代油箱爆炸事故①那般的伦理错误，从而本末倒置，违背了工程满足人的需求、造福社会的初心。

因此，工程管理者应该充分认识到：①安全是相对的，但风险是可预防的；②安全体现人的价值，而增进人的福祉是工程建设的最终意义；③工程管理者在工程安全决策中发挥着重要作用，更应该审慎思考，发挥团队的专业能力与智慧，肩负起促进工程安全的伦理责任。

安全应该是工程建设活动进行的前提，但在实际情况中，在工程技术、人力资源、经济成本的限制下，安全更多被作为一个目标来考虑。工程管理者安全伦理意识的欠缺、对安全背后的人的价值不够重视、逐利心态与侥幸心理、对自己所肩负的安全伦理责任失于承担等因素，会使得安全在与成本、进度等其他目标的权衡中落于下风。安全的相对性可能是不断增加安全投入和创新工程技术以实现更高的安全水平的激励，也可能成为让安全投入让步于工程进度、经济利益等的借口。"安全第一"的绝对律令在实践中的伦理约束力到底如何，是对工程管理者的道德自律和伦理智慧的考验。

2.1.3 工程实践中的安全伦理问题

针对典型工程案例的研究揭示了工程管理伦理问题中安全问题的普遍性，不同工程中的安全伦理问题有共性的成因，即工程管理者对风险可接受性的认知、倾向与选择，也有特殊性的表现。认识到实际工程项目背景下安全伦理问题的核心利益冲突和价值矛盾焦点，是工程管理者形成应对策略的重要前提。

在港珠澳大桥岛隧工程中，安全伦理问题的焦点在于新旧工程技术对工程安全的影响。沉管隧道工程的施工技术与潜水作业等施工方式具有危险性，不利于

---

① 杜增.探讨安全生产责任落实中的伦理困境[J].中国电力企业管理，2021(19)：71-72.

工人的施工安全，通过工程集成创新可以改进作业方式，将施工作业人员从危险的工程环境中解放出来。但是工程管理者仍然面临着伦理选择，选择技术创新可以增进施工安全，但由于沉管隧道工程系列技术受制于国外技术封锁，工程设计与工程施工方均无此技术相关经验或工程知识的支持，工程创新的可行性值得商榷，无法保证创新工程技术规避风险、促进安全的效用性。同时工程创新又需要相当的投入和时间与精力的支持，可能对工程进度造成影响，减少工程效益，增加工程负担。这要求管理者在进行决策时，能够对工程技术的当前水平有客观认知，对创新风险有准确的评估，有时候也需要一些智慧与魄力来做出决断。如果使用传统技术进行施工，为了达到同样的安全水平便需要增大安全投入，而当安全投入与成本限制产生冲突时，技术创新往往是解决伦理矛盾的一种思路。而且这不仅仅是为了促进安全而进行的得与失的衡量，工程技术创新长期来看有提高工程质量、促进行业发展、延伸产业链条等更深远的意义，也需要工程管理者综合考量，以做出正确的伦理选择。

在北京大兴国际机场航站楼核心区工程中，安全伦理问题的焦点在于高安全标准和有限管理资源之间的矛盾。北京大兴国际机场是国家重点工程，肩负着展示中国工程建设的实力和水准、体现民族精神和现代化大国工匠风范的责任，有着"样板工程""标杆工程"的定位，在工程安全方面自然也提出了高要求。另一方面，该工程规模大、参建单位多、造型新颖、技术先进，在有限工期、资源、成本条件下，制作安装和组织管理难度大，安全风险来源复杂。鉴于北京大兴国际机场工程的非凡意义和重要定位，工程管理者需要合理布局安全和其他投入之间的关系，实现工程的政治、经济、社会等多方面的价值。

北京大兴国际机场工程的主体管理者是总承包模式下的乙方管理者，为了打造"平安工程""标杆工程"，管理者制定了"零伤亡，零事故"的工程目标。尽管有安全高标准的外界约束，但安全目标制定的尺度和安全标准的贯彻实行反映着管理者的价值取向、道德自律、向善向好的伦理倾向和责任情怀。在"零伤亡"的安全目标和有限工程管理资源之间，乙方管理者会面临伦理问题甚至困境。这不仅需要管理者克服人力、物力、财力组织协调的困难，寻求不同目标投入的合理平衡分配，以保证各项工程目标的达成；也需要乙方管理者积极与甲方管理者协商，争取其对安全投入的大力支持，缓解安全和其他目标之间资源竞争的矛盾。

在秦山核电站建设与运行工程中，安全伦理问题的焦点在于不同利益相关者对核电安全的认知差异。对熟知核电运行机理的工程方来说，核能发电清洁高效，且安全性能够得到充分保证；但对当地政府和社会公众来说，核电是神秘的，不少人将核电与原子弹、氢弹等核军工混为一谈，从而对其危险性有了错误预期，更多人对核电原理和其他相关知识缺乏深入的了解，且受到恐核避核的偏见和三里岛、切尔诺贝利等国际核电事故的影响，对核电的安全性疑虑颇深。核电站入驻秦山，是出于对地质、水文、气象、交通、环保等因素的选址考虑，也能为秦山当地带来电能优惠、经济增长、产业带动等福利从而达到双赢的效果。然而在认知信息和情感倾向存在偏差的情况下，不同利益相关者的利益诉求就产生了错位而无法匹配，当地政府和社会公众出于邻避效应对秦山核电工程具有排斥心理，担忧核电的安全性和社会普遍避核心理对招商引资带来的负面影响；工程方要实现工程目标，达成工程效益，就要处理好与利益相关者的关系，而处理好关系的基础就是保证核电站的安全性。

核电工程具有特殊性，一是核电事故发生的概率虽小，但事故危害范围广，持续时间长，造成的后果十分严峻，因此必须严谨切断任何发生事故的可能；二是核电站建设是一次性的，但核电站的运行是持续的，甚至更重要的是长期运行中的安全。从国际几次重大核电事故的经验教训来看，人因在核电站事故致因方面的占比更大，因此除了通过技术改造和创新提高核电站设备系统可靠性之外，对安全管理制度、体系、流程的持续改进是必要的，通过"持续安全"理念的践行，使安全技术与管理手段不断适应环境的变化和需求的发展。

在载人空间站工程中，安全伦理问题的焦点在于人的安全与机的运行两方面的关系处理。太空环境会对航天员的生理与心理安全和健康造成不利影响，而航天器为航天员提供了隔绝太空环境的屏障和生活与工作的人造环境。但现有运载火箭技术限制下能运送的空间站平台资源是有限的，安全防护资源过多会增加运送难度，影响工程目标的实现。在中国实践的载人空间站工程中，安全与其他利益或价值（如经济、政治、军事等）的冲突并不算尖锐，因为关键技术的在轨充分验证是工程目标的一部分，而这些关键技术就包括了确保航天员进入太空、航天员出舱活动、航天员安全返回等影响航天员生命安全的技术。另一方面，我国载人空间站工程的重要目标是推动载人航天技术发展带来的医学、材料学和制造工艺等技术成果服务于社会公众，创造社会价值，这种以人为本的价值导向与对安全的强调是契合的。

从个体层面来看，航天员易受到太空环境对生命安全与生理和心理健康的不利影响，承担着更大的职业风险，因此应该受到安全保障上的待遇倾斜，充分保障航天员的生命安全与生理和心理健康，也是公正原则的体现。

在载人空间站工程和秦山核电工程中，将"安全"作为工程建设的前提而非目标之一的特点更加凸显，后者是因为安全事故不是局部的，影响范围广，危害性大，保证安全才是核能发电与核电利用的基础；前者是因为保证航天员的安全本就是工程目的的题中应有之义，且具有重大战略意义的载人空间站工程在安全投入方面受到限制较小，得到的支持大，从而安全与其他因素之间的伦理冲突不算激烈，安全得以成为工程的前提。但对于普通工程来说，"将安全作为前提"来考虑的理念在工程的经济性和工程资源的有限性的现实之下往往难以施行，安全常常作为工程目标的其中之一来进行衡量。

总结安全相关的工程管理伦理问题的不同表现，伦理焦点集中在安全标准的相对性以及安全与其他工程目标之间的权衡取舍。在资源、成本、进度等条件的约束下，工程管理者常常面临安全与其他利益或价值之间的冲突。若工程管理者没有树立安全意识，缺乏对安全价值的重视，那么可能甚至不知道自己正面临伦理选择而舍弃安全；工程管理者虽然能够认识到安全的重要性，但或许存在侥幸心理，认为风险的存在不一定会导致事故的发生，也可能会舍弃安全而选择其他利益如经济效益；一些工程管理者只会被动地完成最低程度的安全目标，而不会反思现有安全措施的效用性从而积极推动工程安全进行；还有一些工程管理者陷入安全的高目标与经济成本的约束难以调和的伦理困境，却轻易放弃对伦理问题解决方法的探索，导致其中之一的利益或价值受损等。

在工程安全管理伦理问题中，工程管理者在安全决策、安全施工和安全监督等环节无疑发挥着重要作用。管理者应该发挥主观能动性，首先将"以人为本，安全至上"的价值观念当作工程管理工作开展的基点，努力将安全作为工程活动的前提而非可权衡的目标，主动反思现有安全状况并积极推动更高标准的安全，主动作为，践行道德自律的安全管理实践。安全管理绝非某个工程管理者或某方管理者团队的责任，需要整个管理者共同体达成共识、重视安全，尤其是甲方管理者往往承担着更重要的责任，也对工程安全有着更大的影响。但这并不意味着乙方和丙方管理者的被动，其可以通过与甲方管理者的沟通协调来促进安全，北京大兴国际机场航站楼核心区工程提供了很好的范例。虽然没有最安全，只有更安全，理论上安全风险或许难以完全消除，但实践中实现"零伤亡，零事故"的安全目标不是难事，通过安全技术和管理手段的不断发展，通过工程管理者的安全策略与智慧的发挥，可以用合理的安全投入达到最好的工程安全效果。

2.2 环境伦理问题

2.2.1 现代工程中的环境问题

人与自然的关系是一个长久以来备受关注的命题。人对自然既有能动性又有受动性,这种能动性与受动性的统一在人类实践尤其是工程建设活动中得到体现。工程是人类有目的、有计划、有组织地建造人工物的过程,是为了改善自身生存与发展的条件而改造自然的过程。一方面,人类主动认识自然界的性质和规律,并利用自然规律改造自然,以满足人类日益增长的需要。"天然自然"受到人类认识和行为影响,打上了人的烙印的部分转化为"人工自然",人工自然随着人类活动不断拓展,自然界的惯常行程也在不断被改变,生态环境的平衡经历着打破与重建的过程[①]。另一方面,人类的工程活动受到自然的制约。自然是工程建造的物质载体,只有在自然界提供的客观物质条件基础上,以自然为空间,以自然之物为材料,才能进行工程活动,创造新的人工物。此外,工程建设是合规律性的,工程技术是作用于自然的能动的手段,但也必须受自然规律的支配,违背自然规律的工程技术便无法发挥作用。

因此,工程实践者不仅要发挥改造自然的能动性,更要客观认识到对自然的受动性的力度与界限。人类这种对自然的认识经历了从人依顺、屈服自然到人征服、支配自然,再到人尝试与自然和谐发展的演变过程[②],这种演变与人类从古至今为生存发展而进行的工程实践的探索以及所得到的反馈是分不开的。在近代机械论的思维方式和认识论的主客体二分法的影响下,人类将自然当作可以完全支配与压榨的对象,过分夸大人类的能动性而忽略了对自然的受动性,因此尝到了自然的报复的苦果,也逐渐意识到自然承载力是有限度的,自然资源不是取之不尽、用之不竭的。人类开始重新反思人与自然的关系,并且希望能够弥补对自然的伤害,构建可持续的、和谐发展的新型互动关系。

当代中国工程建设实践中,工程对环境的负面影响仍然普遍存在。既有工程对自然资源的使用带来的输入端环境问题,例如过度开采带来的自然资源枯竭、土地质量破坏、环境地质灾害等,土地占用造成的植被破坏、动物栖息地减少、自然景观和文物古迹破坏等,例如长庆油田页岩油开发建设工程面临着工程占地

---

① 曾国屏,高亮华,刘立,等.当代自然辩证法教程[M].北京:清华大学出版社,2015:96-97.
② 曾国屏,高亮华,刘立,等.当代自然辩证法教程[M].北京:清华大学出版社,2015:89-93.

而带来耕地资源减少的问题；也有工程物质回归自然的输出端环境问题，如施工过程中产生的废水、粉尘、噪声、废气、固体废弃物、有毒有害废弃物的排放带来的环境污染，能源消耗造成的温室效应加剧等，例如港珠澳大桥岛隧工程面临着工程在施工水域的作业可能会造成海域污染问题的风险；还有一些环境问题伴随着安全事故而突然爆发，例如工程爆炸使得有毒物质逸出带来的大气和水污染，核泄漏造成的大范围放射性污染等。工程活动造成的环境恶化可能如爆炸般剧烈，也可能短期内不易察觉却积少成多，对人类生存与发展带来负面影响，也不利于构建人与自然积极互动的和谐发展关系。

2.2.2 环境伦理问题的成因

在长庆油田页岩油开发建设工程和港珠澳大桥岛隧工程案例中，环境伦理问题是管理者们聚焦的重点工程管理伦理问题。伦理问题涉及利益冲突与价值排序，因此在环境伦理问题中，环境价值与其他价值或利益之间的选择成为核心。

环境伦理是一个现代问题，如果说传统伦理学探讨的主要是人与人之间的道德关系，那么环境伦理学是人与自然之间的道德关系问题。环境伦理思想的产生与人类工业文明的进程紧密相关[①]，而环境伦理学的兴盛是由环境问题引起的，以人类对资源短缺、生态恶化等问题的伦理反思为基础。

人类的工程建设活动古已有之，但在工业革命以前，工程所带来的环境问题并不突出，更遑论工程环境伦理问题。因为人类对自然的改造能力有限，且工程活动主要以基本生存为目的，对自然的干预是渐变性、局部性的，在自然界的生态平衡范围之内[②]。始于18世纪的工业革命带来大机器生产的变革，随着生产力迅速提高，社会经济迅速发展，城市扩展，人口增加，与之相伴的是为满足人类生存与发展需求的大规模工程建设的高歌猛进。罗宾（Robin）在《环境关怀的伦理学》(*The Ethics of Environmental Concern*) 中提出引发环境问题的主要原因包括：人口增长、富裕、技术、资本主义和经济增长[③]。一方面，过快过激的大规模"改造自然"的工程活动大量开采自然资源，占用土地，并排放污染废物；另一方面，技术的发展使人类征服自然的信心膨胀，狭隘的人类中心主义使得人类毫无顾忌地撷取自然资源。在这种情况下，环境破坏演变为全球性问题，并进一

---

① 李正风，丛杭青，王前等.工程伦理[M].2版.北京：清华大学出版社，2019：85.
② 林兵.环境伦理的人性基础[M].吉林：吉林人民出版社.2002：5.
③ 罗宾·阿特菲尔德.环境关怀的伦理学（原书第二版）[M].李小重，雷毅，译.北京：科学出版社，2018：27.

步成为全人类所面临的生存与发展危机。

从技术角度讲，环境问题源于科学技术消除污染或提供资源的速度慢于人类制造污染或消费资源的速度。但技术问题只是环境问题的表面征候，其实质是价值取向问题[①]。环境伦理问题不仅反映了人与自然之间的关系，还反映了人与人之间的关系。

人与自然的关系方面，环境伦理重点关注自然的价值问题，以及保护自然这一伦理义务的根据是什么[②]。但不论是基于破坏环境会导致人类与环境两败俱伤的论断，还是基于自然给予人类的恩惠而产生的人对自然的义务来看，作为对环境有普遍影响的工程活动实践者，工程共同体对环境应该具有伦理责任。工程伦理认为由于工程师具备工程技术专业知识，能够更准确地预测工程带来的环境污染与生态破坏的后果，并且能够以技术手段规避或减弱此负面影响，因此其应该对工程对环境的影响负有特别的责任。然而工程师常常面临着环境伦理困境，这是由其不同社会角色所承担的伦理责任的冲突所导致的，作为受雇于某个企业的员工，有着对雇主忠诚的职业责任；但作为社会公众的一员，有维护公众赖以生存的自然环境的伦理责任，当二者不一致时，就会导致伦理困境。在中国工程实践中，这种伦理困境很大程度上来源于工程师职权与影响力的有限性。尽管工程师具有科学与技术方面的完备知识，并且在工程的技术决策和实施指导中发挥着重要作用，但对工程活动的重要决策、实施以及管理的多方面、全过程起着主导性作用的并不是工程师，而是工程管理者。因此在中国工程实践中，工程管理者应该承担更大的环境伦理责任。

也有观点认为所谓环境伦理问题的实质不是生态环境本身的困境，而是反映人与人之间的利益矛盾和冲突。一方面，环境问题对不同区域的人的影响有差异性，"所谓环境问题，对于不同的人群有不同的影响，这当中，一部分人是受害者，但也存在着一部分受益的人。"[③]体现在工程中，通过工程建设获得经济利益与发展机会的群体是受益者，而承担工程造成的环境污染后果的群体是受害者，环境问题的受益者与受害者不匹配牵涉人与人之间的利益冲突，以及社会公正问题。另一方面，环境问题体现生活在今天的自然中的人与生活在未来的自然中的人之间的关系，"我们通过自然环境与后代有着某种关联；我们破坏了环境，后

---

① 杨通进.环境伦理学的基本理念[J].道德与文明，2000(1)：6-10.
② 杨通进.环境伦理学的三个理论焦点[J].哲学动态，2002(5)：26-30.
③ 洪大用.社会变迁与环境问题——当代中国环境问题的社会学阐释[M].北京：首都师范大学出版社，2001：242.

代就无法继续生存。"① 因此，环境伦理问题涉及代际公平问题。

总体而言，环境问题的本质是当前的环境状况不适宜于甚至阻碍人的生存发展，从而使人类面临持续发展的生存危机。环境伦理的成因则可以理解为人对自然价值的态度与大工程时代下人类改造开发自然的技术能力不相匹配。伦理学以"人"为核心，生态环境是人的生态环境，人应该发挥自己的主体性，转变价值观念，谋求新时代人与自然和谐发展的关系的构建②。

作为工程活动核心主体的工程管理者更应该承担起自己的环境伦理责任。在具体工程实践中，工程管理者会面临环境与其他工程价值或利益之间的冲突，这种冲突往往在工程决策中凸显出来，包括工程前期决策和工程实施过程中大大小小的管理决策，而不同的伦理选择会导致不同的工程后果。工程活动必然会改变自然环境并对环境带来或大或小的负面影响，但每个工程情况相异，对于工程改变或破坏环境到何种程度是可接受的，很难有统一的客观标准③。在具体工程管理操作中，需要工程管理者合理选择与应用环境伦理理论，结合工程实际情况，审慎地做出伦理决策，这是对工程管理者对自然环境的认知水平、价值观念与责任承担的考验。

有些工程管理者只保留了"经济人"思维，将工程作为纯粹的经济活动，追求工程利益而不考虑环境价值。有些管理者能够认识到环境的重要性，但是出于人类中心主义观点，只承认环境的工具性价值，认为自然环境的破坏会损害人类的利益，因此保护环境从本质上来说是为人类服务的手段，只有当其判断某项工程活动对环境的影响会对人类带来负面影响时，才会做出保护环境的伦理选择。这会引发另一个问题，即工程通过影响环境来损害人类利益的结果是难以构成明确的伦理判断标准的，一是因为突发性环境事故的概率难以预测，譬如由于工程爆炸的安全事故而间接引发的水体污染，常常被决策者在考虑环境问题时所忽略；二是工程造成的环境恶化对人类影响的程度难以量化，温室气体、工业废水、固体废弃物等的排放对公众安全与健康的负面影响不是直接明确的，但会随着不同工程的累积效应对环境造成难以承受的破坏，这一定程度上会使我们低估环境破坏带来的后果。

有些管理者认同非人类中心主义的观点，认为自然环境本身有其内在价值，

---

① 甘绍平.我们需要何种生态伦理？[J].哲学研究，2002(8)：49-56，79.

② 张焕明.环境伦理的主体向度阐释从"中心论"到"主导论"[M].吉林：吉林人民出版社，2007：79-85.

③ 李正风，丛杭青，王前等.工程伦理[M].北京：清华大学出版社，2016：89.

而不仅仅作为服务人类的工具，因此一切生物乃至整个生态系统都应当受到伦理关怀，那么保护自然环境的价值观念对其来说便是题中应有之义。但工程实践中往往不是"是"或"否"保护环境的两极选择问题，而是在何种程度上保护环境的连续性问题。工程建设活动势必要占用土地和资源，并且产生工程垃圾，如果充分尊重自然而避免其破坏，那么工程是无法进行的，因此一种"在生态环境可承受范围内"对环境的影响或许是可以接受的选择。人类对环境承受能力的认知也在不断发展与更新中，尽管有工程环境保护的法律法规可以作为参考，但绝大多数时候还需工程管理者自行裁量来做出伦理选择。例如面对在非红线区是否要砍伐一些树木来提供建筑空间，工程管理者或许认为多几十棵树木的砍伐在环境承载力范围内，并不会破坏生态环境，从而在伦理上得到辩护，但却可能是工程管理者对向善向好的工程伦理目标的背离。

总之，工程管理者在环境伦理问题的解决中发挥着重要作用，而环境伦理选择的做出与管理者对工程所造成的环境影响的认知水平，管理者对人与环境价值的理解，以及管理者承担环境伦理责任的主动性与自觉性等因素密切相关。工程环境相关法规政策不能指导管理者的每一个具体决策，而工程管理者也不应只停留在响应法律底线要求的层面上，而应该承担积极的环境伦理责任，尊重生态环境的内在价值，也兼顾工程效益等其他利益，从而在实践中做出向善的伦理选择。

2.2.3 环境伦理问题的不同表现

长庆油田页岩油开发建设工程与港珠澳大桥岛隧工程的工程管理者都面临着环境伦理问题，但是问题的核心矛盾却有所区别。

在长庆油田页岩油开发建设工程中，环境伦理问题的焦点在于井场修建的土地占用对当地生态环境的影响。工程所在的鄂尔多斯盆地为黄土塬地貌，不利于井场平台的打造，再加上国家和当地政府出台的法规政策规定所划定的林缘区、水源区、环保区等作为红线不得征借，进一步限制了页岩油开发建设工程的可用井场用地。而在法律规定可征借用地的范围内，适合井场修建的土地往往会与其他用途的土地相重合，例如耕地等；且当地的生态环境较为脆弱，大规模井场修建可能会对自然生态带来负面影响。在这个情境下，工程管理者仍然可以通过合法合规的土地征借满足工程需求，这同时也是其较低伦理水平的展现。但是工程管理者希望能够在完成工程目标的同时尽可能减少土地占用，最大限度地保护当地耕地资源与生态环境，在工程效益与环境价值产生冲突时希望能够两全，这是伦理问题产生的根本原因，也是在工程实践中践行人与自然和谐发展观念的契机。环境保护的伦理标准是连续性的，表现在土地征借的问题上，涉及土地占用多少的程度性与尺度性问题，极端地完全不征借土地与完全按照工程要求征借土地都意味着放弃伦理选择中某一方的利益或价值，因此需要工程管理者自行裁量。

在长庆油田页岩油开发建设工程中，工程管理者选择通过工程技术和组织管理方式的改进，使得在减少征借用地的同时满足工程需求，从而在保证工程效益的同时最大限度地减少对环境的影响。环境伦理问题的解决既受到工程技术水平的限制，也体现了工程管理者践行环保观念的智慧、决心与意志。向"善"行动方案的提出需要工程管理者对生态环境价值的重视，不断提高工程的环境保护标准的积极自律，以及兼顾工程效益与环境价值的智慧。而使行动方案取得实效，也考验工程管理者是否具有与伦理观念匹配的管理水平，克服困难的践履能力，以及勇担责任与风险的魄力。

在港珠澳大桥岛隧工程中，环境伦理问题的焦点在于工程施工作业对周边水域带来的海洋环境污染，人工筑岛作业需要大量工程施工船只同步施工，从而带来噪声污染与油气污染，而填土挖沙过程产生大量泥沙会破坏海洋生物的栖息地。要想减少工程对环境的负面影响，就必须减少施工船舶数和挖泥开采量，而这在传统工程技术条件下是难以达到的。因此创新工程技术与施工工艺似乎是解决这一问题的有效方式。在进行伦理选择时，工程管理者就要衡量工程技术创新带来的效益，尤其是对环境保护的效用，与随之而来的新的风险。

在两个工程案例的环境伦理问题的解决过程中，工程技术的改进都发挥着毋庸置疑的作用，通过工艺技术与管理手段的创新，提高开采效率以减少土地征用，改进作业方式以减少水域污染。对工程管理者来说，当明确在新的工程作业环境下已有的工程技术无法兼顾生态效益与工程效益时，创新工程技术与施工管理是缓和伦理矛盾的重要路径。短期来看，技术的创新有很大不确定性，管理者可能要承担工程创新技术的效用水平与预期不符、研发周期长而延误工程进度、工程成本增加使得工程效益减少等风险。但长期来看，两个工程案例中工程技术创新的正面影响更加明显，不仅维护了生态效益，而且新工程技术发展成熟，促使规模效益产生、成本降低，使整体工程效益有所提升，并且对行业发展作出贡献。

从某种程度上来说，环境伦理等工程管理伦理问题产生的根本原因是当前技术发展水平无法满足工程的伦理需求，只有通过工程技术与组织管理水平的提升来调和不同利益与价值之间的矛盾；而工程技术的创新又以工程管理者实现生态效益与工程效益共赢的伦理追求为重要推动力，工程技术水平与伦理价值观念在发展中相互制约、相互促进，人在工程实践的不断探索中得到伦理水平的不断提高，人类社会与自然环境也不断向好向善向前发展。而这个螺旋上升的过程，需要在工程建设活动中处于核心地位的工程管理者能够秉持人与自然和谐发展的理念，具有长远眼光和共赢思维，积极推动增进生态效益的工程技术与管理方式的创新与应用，自觉践履应该承担的环境伦理责任。

2.3 利益冲突伦理问题

2.3.1 利益与利益冲突

利益可以理解为人为了生存与发展在社会关系中表现出来的各种需要。与动物不同，人的需要的满足不能直接从自然之物中获取，而要通过人的生产实践活动这一中介过程，工程便是满足人的需要从而实现人的利益的重要生产实践活动。利益是主体性的，不同的利益主体有各自的利益诉求，在工程建设活动中，利益主体众多，工程项目中的每个个体是最基本的利益主体，个体构成不同的群体层面的利益主体。与某个工程建设活动相关的利益主体也被称作利益相关者，其利益受到工程活动的影响，也能够在不同程度上影响工程活动的开展和工程目标的实现。从群体层面划分，可以将工程建设活动中的主要利益相关者划分为工程管理者、投资者、工程师、工人、社会公众、政府等群体或机构。

利益本身就蕴含着矛盾，这种矛盾来自于需要主体与需要对象之间的对立统一关系，即利益是否能实现的问题。此外，不同利益主体间的利益矛盾和同一利益主体的不同利益之间的矛盾也是普遍存在的，前者包括纵向角度的不同层级利益主体之间的矛盾以及横向角度的同层级利益主体之间（如个人与个人之间、群体与群体之间）的矛盾，后者包括物质利益与经济利益，短期利益与长期利益，以及经济、政治、文化等不同具体利益之间的矛盾[1]。

利益矛盾在社会生活中普遍存在，在工程活动中更是如此，且不同利益相关者在争取利益实现过程中常常会基于利益矛盾产生利益纠纷与利益争夺，利益矛盾进一步激化从而表现出一种对抗性的互动过程，就形成了利益冲突[2]。如果不能够及时与合理地识别与应对潜在利益冲突，会导致其在激烈程度上的升级和影

---

[1] 张玉堂.利益论：关于利益冲突与协调问题的研究[M].武汉：武汉大学出版社，2001：55-56.
[2] 张玉堂.利益论：关于利益冲突与协调问题的研究[M].武汉：武汉大学出版社，2001：57.

响范围上的扩散，甚至走向难以控制的敌对行为。例如2007年在福建省厦门市海沧半岛计划兴建的对二甲苯（PX）项目，针对项目选址引发的与当地公众之间的利益矛盾失于调和，公众们通过游行表达强烈反对与抗议。公众方与工程方走向对抗，最终导致已获批的项目也偃旗息鼓、被迫迁址，严重影响工程建设活动的开展，造成重大损失。

工程管理者承担着推进工程顺利进行以实现工程目标的核心责任，应该重视工程建设活动中各利益相关者的利益诉求之间的矛盾和潜在利益冲突的识别与判断，并且未雨绸缪，及时应对，在利益冲突发展初期便进行有效的协调工作，最大限度地缓和矛盾冲突，减少利益冲突对工程带来的负面影响。

2.3.2 工程建设活动中利益冲突问题

马克思曾说："人们奋斗所争取的一切都同他们的利益有关。"[①] 利益是个人活动与社会发展的重要动力。工程活动中利益矛盾与冲突普遍存在，但矛盾既有斗争性又有统一性，冲突与关联也是主体间利益关系不可分割的两个方面。工程共同体是利益关系的依赖性的重要表现，不同的利益主体（包括个体和群体）构成具有相同目标和共同利益的工程共同体，为完成工程目标、实现工程效益而努力。工程共同体成员主要包括投资者、工程管理者、工程师、工人等。共同利益是工程共同体形成与发挥作用的动因；工程共同体中不同主体的不同利益诉求又为形形色色的利益矛盾与冲突埋下了伏笔。这样，工程建设活动相关的利益主体就可以划分为工程共同体与工程外部社会环境中的利益相关者（政府、社会公众等），基于此可以对不同类型的利益冲突及其成因进行探讨。

(1) 不同利益主体之间的纵向利益冲突，也即个体与群体之间的利益冲突，本质是特殊利益与共同利益之间的矛盾冲突

特殊利益与共同利益之间不应存在根本性的矛盾与冲突，因为个人利益的实现有赖于与群体中其他成员的交往与合作，而群体是由个体组成的，群体共同利益的实现有益于其中每个个体的发展。工程建设活动中个体与群体之间的利益冲突常常出现在以下两种情形中。

一是工程共同体中个体的特殊利益与整个工程共同体的共同利益之间的冲突，如工程腐败。工程招标投标阶段，工程管理者可能并未按照工程技术指标对投标方案进行评选，而是为了谋取私利接受贿赂，或因人情关系而任人唯亲，做

[①] 马克思.马克思恩格斯全集（第1卷）[M].北京：人民出版社，1956：82.

出不公正的选择；还有为了私人目的挪用工程款项、因金钱交易而对违规行为视而不见等工程腐败行为。工程管理者为了追求个人私利而遗失了公心，从而损害了整个工程共同体的利益，不利于工程整体目标的实现。

二是社会公众个体的特殊利益与全社会的共同利益之间的冲突，如水利工程移民问题。水利工程的兴建有防洪蓄水、调节水资源分布、促进经济建设、增进人民福祉之效，但不可避免要进行移民安置，会在经济、社会、文化等方面损害水利工程移民群体的利益，包括失业且在新的就业市场上的不利地位，原有社会网络的打破重建，背井离乡、适应新环境的情感伤害等。水利工程建设增进全社会的共同利益，功在千秋，却不得不伤害部分社会公众的个人利益，造成利益冲突。

(2) 不同利益主体之间的横向利益冲突，也即同层级（个体与个体、群体与群体）的利益相关者之间的利益冲突

这类利益冲突在工程建设活动中十分普遍，因为一个工程项目往往聚集了众多参与者，不同参与者之间又存在着错综复杂的利益关系，呈现着形形色色的利益诉求，各种形式的利益冲突也层出不穷。从工程共同体的概念出发，可以从以下两种情形进行探讨。

一是工程共同体内部不同成员之间的利益冲突，例如工程管理者与工程师之间的利益冲突，工程师从技术的角度考量工程设计方案与人、机、料的组织，而工程管理者要综合考虑技术、成本、进度等因素以实现工程整体效益最大化；投资者与最终用户之间的利益冲突，投资方为了降低工程造价和生产成本而削减工程的必要投资，致使工程质量得不到保障，损害工程最终用户的利益；投资者与工人之间的利益冲突，投资者追求经济效益而轻视施工安全，安全投入不到位，致使工人的劳动条件和施工安全得不到应有保障，损害其生命安全与身体健康等基本利益等。

二是工程共同体与工程外部利益相关者之间的利益冲突。工程具有社会性，一个重要的方面就是工程带来的社会影响，例如工程扬尘与噪声污染对周边居民健康的损害，工程施工占路对公众顺畅交通的诉求的妨碍，工程事故对公众造成的生命安全的伤害，一些工程如化工工程、核电站工程等在社会安全、经济发展、人民福祉等方面可能会使当地政府与公众利益受损等。这种情形下工程外部利益相关者尤其是社会公众常常是现实或预期中的利益受损方。

(3) 不同形式利益之间的冲突

一是经济利益与非经济利益（包括政治、文化、军事、生态等）之间的冲突。

工程某种程度上是一项经济活动，实现经济效益是工程基本目标之一，但若将经济利益当作工程的唯一关切，从而放弃了对非经济利益的追求；或是非经济利益挤占了经济利益的全部空间，为了非经济利益而压抑对经济利益的追求，都会造成利益冲突的问题。例如"政绩工程""面子工程"的建设，便是为了政治利益损害了经济效益；工程施工过程中产生的废水、废气、有毒有害废弃物任意排放而不加治理，是只追求经济利益而损害了生态效益；进行现代化工程建设可能要破坏古城墙等人文历史景观，则涉及经济利益与文化效益的冲突。

二是短期利益与长期利益之间的冲突。从全生命周期的角度来看，工程不以交付为终点，后续的运维与退役中的利益冲突仍然需要考虑，因此短期利益可以看作工程建设阶段的顺利交付，长期利益是工程的安全高效运行。从企业成长的角度来看，短期利益可以看作当下某一个工程的目标完成与效益实现，长期利益则是工程企业的声誉塑造、技术提升，乃至整个行业的永续发展。短期利益是基础，是当下需求的实现；长期利益也是将来某个时点的短期利益，二者既有关联，又可能存在冲突，例如工程技术的创新在短期来看耗费工程成本、拖延工程进度，但却有利于企业与行业的长远发展，增进长期利益。

2.3.3 利益冲突伦理问题成因与利益协调

伦理是调节利益冲突、维护社会发展秩序的重要规范，伦理问题常常涉及不同主体间与不同形式的利益冲突，但利益冲突只是表象，利益冲突背后蕴含的价值冲突，往往是形成伦理问题的根源。总结工程建设活动中不同形式的利益冲突的伦理问题的成因，大致有以下三点。

（1）从利益主体角度来看，工程建设活动中不同利益相关者的道德水平与伦理素养参差不齐。自利是人之本性，如果将利益理解为人之所需与所欲，那么对利益的追求是人的社会活动的动因，人因此得到自我发展与实现。随着人类社会的发展，个人自我利益范围与他者利益范围从相切到相交，再到相交范围不断扩大[①]。对相交的利益部分，利益主体在法制底线之上，可以"争"以自利，也可以"让"以利他，而不同利益主体的道德水准不同，做出的伦理选择也不相同，利己与利他之间的价值冲突常常会带来利益冲突伦理问题。如果说法制为"争"还是"让"的行为选择设定了下限，那么伦理规范则为其提供了道德准绳。毫不利己、完全利他的行为是道德的最高层次，是大部分人达不到的理想化的水平。而

---

① 易小明.道德的利益之维——兼评"利益决定道德"论[J].伦理学研究，2010(6)：14-19.

伦理规范具有普适性，目的是促进社会发展与社会成员的利益追求。过于严苛的伦理规范抑制社会成员对利益的追求，不利于社会发展；而伦理规范的缺失、伦理教育的缺位、伦理氛围的不当等因素会造成工程活动中利益相关者普遍道德水准较低，这也是工程中复杂利益冲突伦理问题形成的原因之一。工程管理者承载着在解决工程管理伦理问题过程中发挥核心作用的期望与责任，其道德水准与伦理素养的高低对利益冲突伦理问题的解决至关重要。

（2）从利益客体的角度来看，利益冲突的原因之一来自需求对象的有效供给不足。利益产生于人的需要，根据马斯洛需求理论，人的需要有层次，且随着社会的发展，人的需求也在不断发展。但是人类赖以生存和发展的自然资源总量是有限的，再加上人力、物力、财力和技术水平的限制下利益主体对利益客体的获得能力是有限的，因此可供人类分配和享用的利益总量相当有限[①]。工程作为人类追求利益的重要活动，这一点体现得尤为明显：土地资源有限，因此工程征地与农民耕地之间存在利益冲突；能源资源有限，因此工程短期经济利益与长期可持续发展利益存在冲突；洁净的空气资源有限，因此工程废气污染造成利益冲突伦理问题。而"利益蛋糕"的做大一定程度上可以缓解利益冲突。

（3）从利益制度的角度来看，不公正、不合理的分配制度是利益冲突伦理问题的重要成因。公正可以理解为等利害交换，要求权利和义务对等，且其贡献越大，所获愈多[②]。体现在工程建设活动中，则要求各利益相关者承担与所得利益相对应的责任与风险，履行相应的义务；对承担高风险的利益主体，如高空作业的施工人员，要提供充足的安全设施以保证其生命安全与身体健康，且对高风险的工程职业或岗位应提高其福利待遇；而对利益受损的相关方，要有相应的有效补偿机制，例如南水北调工程的移民安置问题，对移民补偿的合理界限应是使其生活水准较工程实施前有所提高，而不能有任何下降[③]。

在工业革命之前，工程技术发展引发的利益冲突及所带来的伦理问题并没有这么尖锐。而在现代社会中，随着工程技术的发展和大规模工程建设的推进，工程对社会福祉的影响越来越大，基于一个工程，可以让一方公众富裕起来，例如秦山核电站的建设与运行极大地带动了海盐县的经济建设与产业发展；但也因为一个工程，许多公众的切身利益受到损害，例如水利工程对移民群体的影响。

---

① 张玉堂.利益论：关于利益冲突与协调问题的研究[M].武汉：武汉大学出版社，2001：61-65.
② 王海明.伦理学导论[M].上海：复旦大学出版社，2009：100-106.
③ 肖平.工程中的利益冲突与道德选择[J].道德与文明，2000（4）：26-29.

新时代工程对社会发展和民生福祉的影响更大，牵涉的利益冲突更加复杂，产生的伦理问题也更加尖锐。

利益冲突不是目的，只是利益主体追求各自利益的一种手段。而对工程活动来说，利益冲突会破坏工程共同体成员间共同合作、相互依赖的利益关系，从而破坏其实现工程效益的共同利益，若共同利益不复存在，那么在此基础上的个人利益也不复存在。工程的最终目的是造福于民，而利益冲突会激化工程共同体与外部利益相关者之间的矛盾，影响工程的进展和工程目标的实现，也阻碍工程方与公众方实现双赢。因此，需要进行利益协调，重新调整利益关系使之有序化。

根据利益冲突伦理问题的成因，工程建设活动中利益协调的思路有三方面。一是制定合理的伦理规范，调整利益相关者的利益观念，约束其不合理的逐利行为，对具有核心地位的工程管理者来说更是如此，从而促进工程整体行业道德水准的提高。二是提高利益客体的有效供给水平，即做大"利益蛋糕"，通过工程技术的改进与创新，提高工程效率，减少资源消耗，从而缓和利益相关者之间的利益冲突。三是制定公平合理的利益分配制度，使利益谋取的权责对等、风险与收益相平衡、贡献与获得相对应，从而有序化利益相关者之间的利益关系。

利益冲突一直是伦理的核心问题，在工程管理实践中，伦理应该在公正原则下调节责—权—利的关系，规约工程中各利益相关者的行为；工程管理者应该承担起利益协调的责任，解决好工程活动中的利益冲突问题，从而促进工程实践向好向善发展，实现造福社会、造福公众的工程目标。

2.3.4 典型工程案例中的利益冲突伦理问题

南水北调中线一期工程、港珠澳大桥岛隧工程、秦山核电站建设与运行工程中，利益冲突是核心的工程管理伦理问题。

在南水北调中线一期工程中，利益冲突伦理问题的焦点在于对水库移民的利益补偿问题。南水北调工程建设造成移民群体在经济、社会、文化等方面的利益损失，涉及移民群体安身立命的根本利益，如果处理不好，会造成严重的负面社会影响。因此需要通过移民安置利益补偿机制，将对抗性利益冲突转化为非对抗性利益冲突，使移民生活能够达到或超过原有的水平，使移民群体从利益受损者变为工程受益者，这也是公正原则的体现。

为了达到这个目的，必须做好前期工作以实现移民自愿搬迁，充分了解移民群体的利益诉求，建立并落实有效的移民安置政策，并在移民搬迁后持续跟进后续帮扶问题。同时，工程管理者还要考虑移民群体与安置区原居民之间的利益关系，考虑工程对选址区其他公众如工程边缘地带居民的利益影响，还要考虑移民工作与地区经济社会发展的协调以尽可能降低当前损失和后期负担。这些复杂的利益协调与统筹工作需要耗费大量的时间、精力与财力，使得工程进度难以保证，移民工作质量与工程效率之间的矛盾，反映了移民群体利益与工程共同体利益之间的伦理冲突。如何在保障移民搬迁进度的同时又让移民群众充分满意，从而化解利益冲突，离不开工程管理者"以人为本"的原则坚守，扎实高效的管理水平，以及利益协调以实现双赢的伦理智慧。

在港珠澳大桥岛隧工程中，利益冲突伦理问题的焦点在于不同利益相关者针对工程施工方案的利益冲突。针对全岛清水混凝土建筑的施工构想，工程管理者、工程师、设计师、工人等不同利益相关者之间存在分歧，设计师与工程师之间存在清水混凝土建筑的历史文化性与离岸孤岛作业、经验缺乏等工程施工的风险性和复杂性之间的冲突；管理者与工人存在工程期限内的高质量要求与经验缺乏和畏难情绪下低效率、低收益之间的冲突；工程师与管理者之间存在施工现场管理工作难度大、风险高、责任重与高期望、严要求之间的冲突。尽管利益冲突存在，但不是根本性的利益冲突，且其作为工程共同体成员有着完成工程目标、实现工程效益的共同利益。

工程管理者在利益协调过程中发挥着重要作用，通过与不同工程共同体成员积极沟通，了解其利益诉求，为其争取所需要的资源支持（如举办工人技能培训、组织工程师代表赴国外考察清水混凝土建筑等），也为不同利益主体之间搭建对话的桥梁，并最终在各方之间取得共识，推动最具可实施性、技术先进性、风险可预见性、同时保证设计美感与降低作业难度的施工方案的形成，从而在各方利益之间达成了平衡。在工程方案形成后，管理者凝聚各工程共同体成员，共同努力，共担责任，共抵风险，来完成工程建设，而这一过程没有工程管理者的作用是无法达成的。

在秦山核电站建设与运行工程中，利益冲突伦理问题的焦点在于如何与当地政府和社会公众建立良性的利益关系，实现共赢。核电站选址秦山，但工程建设能否顺利开展取决于能否争取到当地政府与公众的支持。核电属于清洁能源，且安全性能够得到充分保证，因此工程共同体与外部利益相关者即当地政府与社会公众之间不存在根本性的利益冲突。利益冲突伦理问题主要来源于当地政府与公众及工程方对核电的认知不同，核心利益关切缺乏沟通，以及还未形成坚实信任基础。在这种情况下，需要工程管理者主动沟通，了解当地政府与公众的担忧所在，消除其对核电的错误认知与偏见，并找到双方利益的搭接点。例如当地政府会有对核电安全性与污染性的怀疑，对影响地方招商引资的担忧和对责任承担的逃避心态，而其利益关切即税源、就业、经济发展可以与秦山核电工程方的优势相匹配，因此便可以有针对性地采取措施：通过核电知识科普和环境监测数据打消安全性与环保性方面的疑虑；为当地带来核能发电优惠和 GDP 与税收贡献承诺，积极在修路、教育等方面增进民生福祉；带动当地核电关联产业的发展，促进人才和产业引进等。

秦山核电站工程方通过与当地政府与公众的充分沟通，实现了利益匹配：地方政府为秦山核电建设提供全生命周期建设活动各个方面的支持，以保证工程顺利开展；社会公众懂核亲核，支持与维护秦山核电站工程；而工程方则为海盐地方发展做出重大贡献，构建了良好的企地利益关系，形成了利益共同体，各利益相关者自愿自发、共建共赢、共同进步。这离不开工程管理者的努力，当然，一切的前提也都要建立在核电站的安全稳定高效运行，用发电效能的实际成绩说话，才能建立信任，维护互利共赢的长期合作关系。

2.4 全生命周期视角下的工程管理伦理问题

从过程论观点来看，可以将工程项目看作一个生命体，经历前期决策、规划设计、实施建造、运营维护、工程退役等阶段，完成了"由生到死"[①]的生命过程。一方面，工程全生命周期的不同阶段并不是彼此孤立的，而是相互联系、相互影响的，前一阶段是后一阶段的基础，也为后一阶段提供了限制，后一阶段较前一阶段进一步推进工程，以达到最终的工程目标。另一方面，在工程全生命周期的不同阶段，工程建设活动中的利益相关主客体之间的利益矛盾与冲突不同，工程管理者面临着不同的工程管理伦理问题。工程管理者应该具有全生命周期理念，并将此理念投入工程管理实践中的各个阶段，尤其是工程管理伦理问题的识别、分析与解决的全过程中，树立利益协调的系统思维，注重伦理决策的前后关联，强调工程管理的整体性，遵从可持续发展的原则，未雨绸缪，减少冲突，降低内耗，提升效率，从而推动工程建设活动向好向善。从全生命周期视角下看待工程管理者与工程管理伦理问题，主要有以下两个方面。

---

① 殷瑞钰，李伯聪，汪应洛，等.工程哲学[M].4版.北京：高等教育出版社，2022：205-206.

2.4.1 抓住主要矛盾，解决各阶段伦理问题

将工程建设活动进行全生命周期不同阶段的划分，是为了更好地进行工程管理，也是因为不同阶段的工程任务有截然不同的鲜明特点。每个工程项目阶段的里程碑，都意味着该阶段可交付成果的完成，也意味着该工程阶段的分目标的实现。将工程总体目标分解为局部目标，所有分目标的完成就意味着总体目标的实现，是量变到质变的过程。如果分别从生命周期各阶段来考察工程建设活动，那么不同阶段所参与的利益主体不同，利益主体间的权责关系不同，应用的工程技术不同，阶段性工程任务与目标不同，人与自然之间的交互程度不同，也因此工程管理者要处理不同的利益矛盾与冲突，面临着不同的工程管理伦理问题。

在工程前期决策阶段，工程管理者要考虑做什么与怎样做的问题，并论证工程的可行性，需要建立对工程、对自然、对技术的客观认知，通过全面调研了解各利益相关者的利益诉求，梳理工程所涉及的主客体之间的利益关系。例如南水北调工程的论证与决策阶段，工程管理者面对着复杂的利益矛盾，要考虑工程可能造成的丹江口库区和上游水质污染、水土流失，以及汉江中下游防洪、生态和供水安全问题；协调不同受水区水资源分配竞争问题，考虑如何合理分配各区域调水指标，平衡各方利益需求；考虑好如何处理丹江口库区的移民安置与后期帮扶问题，警惕破坏社会稳定的因素等，只有综合考虑工程各方面的正面影响与负面影响，才能进行合理的工程决策。例如秦山核电站工程前期选址阶段，不仅要对地质、水文、气象、交通、环保等自然与社会因素进行考量，也要考虑选址地政府与公众的态度，如果不能得到当地政府与公众的支持，工程建设也就无从谈起。因此在前期决策阶段，工程管理者应当识别利益冲突与潜在风险，为工程的开展扫除障碍，奠定基础。

在规划设计阶段，工程管理者常面临不同工程目标（包括质量、成本、进度、安全、环保等）之间的协调，以及工程共同体内部不同成员间的利益冲突。例如，在港珠澳大桥岛隧工程中，为了兼顾品质目标与审美要求，提出了全岛清水混凝土建筑的设计与施工方案，该方案具有施工上的风险性与复杂性，工程师面临经验缺乏下离岸孤岛作业的高难度挑战，工人面临高技能要求与低经验支撑下工作效率降低的收益损失，管理者面临复杂作业工序与高施工难度情况下现场管理工作的压力激增，由此引发了管理者、设计师、工程师与工人之间的利益冲突与意见分歧。工程管理者应该平衡不同工程目标，以及利益、成本与各种风险间的关系，妥善解决各方利益冲突，达成共识，才能促进各工程共同体成员团结

合作，共同推进工程建设活动。

实施建造阶段是将工程设计具体化的过程，也是人工物真正从无到有被建造出来的过程。该阶段持续时间长，工程管理者应该密切关注内部环境与外部环境的变化，及时识别工程风险；应该监控工程实施过程中带来的社会影响与环境影响，妥善解决利益冲突；应该跟踪各利益相关方在思想和行为上的变更，加强内外部督促、激励和引导，化解工程共同体成员的畏难情绪和消极行为，避免工程偏轨，实现工程目标，保证工程效益。在施工建造阶段，工程管理者遇到的往往是更常见的局部性的伦理问题。例如在长庆油田页岩油开发建设工程的施工阶段，施工车辆通行要经过当地的村庄，便会引起原本只能容纳小型车经过的村庄道路的损坏，影响村民通行，损害其利益。该伦理问题看起来事小，但若不能与当地居民进行及时有效的沟通与协商并进行合理的利益补偿，有可能会引起矛盾冲突升级，民众出于不满可能会做出阻工等行为，影响工程实施，带来负面社会影响。因此，工程管理者应该保持对实施建造过程中伦理问题的敏感度与行动力，也需要技术与管理手段的支持，例如长庆油田在前期数字化建设的基础上自主研发了一套管理决策支持系统，对建设过程中的关键环节实时监督并对相关资料长期保存，加之常规的质量、安全、环保等体系化管理，来保证工程项目实施达到预期效果。

造物是为了用物，工程建设的目的是在运行中发挥效用，满足人与社会的需求。因此在运营维护阶段，工程管理者也要关注可能遇到的伦理问题。运营阶段持续时间更长，在这个过程中不仅要考察工程效益的发挥，也要控制其对社会与环境的影响。例如，在秦山核电站几十年的运行过程中，工程管理者对安全管理须臾不敢懈怠，安全是核电一切效益的基础，也是工程建设之初对社会的承诺，因此必须在日常运行中时刻监测其安全状态，解决一切可能造成安全风险的人因、物因与环境因素，提高燃料组件可靠性，建立核电站安全运行的管理流程；在环保方面，通过源头控制、拆解减容、废物外运处理和处置、技术改进等技术措施与安全检查、环境监测等管理手段，降低放射性流出物排放，实现废物最小化，将工程运行对环境的影响降到最低。

工程退役阶段在全生命周期的讨论中常常被忽视，但此阶段关涉与环境、与社会之间的工程管理伦理问题。工程退役涉及资源处置与生态恢复问题，例如煤矿闭坑后，废弃矿山的采场和排土场如何进行生态恢复，土地如何规划以进行再利用；工程退役还可能引发工程人员就业、拆迁安置等社会问题，尤其是对于高工程依赖性的单一产业结构，工程退役会导致区域经济与社会结构的变迁甚至动荡。因此，应该重视工程退役阶段引发的工程管理伦理问题，明确责任主体，健全相关制度，而具有核心作用的工程管理者，也应积极承担伦理责任，使工程"善始善终"。

尽管在全生命周期的工程管理中，管理者有一以贯之的管理理念，但针对全生命周期不同阶段的不同工程管理伦理问题，管理者应当具体问题具体分析，灵活机动地转变管理思路，抓住主要矛盾，识别伦理冲突的焦点所在，并根据不同的管理任务与目标，选择恰当的伦理指导原则，从而解决各阶段的工程管理伦理问题，这也体现着工程管理者的管理智慧和伦理智慧。

2.4.2 遵从预防原则，履行前瞻性伦理责任

工程建设全生命周期各阶段是彼此联系、相互影响的，这体现在尽管不同阶段有不同的工程任务与关键性伦理问题，但一方面，许多伦理风险并不只属于某一个阶段，而是跨生命周期的。例如载人空间站工程中，人机安全问题是从前期设计到在轨运行都必须考虑的关键性伦理问题。另一方面，不同阶段的伦理问题之间存在内在关联，前一阶段伦理问题的应对失当可能会增加后一阶段伦理问题的解决难度。例如秦山核电站工程中，如果核电站建设前期没有处理好与当地政府和社会公众之间的利益矛盾，那么在之后的建造与运行阶段可能会面临更突出的伦理冲突。因此，工程管理者在处理工程建设活动中的伦理问题时，应该具有全生命周期思维，以动态的、发展的眼光看待问题，用统筹思路与系统思维协调横向与纵向的利益矛盾，树立预防为主、未雨绸缪的应对准则，承担起积极的、前瞻性的伦理责任[1]。可以从以下三个方面来理解工程管理者的全生命周期思维。

（1）预测全生命周期的潜在伦理风险

预防原则主张在科学不确定性的情况下，也应采取措施预防可能的风险[2]。工程建设活动的环境复杂，利益相关者众多，利益冲突交织，各种风险尤其是伦理风险四伏。从工程管理伦理的角度来看，越早识别伦理问题并采取措施，就能越高效地将其解决，一方面，识别利益矛盾与冲突于微末，能够避免冲突的升级，从而造成不可挽回的后果，而且前期不和谐因素如果不及时解决，累积到后

---

[1] 方东平，李文琪，张恒力，等. 新冠肺炎疫情防控应急工程管理中的伦理问题探析[J]. 工程研究——跨学科视野中的工程，2022. https://doi.org/10.3724/j.issn.1674-4969.22022801.

[2] 曼森 N A，李红霞. 环境伦理中的预防原则[J]. 国外社会科学，2003（2）：113-114.

期集中爆发，可能会引发新的矛盾冲突；另一方面，随着工程活动的推进，费用和人力投入不断增长，工程变更与纠错所需的时间、成本等代价激增，给工程带来损失。因此预见工程全生命周期不同阶段可能产生的伦理问题，并及时加以防范或采取措施，可以增进工程效益，提升工程正价值，推动工程向好向善，这也是工程管理者应当履行的伦理责任。

预防原则在工程建设活动中合同订立阶段有着集中体现。工程共同体作为工程建设的实践主体，由不同的利益相关者构成，共同的目标（即完成工程活动、实现工程效益）是工程共同体形成的基础，而合同作为确定不同工程共同体成员之间职责、权利、义务关系的协议，是约束其行为并推动工程建设活动顺利进行的保障，也是不同利益相关者间争执与纠纷处理的依据。因此，在合同订立阶段，工程管理者应该遵照预防原则，充分预见工程推进过程各阶段可能存在的种种伦理风险，并将其体现在契约设计中。一方面，合同的订立应该协调工程共同体成员之间的利益诉求，平衡各利益相关者之间的权利与义务关系，保证权利与义务的对等，实现工程公正；另一方面，合同中应该充分体现所有可预见的潜在风险，例如自然环境、地质状况、价格要素、宏观政策等的变化带来的利益冲突与公正失衡等，并且明确各利益相关者的责任，以尽可能减少潜在的伦理问题。

预防原则也体现在工程全生命周期的规划设计阶段。如果说科技创新中的"负责任创新"理念是要求"从最开始的研发环节就将伦理引入考评机制，将伦理的作用由事后评价转为上游参与"，从而对科技创新的整个过程包括结果负责①，那么工程的规划设计也要实现"负责任设计"，即在设计阶段就要纳入对全生命周期伦理风险的考量，从而尽可能规避这些问题。例如载人空间站工程中，保障航天员乘组的安全是核心的伦理问题，尽管安全风险主要存在于航天员进入太空、在轨驻留和返回着陆三个阶段，但安全理念从设计阶段就开始渗透。为了保障故障情况下航天员的生命安全，需要设计高可靠的逃逸救生系统，根据危险程度结合载人航天器特点采取不同的技术设计；为了保证航天员在轨的正常生活与工作，需要考虑航天器生命保障系统的设计，从而在航天器密封舱内创造出宜居环境。管理者从空间站在轨15年全生命周期角度出发，考虑资源保障问题、信息交流问题、航天员的娱乐需求问题，以及空间站的更新升级问题，从而在技术设计、管理体制的设计，以及应急机制的设计中最大程度地规避风险

---

① 苏屹，王文静.负责任创新：研究述评与展望[J].科研管理，2021，42（11）：8-15.

与潜在的伦理问题。

责任是知识和力量的函数[①]，在工程建设活动中，工程管理者具有更大的权力与影响力，其决策往往对工程进展和结果有着重要影响，也因此，工程管理者具有重大的伦理责任，这种伦理责任要求其在工程管理过程中具有全生命周期思维，注重风险的前期预判，考虑每一个工程决策带来的系统性影响，在资源协调与利益统筹方面具有长远眼光，形成应急储备的习惯，保持对伦理风险的敏感，见微知著，未雨绸缪，从而推动工程顺利进行。但另一方面，工程管理者也并非全知全能，在风险认知与识别方面，应该整合工程共同体不同成员的知识与力量，从而形成共担风险的利益共同体，以积极的态度处理好各种伦理冲突，这是工程管理者管理智慧与伦理智慧的体现。

(2) 工程计划践履过程中的权衡与变更

前期决策阶段确定了做什么（目标决策）与怎样做（路径决策）的问题，规划设计阶段深化了工程的具体操作流程，合同订立阶段明晰了不同工程共同体成员的分工合作，也为潜在风险的解决提供了指导。但在全生命周期的剩余阶段，包括建造实施、运营维护、工程退役，工程并不总是按照既定的方向进行的，合同不履约、内外工程环境难以预测的变化、不可抗力、工程变更等，在通往工程目标的道路上仍然风险重重。面对这些突发的工程管理伦理问题，如何将工程计划与理念落到实处，最终完成工程目标，也需要工程管理中的全生命周期思维。

一方面，工程规划设计是定向性的，如何将理念转换为工程实践，完成所预想的工程目标，需要工程共同体成员的践履能力。例如载人空间站工程中，降落伞是航天员逃逸救生的安全保障，要求在火箭上升段的每一秒出现紧急故障，都能保障航天员在2s内逃离危险区，实现开伞与着陆。但在设计之外，如何将降落伞按照设计精密地制造出来更加重要，因此包伞过程中，工程管理者必须在现场检查流程中的每一道工序，避免实物化过程中的失误给航天员安全带来的风险。再例如秦山核电站的成功建造并不是结束，其工程运行中的安全稳定才是工程效益实现的关键，因此在几十年的运行过程中，工程管理者和其他相关工程共同体成员必须兢兢业业，严格落实所制定的管理程序，时刻检核与排除不稳定因素。载人空间站工程与秦山核电站工程中安全理念的成功落实既体现了管理者的能力与智慧，也离不开管理者始终坚持以人为本，将人的安全、健康、切身利益

---

① 曾国屏，高亮华，刘立，等. 当代自然辩证法教程[M]. 北京：清华大学出版社，2015：434.

作为工程活动中的首要考量因素的伦理原则。因此,在全生命周期思维下,尽管不同阶段有不同的工程任务与目标,但每一个独立阶段的成功都不能算是整体工程的成功,而一个工程环节的失误,就可能会使前面的努力付之一炬。因此,工程管理者与工程共同体其他成员应当有始有终、善始善终,在生命周期的各个阶段始终有一以贯之的伦理坚持,并克服实践中的困难,将工程理念与计划落实到实处,重点关注跨生命周期的工程管理伦理问题,向着工程总体目标努力而不偏航,直到全生命周期所有阶段任务的顺利完成。

另一方面,面对工程践履过程中遇到的矛盾冲突与突发状况,工程管理者也应该根据具体情况进行权衡,灵活机动地调整管理理念与工程计划,在变与不变之间寻找平衡,以保证工程项目的顺利进行与工程目标的达成。当前阶段的工程任务完成情况与计划有所出入,或者前阶段未能解决的伦理问题对后阶段产生了影响,工程管理者应该相应地调整计划,选择适当的伦理原则,结合前后阶段的工程情景来应对伦理问题;面对工程实施过程中利益相关者在思想与行为上的变更,甚至工程违约等不诚信现象,工程管理者应该识别利益冲突的症结所在,并尽可能通过协商来协调利益关系,达成共识,维护工程共同体的共同利益,将对工程效益的折损降到最低。浪成于微澜之间,工程管理者应当在日常管理活动中与工程共同体其他成员保持沟通交流,关注不同契约方在思想与行为上的变更迹象,当环境变化造成合同显失公平时,也应该主动协商,通过合同变更来维护公正,从而避免利益分配的公正失衡带来的伦理冲突,最终实现工程效益,达成各利益相关者的共赢。

(3) 应急管理状态下的"前瞻后顾"

如果说遵从预防原则进行工程决策与规划设计是"前瞻",遵照预先设定的工程计划与前阶段的工程进展状况开展当下的工程实践活动是"后顾",那么工程应急管理就同时体现出"前瞻"与"后顾"以及对当下的思量。从工程管理伦理角度来看,当突发事件发生使得工程处于应急管理的非常态下时,常态下的公平正义的利益关系往往会遭到破坏,工程管理者应该通过技术与管理进行不同利益相关者间责—权—利的重新分配,以实现应急状态下公平正义的新的平衡[①]。

其中工程应急管理中的"前瞻性"体现在,尽管应急状态下时间紧、任务重,但工程管理者在进行应急决策时,仍然不可能忽略决策对工程、对自然、对

---

① 方东平,李文琪,张恒力,等.新冠病毒肺炎疫情防控应急工程管理的伦理反思[J]. Engineering, 2020, 6(10): 33-38.

其他利益相关者带来的长期与短期的影响。如果只顾解决短期的燃眉之急而不顾可能造成的后顾之忧，无异于饮鸩止渴；而如果为了长期可持续发展而无法规避当下的巨大损失，长期发展也就无从谈起。因此，工程管理者应该根据具体情境权衡眼前利益与长期利益之间的取舍，平衡好不同利益主体之间的关系，做出最善的伦理决策。

工程应急管理具有"后顾性"，体现在工程管理者对突发事件的从容应对，有赖于早在全生命周期前期决策和规划设计阶段对风险的考量，有赖于工程应急预案的设计以及应对突发事件的应急排演等前期准备。例如秦山核电站工程设立应急控制中心，构建各电厂事故缓解与应急响应系统，完善严重事故管理导则，参与核事故紧急医学救援中心的建设，营造"人人都是最后一道屏障"的安全文化氛围，让每个工程实践者都一定程度上具有应对突发事件的能力和主动参与应急管理的意识，从而保证在发生极端的、需要采取应急措施的事故情况下（尽管这类事故发生的概率很低），将工程损失与公众伤亡降到最低。如果没有前期对突发事件的充分预判以及应急储备，在应急的非常态下就会措手不及。

因此，工程应急管理是全生命周期思维的重要体现，有了应急管理体系的建立、应急预案的完善等前期介入，工程管理者才能在应急状态下从容应对，并在应急决策时承担起前瞻性的积极伦理责任，在短期与长期利益之间取得平衡，在解决眼前问题的基础上实现可持续发展，规避决策失误埋下工程管理伦理问题的隐患。在这个过程中，工程管理者发挥着重要作用，应该树立系统思维，整合工程资源，协同各利益相关者，高效化解难题，并通过责-权-利的重新分配来实现公正，促进工程建设中各利益主体的共赢。

2.5 工程演化视角下的工程管理伦理问题

工程是直接的生产力，在历史发展过程中，人类通过工程活动改造自然，不断满足自身需求，提高生活质量，促进生产力发展，推动社会进步。另一方面，工程是技术要素与非技术要素的集成，随着生产力水平的发展，以及资源、土地、劳动力、环境等非技术要素的规模与配置特征的演变，工程活动的形式、内涵与范围也在不断演化。从"自然—工程—社会"三元互动关系来看[①]，自然环境与社会因素对工程活动存在制约，工程演化也会对自然与社会带来影响，从

---

① 殷瑞钰.工程演化论初议[J].工程研究-跨科学视野中的工程，2009，1(1)：75-82.

而人与人、人与工程、人与自然之间的关系处在动态变化中，也使得工程管理伦理问题不断发展变化。一些伦理问题在原本并不存在或突出，但在新时代的社会需求、工程技术水平与价值观念下表现为尖锐的伦理冲突，成为亟需解决的伦理难题，相应地，工程管理者应对伦理问题的理念、手段与智慧也要不断进步与发展。

因此，工程管理伦理体现着不同历史时期和不同地域的工程理念、道德传统与价值取向，从中国工程实践案例中探究工程管理伦理问题在时间尺度上的发展特征与变化规律，有助于深入理解工程建设活动中的利益冲突与价值演变，从而探索工程管理伦理问题的生成来源与解决去路，对中国工程实践具有指导意义。

工程演化动力系统的"力学"模型（图2-1、图2-2）阐释了工程演化的动力机制。从系统的观点来看，4种类型的"力"相互作用，使得工程不断演化。其中新工艺、新装备、新资源、新资本等的创新构成推力，市场、产业、社会不断涌现的新兴需求构成拉力，土地、资源、能源供应等限制构成制动力，而工程标准、社会文化、环境容量等因素成为工程演化的筛选力。基于案例研究成果与工程演化动力模型来思考工程管理伦理问题的发展变化，有以下观点：①社会需求和利益冲突的演变是工程管理伦理问题发展变化的重要动力；②工程技术的创新是解决工程管理伦理问题的重要手段；③社会文化、价值取向与工程管理伦理理念的提高则是对工程进行人工选择从而推动工程向好向善的重要筛选力。

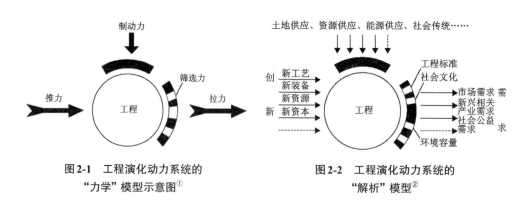

图2-1　工程演化动力系统的
"力学"模型示意图[①]

图2-2　工程演化动力系统的
"解析"模型[②]

---

① 殷瑞钰.工程演化与产业结构优化[J].中国工程科学，2012（3）：8-14.
② 殷瑞钰，李伯聪，汪应洛，等.工程演化论[M].北京：高等教育出版社，2011：70.

2.5.1 利益冲突演变——工程管理伦理问题发展的重要动力

利益是伦理的基础，工程管理伦理问题的背后往往是利益冲突与价值排序问题。利益是人为其生存与发展在社会关系中表现出来的各种需要，而当利益主体的多种需要或不同利益主体的需要无法被同时满足时，就会产生利益冲突。价值是客体满足主体需要的效用，工程的本质是工程集成系统动态运行的功能体现与价值体现的统一①。工程价值满足人类生存与发展的需要，实现人类的利益，是工程作为直接生产力、推动社会发展的重要路径。而在时间尺度上，人的需求在不断发展，当原有的工程功能或价值无法满足新的社会环境下的需求时，就出现了新的工程管理伦理问题。因此，从社会需求与利益冲突演变的角度来看待工程管理伦理问题的变化，有以下三个方面。

首先，需求的快速增长与资源有限性之间的矛盾冲突。在生产力水平较为低下的社会发展阶段，人们获取利益的能力相对有限，从自然界获取物质基础以创造新的人工物的工程活动所需的资源供给较为充足。而随着生产力水平的提高和人的生存发展各方面需求的不断增长，通过工程活动立足自然资源、整合其他要素以获取利益的规模与范围不断扩大，资源的有限性与快速增长的需求之间存在矛盾，新的利益冲突随之产生，表现为人追求经济效益的需求与追求清洁空气、优美风景、丰饶资源、避免人为因素导致的自然灾害等需求之间的冲突。此时，原有的工程功能与价值难以同时满足这些方面的需求，利益矛盾愈发尖锐，新的工程管理伦理问题也随之产生。例如，长庆油田页岩油开发建设工程案例体现了这一工程管理伦理问题的动态性。在20世纪70～80年代，大面积征借土地的做法与工程中的粗放式管理与施工方式是比较普遍的，在"有条件要上，没有条件创造条件也要上"的对油田的迫切需求下，管理者更为看重工程效益而一度忽略了工程对环境的影响；而如今在工程效益与生态效益并重的新的需求形势下，原有的工程要素整合模式、工艺技术与管理方法便无法满足，新的工程管理伦理问题，即油田征借用地带来的土地资源占用与生态环境破坏问题，也随之产生，工程管理者便面临着工程效益和环境保护之间的伦理选择困境。

其次，多方面、多层次的需求引发对工程功能与价值的高要求。工程是满足人的需要而进行的造物活动，而人在满足生存需要之外，还有更高层次的自我实现的需要；除了物质需要，还有精神需要。随着人在社会生存、交往、发展中

---

① 殷瑞钰.工程演化论初议[J].工程研究-跨科学视野中的工程，2009，1(1)：75-82.

需求的多样化，工程也承载着更多功能与价值实现的期待，在实用价值基础上，还追求人文价值、社会价值、审美价值等。工程一定程度上是一种经济活动，其经济价值与所承载的其他多元价值之间可能会存在冲突，涉及价值排序的工程管理伦理问题也就随之产生。例如当工程建设需要对古城墙进行拆迁时，涉及工程效益与人文历史价值之间的冲突；在港珠澳大桥岛隧工程案例中，当工程设计无法兼顾展现粤港澳三地的历史文化底蕴与降低工程施工复杂性二者的关系时，工程管理者就面临工程经济价值与审美价值之间的伦理冲突；在北京大兴国际机场航站楼核心区工程案例中，作为首都重大标志性工程，北京大兴国际机场工程具有展示我国工程水准、创造样板工程的使命，因此需要实现功能强大、技术先进、安全建造、绿色环保等目标，在实用价值与经济价值之外，还应具有政治价值、社会价值、生态价值，使得工程管理者面临更尖锐的利益冲突与价值排序的工程管理伦理难题。

最后，新的社会与产业发展需要引发新的工程领域的伦理问题。新时代要求发展新的生产力[①]，工程活动的形式也发生改变。新兴工程、新兴产业的产生会带来工程—自然—社会三元互动关系的调整，也产生新的利益冲突，引发新的工程管理伦理问题。例如，新时代人们一直没有放弃对太空的探索，在我国载人空间工程案例中，通过建造和运营空间站，可以掌握大型空间设施的建造和在轨操作能力，同时通过开展长期、持续的空间科学研究与技术试验，可以创造医学、材料学和制造工艺等领域的应用效益，造福于社会公众。但载人空间站工程在工程—环境—社会的互动系统中引入了太空环境的部分，工程管理者也要重新思考人、机、太空环境之间的关系，同时需要应对由此产生的诸如人的安全与工程效益之间的工程管理伦理冲突。

2.5.2 工程技术创新——解决工程管理伦理问题的重要手段

如果说社会需求的发展引发的新的利益冲突是工程管理伦理问题发展变化的重要动力，那么工程技术的创新则是解决这些伦理问题的重要手段。如2.3.3节所说，利益冲突产生的成因之一来自需求对象的有效供给不足，需求的不断增长与资源有限性之间出现了矛盾从而产生了工程效益与生态效益之间的伦理冲突，多层次、多方面的需求带来工程功能要求的多样性从而产生了政治、经济、文化等不同工程价值之间的权衡选择。通过工程技术的发展提高工程效率，将"利益

---

① 殷瑞钰.工程演化与产业结构优化[J].中国工程科学，2012，14（3）：8-14.

蛋糕"做大，一定程度上可以缓解利益冲突，解决工程管理伦理问题。

在长庆油田页岩油开发建设工程中，通过工程技术的革新，使得在尽可能减少油田建设征借用地的情况下满足工程需求，实现工程目标，兼顾了工程效益与生态效益，从而解决了工程管理伦理问题。

在港珠澳大桥岛隧工程建设过程中，通过创新工程技术与施工工艺，采用钢圆筒快速成岛施工成套技术方案，减少了海上挖泥量，缩短了海上作业时间，减少人工岛建设对海洋环境与生物多样性的负面影响，同时提升了工程效益，实现了工程与自然的和谐共生。

在秦山核电站建设与运行工程中，通过持续的技术改进与创新，使核电站的设备系统可靠性、机组整体安全性和经济性大幅度提高，最大程度地保证了核能发电的安全性，为工程方与当地政府及公众形成良好利益共同体奠定了最坚实的基础，解决了企地关系中的潜在利益冲突。

在载人空间站工程中，通过尽可能多地运用新技术来提高工程的安全性水平，例如逃逸救生技术与高可靠返回技术提升航天员进入太空与返回着陆的安全性，空间站的安全性设计与应急系统保障在轨驻留时故障状况下的安全逃生，从而在尽可能最少占用资源的前提下充分保障航天员的安全与健康。

一方面，工程管理伦理问题的出现创造工程技术创新的需求，推动着技术进步；另一方面，工程技术的创新会改变工程要素集成与管理方式，促进工程管理伦理问题的解决，推动工程的演化，但也可能会带来新的伦理问题。例如新技术是否具有可靠性，会不会带来潜在的负面效应；新技术可能会重塑工程中利益相关者的关系，可能带来新的利益冲突与公正失衡问题；人工智能在工程管理实践中的应用，会不会造成伦理责任主体的缺位与混乱；而工程系统是多种技术要素与其他非技术要素的集成，其中一项技术的孤立领先，或许反而会陷入工程协同失衡从而降低工程效率的"陷阱"[1]，等等。技术创新不仅是工程演化的重要推力，也是工程管理伦理问题解决的重要手段，同时又促使新的工程管理伦理问题产生。

2.5.3 宏观价值与伦理水平提高——工程演化的重要筛选力

在探讨工程演化时，可以使用隐喻的方法利用生物进化过程认知与理解工程的演化过程。隐喻方法的基本前提是承认来源域和目标域之间的相似性，生物变

---

[1] 殷瑞钰.工程演化与产业结构优化[J].中国工程科学，2012，14（3）：8-14.

异或突变与工程创新之间、物种灭绝和创造性毁灭之间都具有一定的相似性①。但达尔文的生物进化论中探讨的自然进化完全抛弃了目的性因素，而工程是一种人工过程，工程实践者依据工程目标，对相关工程技术进行选择与集成，对资源、劳动力、资本等基本要素进行优化配置②。这个过程需要工程理念与价值观念的指导，也往往体现着一定历史时期与特定地域下的社会文化与宏观价值。虽然从某些工程案例来看，工程活动并不是自主向善的，但社会宏观价值、工程法规政策、道德伦理观念提供了对工程的筛选力，只有随着宏观价值观念的不断进步以及道德伦理规范的不断提升，"好"的工程被才会不断被筛选，从而工程演化的方向向好向善进行。

什么是"好"的工程？不同的历史时期，不同的地域文化下有不同的答案。在当下我国社会主要矛盾已经转化为人民日益增长的美好生活需要和不平衡不充分的发展之间的矛盾的背景下，在应对全球性问题的人类命运共同体的理念下，我们需要的"好"的工程是质量高、效益好，同时与当今社会经济条件下的以人民为中心、资源节约、环境保护、公平正义、可持续等发展观相契合的中国工程。

"好"的工程应该以人民为中心，维护人民的安全、健康与福祉。因此，工程管理者应该将人的安全、健康与福祉置于首要位置，在工程管理全生命周期过程中始终重视安全，把控工程质量，避免事故风险，促进最终用户、从业人员和社会公众的安全与健康，增进其福祉。例如秦山核电站在建设与几十年的运行期间，持续提高安全性，须臾不敢放松；北京大兴国际机场工程管理者积极探索和发展新型管理模式与工艺技术，最大程度地保障安全，实现了零伤亡的安全目标；载人空间站工程将保障航天员的安全与健康作为实现工程目标的前提，同时将空间研究的技术成果惠及公众，增进福祉。

"好"的工程应该促进社会公正。工程具有社会性，当工程建设的负面影响造成社会利益分配失衡时，工程管理者应该通过有效的利益补偿机制来维护社会公平正义。例如，在南水北调中线一期工程中，面对工程迁移所带来的移民群体、安置区原居民和其他公众之间的利益失衡，工程管理者应该对移民群体进行合理补偿，同时平衡不同群体的利益诉求，使公正的天平重新归位③。当工程可能对公众产生负面影响时，基于工程管理决策的程序公正，应该充分保证作为重

---

① 李伯聪.略谈工程演化论[J].工程研究-跨学科视野中的工程，2010，2（3）：233-242.
② 殷瑞钰.工程演化论初议[J].工程研究-跨科学视野中的工程，2009，1（1）：75-82.
③ 方东平，李文琪，张恒力，等.新冠肺炎疫情防控应急工程管理中的伦理问题探析[J].工程研究——跨学科视野中的工程，2022，https：//doi.org/10.3724/j.issn.1674-4969.22022801.

要利益相关者的公众的知情权和决策参与权，充分考量其利益诉求。例如秦山核电与选址地的地方政府与社会公众之间进行了深入沟通，消除认知误差，交流利益关切，达成共识，在保证公正性的同时也避免负面社会影响的产生。

"好"的工程应该保护生态环境，促进可持续发展。当今环境问题成为重大的全球性问题，而工程作为改造自然的活动，对环境具有较大的负面影响。工程管理者应该积极承担保护生态环境的伦理责任，在工程全生命周期中通过低能耗、低污染的工艺技术创新与生产设备选择，通过组织管理手段对环境破坏的严格把控，来促进节能减排，助力碳中和目标的实现。在工程案例研究中，长庆油田页岩油开发建设工程、港珠澳大桥岛隧工程、北京大兴国际机场航站楼核心区工程的管理者都通过技术与管理手段尽可能避免工程对环境的负面作用，践行了人与自然和谐发展的工程理念。

在推动工程向好向善的演化过程中，不仅要有法律法规的底线约束，也要有伦理规范的积极引导。目前我国工程实践活动中存在着工程实践者尤其是管理者伦理意识薄弱、道德水准差异较大的问题，面对新时代的新的工程管理伦理问题，需要新的工程价值观念与伦理规范来引导旧的工程技术与管理形式的转变。从达尔文生物进化理论体系角度来看工程演化与工程管理伦理问题的发展变化，这个过程涉及对立面的斗争、人工选择与工程发展三个阶段[1]。新的需求带来的利益矛盾与旧的工程理念指导下的工程活动形式产生冲突，通过伦理规范的发展对工程进行人工选择，适应于当下历史阶段价值观念的工程得以保留，从而推动工程向好向善演化。在这个过程中，工程管理伦理发挥着重要作用，只有建立工程管理伦理规范，营造德福一致的良好道德氛围，才能避免劣币驱逐良币，促使工程管理者提高道德水准与解决伦理问题的能力，进而推动整体工程领域的进步。

---

[1] 殷瑞钰.工程演化论初议[J].工程研究-跨科学视野中的工程，2009，1(1)：75-82.

第3章　工程管理伦理与工程管理者

工程管理者在核心伦理问题的解决中发挥着重要作用。通过深入探寻典型工程案例中管理者应对伦理问题过程中的所思所想所为，可以看到不同的工程管理者各自有着独特的人格闪光点，但也有一些共同的优秀特质，即管理者们展现出的非凡伦理领导力、道德能力与伦理智慧。

3.1 管理者的伦理领导力

3.1.1 伦理领导力及其作用

示范性工程案例中的管理者们都展现出了较高的道德素养和妥善解决工程建设活动中伦理问题的能力，也为我国大型工程项目建设积累了解决人与人、人与工程、人与环境之间复杂工程管理伦理问题的宝贵经验。

通过对不同工程案例的管理者们的表现进行思考，对其潜在特质进行挖掘，管理者的伦理领导力是其带领工程组织应对工程管理伦理问题和进行向善的工程管理实践的重要因素。

对伦理领导力的关注源于20世纪末21世纪初西方国家的商业伦理丑闻，人们认为商业组织中的领导者作为员工获取伦理指导的主要来源，应该承担起伦理层面的责任并具有推动伦理治理的能力。领导者通过个人行为的表率和人际沟通与决策的影响，推动下属践行符合伦理要求的行为[1]。尽管目前对伦理领导力的研究主要集中在西方视角，通过对中国典型工程案例的深入分析与反思，也能看到伦理领导力作为中国实践中工程建设领域伦理问题的关键概念所发挥的作用。

---

[1] Brown M E, Treviño L K, Harrison D A. Ethical Leadership: A Social Learning Perspective for Construct Development and Testing[J]. Organizational Behavior and Human Decision Processes, 2005, 97(2): 117-134.

中国工程实践中，工程管理者的核心地位与权力天然地吸引着其他工程实践主体的目光。一方面，管理者践行伦理行为的自我要求大大减少了工程重大决策出现伦理问题的可能性；另一方面，管理者的一言一行常常受到来自其他工程共同体成员的关注，通过无意识的个人垂范和有意识的言传身教，管理者可以将伦理理念和伦理行为传递给他人，甚至整个工程共同体。

清华大学方东平教授及其团队针对建筑业工程建设活动中的安全问题开展研究。安全问题是工程实践中最重要最尖锐的伦理问题之一，重要在于其关乎工人和社会公众的生命安全与身体健康的切身利益，体现着当代工程以人民为中心的根本立场；尖锐在于在目前我国的工程建设活动中，人的安全与工程经济效益等利益之间存在着激烈的伦理冲突，而不少管理者没能做出正确的伦理选择，使得当前工程建设领域安全事故仍然持续频发多发。方东平教授及其团队认为造成安全事故的直接原因是工人的不安全行为，但其根本原因要追溯到管理者的安全领导力和组织的安全文化上，并提出了建筑业安全的LCB（Leadership，Culture，Behavior）模型[1]，如图3-1所示。在LCB模型中，安全领导力发挥着核心作用。安全领导力被定义为"影响下属安全意识和行为的能力、技巧和艺术"。一方面，安全领导力可以直接减少不安全行为；另一方面，安全领导力通过促进安全文化的培育和发展从根本上改变不安全行为的原因，最终达到可持续减少不安全行为、预防安全事故的目的。

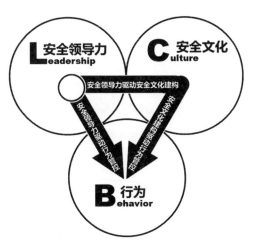

图3-1　建筑业安全的LCB模型

---

[1] Fang D, Huang Y, Guo H, et al. LCB Approach for Construction Safety[J]. Safety Science, 2020(128): 104761.

方东平教授及其团队关于建筑业安全领导力的研究对工程建设领域中管理者的伦理领导力具有启发意义。管理者的伦理领导力在改善工程实践主体的不道德行为从而解决伦理问题方面发挥着核心作用，可被定义为"影响下属伦理意识和行为的能力、技巧和艺术"。与建筑业安全的LCB模型类似，一方面，管理者的伦理领导力可以直接影响下属的价值观念和伦理行为，因为根据社会学习理论，个体通过关注和模仿有吸引力的和可信的榜样的态度、价值观和行为来学习[1]；另一方面，管理者与下属的直接接触是有限的，通过伦理规章的确立和伦理氛围的形成，可以影响和激励工程共同体中更多的成员树立价值观念，践行伦理行为。

通过从示范性工程的管理者们的所思所想所为中深入挖掘其特质，可以剥离出体现其伦理领导力的蛛丝马迹。例如，在长庆油田页岩油开发建设案例中，管理者对其他工程共同体成员的影响主要体现在三个方面，以促进工程向好向善。

（1）共同学习，共同实践：管理者带领工程共同体的其他成员一起学习借鉴国内国外非常规能源开发的成功经验和典型案例，并在实践探索中创新完善具有长庆特色的技术系统和管理模式。

（2）言传身教，率先垂范：在工程推进过程中，管理者首先坚定地践行自己的管理理念与价值观念，做好带头作用，从而向工程共同体其他成员传递积极的能量。

（3）业务考核，正向激励：通过设计相关的业务考核制度，保证工程共同体其他成员能够遵照管理理念执行工程任务，并且通过奖惩制度激发他们勇担当、敢作为的内在动力。

而管理者对其他工程共同体成员的这三条影响路径也分别与方东平教授及其团队的研究中建筑业安全领导力的其中三个维度相对应："共同学习，共同实践"的影响路径对应"安全指导与愿景激励"维度，"言传身教，率先垂范"的影响路径对应"安全影响与德行垂范"维度，"业务考核，正向激励"的影响路径对应"安全控制与绩效管理"维度[2]。这说明在影响和激励其他工程共同体成员的伦理行为方面，管理者的伦理领导力可能发挥着重要的作用，且其对伦理行为的影

---

[1] Brown M E, Treviño L K. Ethical Leadership：A Review and Future Directions[J]. The Leadership Quarterly, 2006, 17(6)：595-616.

[2] Chunlin Wu, Feng Wang, Patrick X W Zou, et al. How Safety Leadership Works Among Owners, Contractors and Subcontractors in Construction Projects[J]. International Journal of Project Management, 2016, 34(5).

响路径与安全领导力有相似之处。借用安全领导力的含义，本研究中的管理者的伦理领导力在工程共同体中作用的过程也可以理解为"工程管理者和其他工程共同体成员之间的互动过程，通过此过程工程管理者可以在组织和个人因素的情况下，通过对其他工程共同体成员施加影响来实现工程目标，包括解决工程管理伦理问题。"[1]

因此，工程管理者，尤其是核心管理者的伦理领导力在解决工程管理伦理问题中具有核心影响，这种影响如图3-2所示。

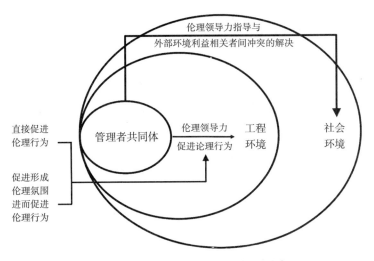

图3-2 管理者的伦理领导力的核心影响

在管理者共同体内部，核心管理者的伦理领导力对整个管理者团队有重要影响，一方面，核心管理者通过正向带动，可以促进下属管理者伦理领导力的培育和发展；另一方面，核心管理者具有更大的决策权，由于其具有较高的道德水准和领导能力，能够最大限度地避免工程项目关键决策中的伦理失误或伦理冲突的产生。

在工程环境中，管理者的伦理领导力通过两条路径（直接促进伦理行为和通过促进伦理氛围的形成激励伦理行为）对工程共同体中的其他成员产生影响。在工程的推进和实施过程中，无论是管理者、工程师、设计师，还是具体执行的工人，都可能影响着项目工程的最终结果和效果。思想决定行为，理念和观念影响

---

[1] Chunlin Wu, Dongping Fang, Nan Li. Roles of Owners' Leadership in Construction Safety: The Case of High-speed Railway Construction Projects in China[J]. International Journal of Project Management, 2015, 33(8).

着行动与实践，伦理领导力可以统一共识，使得在正确价值观念的指导下，工程共同体成员的伦理行为推动工程向好向善，并向着目标进展。

在工程内部，管理者通过伦理领导力的作用统一价值观念，激励伦理行为，解决伦理问题，实现工程目标；而外部，工程共同体则在伦理领导力的发挥下处理与社会环境中利益相关者之间的伦理冲突，以达成和谐共赢，减少工程对社会与环境的负面影响。

3.1.2 管理者的伦理领导力的构成要素

管理者有效的伦理领导力由其个人魅力、道德能力和伦理智慧构成。

（1）个人魅力

每一位优秀的工程管理者都有着属于自己的魅力特质，既包括个人要求层面的严谨认真、实事求是、自律自省等，也包括人际交往层面的关怀下属、公正无私、用人不疑等。根据社会学习理论，一位具备伦理领导力的管理者常常是吸引人的、可信的，因此才能够成为下属学习与模仿的榜样，最大限度地促进下属价值观念的树立和伦理行为的践行[①]。而管理者的个人魅力是增强其吸引力与可靠度的重要因素。管理者过硬的专业素养、严谨的工作态度、实事求是的科学精神、自我监督的纠偏习惯等，都会增强管理者的令人信服和依赖的程度；而管理者平易近人的管理风格、尊重个人的温暖情怀、公正不阿的处事原则等都有利于营造与其他共同体成员之间的良好氛围，增进管理者的吸引力，从而增强伦理领导力的影响。因为根据社会交换理论，管理者与下属之间的关系并不只是冷冰冰的经济雇佣关系，而倾向于产生义务与情感层面的互动[①]。因此，管理者与下属之间的你来我往并不遵照简单的银货两讫的交换逻辑，其他工程共同体成员感受到来自管理者的关怀、信任与尊重，感受到在工程共同体中受到公正对待，因此想要回馈管理者以感激的情感和遵循管理者的期望的行动[②]。这样，管理者与其他共同体成员可以形成互相信任的情感共同体，互惠准则成为将他们紧密联结的纽带，共同为实现工程目标而努力。

示范性工程对工程管理伦理问题的成功解决，往往离不开核心管理者身上闪光的个人特质与独特的个人魅力。

---

① Brown M E, Treviño L K. Ethical Leadership：A Review and Future Directions[J]. The Leadership Quarterly, 2006, 17（6）: 595-616.

② Ko C, Ma J, Bartnik R, et al. Ethical Leadership：An Integrative Review and Future Research Agenda[J]. Ethics & Behavior, 2018, 28（2）: 104-132.

在长庆油田页岩油开发建设工程中，管理者不设权威，开放交流，鼓励创新，最大程度地集中工程共同体成员们的智慧，避免了独裁式决策失误，保证在正确的轨道上，以向善向好的方式实现工程目标。

在港珠澳大桥岛隧工程中，管理者倡导人文关怀，将心比心，公平无私。尽管利益相关者众多，利益关系纷繁复杂，利益冲突格外尖锐，但管理者凭借真诚、公正、理解的原则积极协调不同相关方之间的关系，成功将大家拧成一股绳，为实现共同的工程目标合作互助，实现互利共赢。

在南水北调中线一期工程中，管理者充分发挥专业素养，兢兢业业，细致入微，精益求精，为了做好几十万人的移民安置工作付出了巨大的心血。比如丹江口库区移民规划编制完善历时9年，仅库区移民初步设计阶段的规划设计成果就达372本。事关百姓福祉，须臾不敢马虎。最终带领工程共同体其他成员构建了完善的移民安置政策，形成了合理的移民补偿补助体系，并将其扎实高效地贯彻落实，真正做到了以人为本，取得了较好的社会反响，最大限度避免了工程对社会公众的负面影响。

在载人空间站工程中，管理者严谨求是，认真负责，尊重科学规律，小心管控风险，大胆进行创新。载人空间站工程是我国载人航天"三步走"的发展战略的关键一步，更关乎人的生命安全与身体健康，管理者在逃逸救生系统和高可靠返回技术方面反复确认，对航天员的"救生伞"——降落伞的制作过程更要直接参与，现场监督。管理者对风险管控关卡的层层把关和时刻心系的责任感带动其他工程共同体成员严谨细致且有条不紊地推进工程，从而将复杂大系统组织管理得井井有条，在充分保障人的安全的前提下完成工程任务。

在秦山核电站建设与运行工程中，管理者不怕吃苦，默默付出，甘于奉献，筚路蓝缕，从无到有，从小到大，影响了一代秦山核电人和中国核电人，培养了一批低调踏实、技术过硬的专业人才，成功探索中国核电站建设与运行管理的崭新路径，让秦山核电站不仅完成了工程目标，更成为中国核电史上的标杆。

在北京大兴国际机场航站楼核心区工程中，管理者顶住压力，施展魄力，抵御利益诱惑，坚守职业良心。北京大兴国际机场是国家重大项目，也是民航"十二五"重点工程，具有技术、安全、环保等多方面的高标准、严要求，也面临着技术难度大、参建单位多、利益冲突复杂等挑战，管理者承担的责任与压力可想而知。面对利益诱惑、上级压力和实践难度，管理者能守住本心，不偏不倚，带领工程共同体其他成员有条不紊地推进工程向好向善发展，并以工程科技创新和零伤亡的安全管理成果打造标杆工程、样板工程。

工程是实践主体众多的造物活动，每个实践主体的行动都会对工程结果造成或大或小的影响。但在中国工程实践中，管理者被赋予了更重要的责任。他们因为天然的核心地位与管理权力成为工程管理决策中心以及其他工程共同体成员和利益相关者的目光焦点，同时其道德水准和伦理行为也饱受关注。好的工程离不开好的工程管理，好的工程管理中具有核心地位的管理者往往承担着道德领袖的功能，而管理者突出的个人魅力在帮助其解决伦理问题，实现工程目标，推动工程向善向好的过程中发挥着重要作用。

（2）道德能力

工程实践中复杂的伦理问题对管理者的道德能力提出了较高的要求。

道德能力可以理解为认识理解道德规范，评判道德问题的善恶，进行正确的道德选择，并践行此选择的能力[①]。它不仅是一种思维能力，也是一种实践能力，并且往往要在实践行为中才能展现出来。中国伦理学百科全书中把道德能力分为道德认识能力、道德判断能力、道德行为能力和道德意志能力四种要素[②]。范德波尔（Ibo van de Poel）等提出工程伦理教育应涵盖的六项能力与技能，即道德敏感性、道德分析技能、道德创造能力、道德判断技能、道德决策技能与道德论证技能[③]。蔡志良等提出道德认识能力、道德判断能力、道德选择能力、道德践履能力、道德直觉能力、道德创造能力六种要素[①]。我们选择这六种道德能力来刻画管理者的伦理决策过程（图3-3），不同决策阶段需要不同的道德能力。

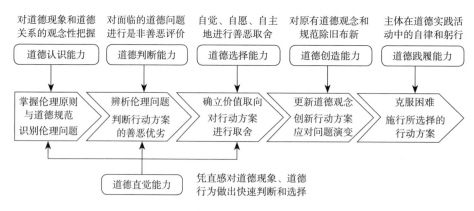

图3-3 工程管理伦理问题解决所需的道德能力

---

① 蔡志良.论道德能力的构成要素[J].天津市教科院学报，2005（4）：11-13.
② 罗国杰.中国伦理学百科全书[M].长春：吉林人民出版社，1993.
③ Van de Poel I R, Royakkers L M. Ethics, Technology and Engineering：An Introduction[M]. Wiley-Blackwell, 2011：2.

面对工程管理伦理问题，管理者首先需要理解宏观价值观念，掌握伦理规范，识别伦理问题，才能为解决伦理问题奠定基础，这需要道德认识能力。管理者需要从事实层面辨析伦理问题，并且从价值层面判断不同行动方案的善与恶、对与错，这需要道德判断能力。在多个行动方案中，管理者需要综合考量不同利益与不同价值，并且综合运用伦理决策相关知识与方法，对行动方案自觉、自愿自主地进行善恶取舍，即道德选择能力。做出道德选择、确定行动方案后，管理者还需要克服主观与客观层面的种种困难，将此行动方案付诸实践，这需要道德践履能力。但有时候，管理者面对的是更复杂的、冲突更激烈的伦理问题——不同的道德正价值难以同时充分满足，甚至伦理困境——无论在有限的伦理选择中选哪一个行动方案都会犯道德错误。[①] 当已知的行动方案都无法令人满意时，需要管理者创造性地提出新的行动方案。当原有道德规范无法应对新出现的伦理问题时，需要管理者发挥道德创造能力——审视现有的道德规范，根据时代发展和道德进步的需要，对不再适用的道德观念进行改造更新，从而不为已有道德观念中的陈腐因素所束缚，能够根据道德发展调整自己的道德准则。由于工程管理实践的复杂性，有时候需要管理者立即做出应对和解决伦理问题的反应，此时道德直觉能力便尤为重要，尽管没有复杂的逻辑分析过程，但是在对道德观念有综合理解的基础上，以自觉向善的本能和厚积薄发的直觉，在纷繁复杂的伦理问题情境中寻求最善的应对之法，提高道德活动的效率。

管理者应该培养和提升道德能力，提高对伦理问题的敏感性，树立正确的价值观念，做出恰当的伦理判断与选择，并通过伦理领导力的影响提高整个工程共同体的伦理水准，以更好地应对工程管理伦理问题。

（3）伦理智慧

伦理智慧可以理解为行为主体在处理伦理问题时对已内化为主体自我意识（或者说是良心）的道德规范和伦理原则的综合运用，是理性基础上的一种"直觉"反应[②]。比起"能力"，"智慧"更强调灵活性、直觉性、主观性。伦理智慧是在充分理解道德规范与伦理原则的基础上，结合具体工程管理情境，合宜、均衡、适度、灵活、不走极端地协调不同利益[③]。

不同的工程项目的工程目标不同，组织结构不同，利益相关方不同，伦理问

[①] Ibo van de Poel, Lambèr Royakkers. Ethics, Technology and Engineering: An Introduction[M]. Chichester: Wiley-Blackwell, 2011: 137-138.
[②] 于树贵. 伦理智慧与常识道德——兼与彭启福先生商榷[J]. 哲学动态, 2002(2): 31-34.
[③] 甘绍平. 伦理智慧[M]. 北京：中国发展出版社, 2000.

题也复杂多样；而不同的工程管理者拥有不同的个人特质、不同水平的道德能力、不同水准的伦理素养，因此不存在一套普遍的流程或一种通用的方法来指导所有管理者解决所有伦理问题。工程管理者必须要依据不同的伦理情境，基于不同的社会文化背景，考虑不同的利益相关者之间的联系与冲突，发挥主观能动性，运用工程经验与智慧，来解决伦理问题。

3.2 管理者的伦理智慧

3.2.1 伦理智慧的核心是追求共赢

伦理智慧在工程管理伦理问题尤其是伦理困境的应对中发挥关键作用，管理者的伦理智慧的核心是追求共赢。

伦理可以看作一种行为规则，为主体应该如何行动提供指引，这种规则不是自然形成的，而是某个共同体的成员共同制定的正式规范或约定俗成的默认规则。实践主体需要伦理，是因为其生活在一定的社会关系中，每个人的行动会影响他人，也受到他人的影响，资源有限的条件下常常不能使每个共同体成员的全部利益都充分实现。因此，共同体成员需要伦理作为自治共治的工具，来调节彼此之间的利益矛盾，维护共同体的利益，也维护了共同体成员赖以生存发展的关系基础，从而使每个成员从中获益。从这个意义上来说，伦理是凌驾于任何一方的利益之上的，以维护共同体中所有成员的最大利益为最善，追求共赢也就成为其核心要义。

共赢在中国文化传统中也能找到价值旨归，儒学的"中庸"或中道的思想倡导的是非过非不及的自我要求和处世态度，走极端会破坏平衡，从而导致共同体的倾覆，会使得每个共同体成员从中获益的社会关系网破裂，造成"俱伤"的后果。

工程管理伦理以管理者为主体，也即赋予了管理者调节工程共同体内部成员与外部利益相关者之间的利益矛盾，在以人为本、公平正义、可持续发展等价值观念指导下维护工程共同体的利益（即实现工程目标）的责任，以实现共赢。这里的"共赢"可以从三个方面进行理解。

（1）人与人之间的互惠共赢

工程实践中，工程共同体内部成员和外部利益相关者之间存在着复杂的关系，这种关系构型形成了其互惠合作的基础，人们从这种关系中获取资源，从而获得利益；同时也必须处理这种关系构型中彼此间的利益冲突。工程共同体成员有共同目标，也即每个成员都应当可以从工程目标的完成中获利，此时不同成员之间利益冲突的调节要遵循公正原则，即每个成员都得到自己应得的利益；当为维护工程共同体总体利益而使某些成员的利益受损时，公正原则也表现为对这些成员的补偿。工程共同体成员与外部利益相关者之间存在利益冲突时，应该通过协商探讨解决方案。当利益冲突无法调和时，妥协也是一种达成共赢的渠道，通过各退一步来保证公正，同时防止关系的破裂而造成两败俱伤这一最差的后果。

（2）人与自然之间的和谐共赢

管理者作为工程管理的核心和工程管理伦理的主体，具有维护工程共同体利益的责任。但管理者不仅是"工程的人"，也是"社会的人"，是"自然界中的人"；工程也不是孤立的工程，而必须从自然中获取资源输入，并且对自然环境具有改造作用，与自然环境之间存在相互影响。因此，管理者要考虑工程与环境之间的价值排序。工程对环境的负面影响可能如一次爆炸带来的水污染般猛烈，但大多数时候影响是微弱的，像扬尘一样司空见惯，却积少成多。如果从短视的角度看待人与自然，那么工程对环境的影响在工程效益面前似乎落了下风；但如果从可持续发展的眼光来看，人类对自然的破坏会招致自然的报复，甚至会使人与自然之间的合作关系破裂，人失去了赖以生存的物质环境，与自然两败俱伤。因此，人与自然的和谐相处既是人类社会可持续发展的长久之计，是一种智慧之举；也是人作为"社会的人"，作为"自然界的人"为自身发展提供资源与支持的自然环境的回馈与责任。

（3）人与自身的和解共赢

人本身就是矛盾的，每个人不只有一个社会角色，人之所欲也不唯一，因此人自身也会存在利益冲突和价值选择问题。对管理者来说，常常会有私心与公心之间的选择，利润、绩效、升迁等私利与维护工程共同体和其他利益相关者的利益的责任之间可能存在冲突。且管理者作为工程的核心，拥有较大的权力和影响力，往往要靠自我监督、自我约束、自我反思来审视自己的伦理选择，通过道德自律来避免自己做出错误的伦理决策。人之所以矛盾不安，是因为缺乏原则，缺乏对自身的道德要求，管理者应该在学习与践行外在伦理规范的同时，建立内在的价值观念与道德准则，来指导自己妥善处理私心与公心之间的矛盾以及不同社会角色之间的关系，坚定地追寻自我价值的实现，从而与自己达成和解。平衡好不同社会角色带来的利益冲突，梳理好不同价值的先后顺序，处理好不同责任之间的关系，能够促使管理者有内在动力向善向好，这未尝不是一种共赢。

3.2.2 中国工程实践中的伦理智慧

中国工程实践依托于中国的社会文化背景和话语体系，因此考察中国工程实践中管理者的伦理智慧要从中国国情出发。而管理者要涵育自己的伦理智慧，也应当充分理解中国背景下的工程建设活动特征，掌握中国实践中特有的工程知识（包括显性知识与隐性知识），观察中国工程实践主体的交互关系与行动规律，考虑工程建设活动中通用的成文规则与不成文规则，才能从容地应对所遇到的工程管理伦理难题，并且充分发挥伦理智慧来解决他们。

示范性工程的管理者们在处理伦理问题的过程中往往展现出了自己的伦理智慧。虽然伦理智慧因人而异，因工程特点而异，因伦理境况而异，不存在通用的规律，也无法照搬与直接迁移，但仍然可以从这些成功的工程案例中汲取经验，体会优秀工程管理者们闪耀的智慧光芒，并从中获取处理工程管理伦理问题的思路与灵感。

（1）应对不断发展的伦理问题的伦理智慧

工程实践中的伦理问题具有动态性与发展性。在影响工程管理伦理问题的诸多因素中，时间变量带来的影响不可忽略。随着时代的发展，一些原有的伦理问题可能不会再构成问题，而一些新的伦理问题又会随之出现。管理者应具有应对不断发展的伦理问题的伦理智慧，这体现在"变"与"不变"的权衡之中，既要有应对新出现的伦理问题或伦理问题的新发展的灵活机变，也应具有始终如一的伦理坚守。

在长庆油田页岩油开发建设工程中，伦理问题呈现出明显的动态性与发展性。该工程案例最突出的工程管理伦理问题——页岩油开采修建井场对土地有较大需求，但在土地资源有限的条件下，建井场土地征借与土地耕作等其他用途之间产生冲突——就是随着时代发展下宏观价值观念和法规政策的变迁而出现的。在宏观价值并未强调保护环境的时候，工程中一些粗放式的管理和施工方式较为普遍，在"有条件要上，没有条件创造条件也要上"的油田精神感染下，不少企业将工程效益摆在了最重要的位置，并且一度忽略了工程对自然环境带来的负面影响，也不会面临在二者之间两难选择的伦理问题。但在"绿水青山就是金山银山"、人与自然和谐发展的新价值观念下，原来司空见惯的粗放式管理行为与宏观价值相悖；在相关环保政策法规更新的情况下，土地征借遭受到更严格的限制，划定的林缘区、水源区、环保区等红线不可触碰，土地资源的紧缺激化了利益冲突和价值选择的矛盾。管理者面临着工程效益和环境保护之间的选择困境，新的工程管理伦理问题也就应运而生。

面对新的工程管理伦理问题，管理者主动求变：主动进行管理理念的革新，从重点关注工程效益而不考虑生态效益的粗放式管理理念，转变为将工程对环境的影响纳入考量，更深层次地考虑工程建设、企业发展与生态环境的和谐统一；主动进行道德能力的提升，自发认识到所肩负的保护环境的伦理责任，主动提升新的宏观价值观念下认识伦理问题、进行伦理判断、做出恰当伦理选择并将伦理选择付诸实践的能力。在行动方案的抉择中，工程技术的进步是解决伦理问题的关键所在。通过水平钻井、压裂等工艺技术的创新，使同样面积的井场上水平井数增多，单井控制储量增大，动用储量增大。从而在减少征借用地的同时确保了工程目标的完成，兼顾了工程效益与环境保护两方面的利益与价值。工程管理伦理问题的妥善解决离不开工艺技术的创新，而工艺技术的创新也离不开管理者希望兼顾两方利益，寻求共赢，提出创造性的解决方案，从而主动求变地推动。这是管理者"变"的智慧。

但无论是过去还是如今，在面对随着时代发展不断变化的伦理问题时，管理者保持不变的是自己职业良心的坚守。始终合法合规地完成工程任务，始终让工程建设理念与社会宏观价值观念的发展相契合，始终承担起作为企业应担负的社会责任，始终为谋求人民福祉而努力。只要这种责任与良心不偏移，对工程向善向好的追求就不会偏航。这是工程中管理者"不变"的智慧。

（2）协商以达成共赢的伦理智慧

工程实践中的绝大多数伦理问题不是零和博弈，利益相关者之间不可调和的矛盾往往是缺乏沟通所造成的，而协商是消除误解、互通需求、达成共识、共商方案从而实现共赢的有效途径之一。根据商谈伦理，各独立主体可以通过自愿的、真诚的、平等的对话达成道德共识。在中国工程实践中，需要管理者运用伦理智慧，主动推进协商工作，从而尽可能避免冲突的扩散，实现工程多目标之间的平衡与不同利益相关者之间的和谐共赢。

在秦山核电站建设与运行工程中，各利益相关者从抵触到支持再到与工程方形成互惠互利的友好伙伴关系的过程中，管理者付出了巨大的努力，也展现了突出的伦理智慧。在公众普遍"谈核色变"的状况下，核电站选址秦山，可以预想会遭受到当地政府与社会公众的质疑，甚至抵制。工程的社会性让管理者不能忽视社会公众的态度，如果不能够争取到当地公众的支持，可能会如厦门PX项目选址一般，引发大规模的公众抵制活动，也使得原定的工程计划夭折，遭受经济损失。

核电作为清洁、安全、高效的能源，其正面影响少为人所知，而对其的误解却广为流传。不少社会公众将核电与核军工等同看待，认为它是像原子弹一样危险的存在；更多社会公众对国际上重大的核电事故如切尔诺贝利核电站与福岛核电站事故带来的惨痛影响心有余悸，因而"谈核色变"，出于邻避心理希望将核电拒之门外。对秦山核电的管理者来说，最关键也是最困难的任务，就是转变当地政府与公众的观念，澄清对核电的误解，让当地政府与社会公众认识到核电入驻秦山对其带来的效益。否则，对秦山核电站的拒绝不仅会使工程无法开展，影响工程效益，也会使当地政府与公众错失经济发展的良好机遇，这是最不愿看到的"两败"的局面。

管理者首先通过协商争取到地方政府的支持，然后在政府的帮助下，与当地民众开展广泛的交流协商工作。采取了多种形式来组织协商，消除对抗情绪，促进共识，包括：①直接对话。通过坦诚、自愿的对话了解对方的疑虑与需求，交流双方的利益关注，有利于达成共识，或确定持续协商的需要与进一步工作的方向，为达成共识奠定基础。通过与地方政府的对话，工程方了解政府的主要担忧，即核电安全性、社会公众的接受度与对招商引资的影响，也了解政府的核心关切，即税收与就业，从而可以有针对性地消除其对核电的误解，表达工程方满足其利益关切的能力。通过与地方公众的直接交流，掌握公众对核电最真实的看法和忧虑，了解公众的疑问，为核电入驻秦山后的全方位科普找到方向。②实地考察。组织政府人员与地方公众进行工程实地参观，使其更直观地看到秦山核电的工作原理、工作流程与工作状态，消除核电的神秘感，增强对核电安全性的信任。③全方面科普。利用多种渠道，针对不同职业和年龄段公众群体的特点，开展全面的科普工作。公开透明是消除隔阂、促进信任的最好方式，通过展示核电站运行的面貌，系统科普核电相关知识，披露核电对周边环境影响的监测数据，逐步改变公众的认知，提高公众对核电的接受度与认可度。

通过协商，工程方与各利益相关方达成了工程推进的初步共识。而互惠互利的良好伙伴关系的构建，有赖于秦山核电站长期以来的良好成绩，包括保证安全运行、实现发电效益的承诺，也包括对当地政府和地方公众带来的优惠倾斜、产业带动、民生福祉等贡献。协商达成的共识不只停留在口头，而是要拿实际行动与成果说话，从而推动秦山核电站工程方与地方政府、地方公众、当地核电关联企业之间的正向的伦理互动。

秦山核电站为地方政府和地方公众提供核电优惠，做出税收与GDP贡献，带动招商引资，推动教育、道路建设等民生福祉；地方政府则为秦山核电站选址、批地、协调民众等工程建设与运行各个方面提供支持，也为工程建设人员及其家属提供衣食住行的保障；地方公众积极支持与拥护秦山核电站，与秦山核电从工作到家庭方面深度交融，形成利益与情感共同体；秦山核电站为当地核电关联企业提供培训与发展机会，当地核电关联企业则为秦山核电站提供专业化设备与服务。尽管不同利益相关方的利益关切不同，但能够在合作中找到利益铆合点，从而形成自愿自发、共建共赢、螺旋上升的伦理互动关系。目前，秦山核电与当地政府开始寻找新的增长点，大力发展核技术应用，例如同位素生产，继续坚持产城融合，建设中国核电城，向更高的目标进发。

秦山核电站工程方与不同利益相关方的协商共建，不仅推动各方互利共赢、长久发展，也让秦山核电站工程的管理者们成为运用伦理智慧解决已有或潜在企地伦理争端的典范。

（3）创新行动方案的伦理智慧

在应对工程管理伦理问题时，在非黑即白的行动方案之外往往还有别的选择。非黑即白的行动方案必然会损伤某一方利益或牺牲某一种价值，无法满足对"共赢"的追求，也因此远远称不上是"最善"的解决方案。管理者应运用伦理智慧，创造性地发掘新的路径来解决伦理问题，通过创造性的中间方案尽可能兼顾多方利益或多种价值，从而实现共赢。

在港珠澳大桥岛隧工程中，管理者面临着传统筑岛方式下工程效益与环境保护之间的伦理冲突——由于工程建设区域位于环境保护核心区，在工程建设期间将会对施工水域进行人工岛筑岛作业，而传统筑岛方式将会造成海域污染、生态破坏。在非黑即白的行动方案下，若按照工程建设要求采取传统抛石筑岛即"堰筑法"，可以满足工期控制与工程造价的要求，实现工程目标，满足工程效益，但同时也会带来噪声污染和油气污染，危及周边海域的生态环境；若减少在伶仃洋海域开展人工岛建设工程，当然可以最大程度地保护海洋生态环境及海洋生物多样性，但又会损害工程效益，无法实现港珠澳大桥贯通的整体目标。

非黑即白的行动方案可以帮助管理者探索工程管理伦理问题的边界，但理想的行动方案绝不是牺牲某一方利益或价值的极端解决方案，而是兼顾多方利益与价值的"中道"。在本工程中，要想兼顾工程效益与生态效益，就必须摒弃传统的筑岛方法，但同时又要使得工程顺利进行。通过创新工程技术与施工工艺，采用钢圆筒快速成岛施工成套技术方案，可以达成这一目的。

管理者对已有行动方案的选择常常来自于经验积累，并且受到现有的工艺技术发展水平的限制。很多时候，创新是困难的。一方面，需要管理者突破思维定式，不要囿于经验，而要依据对具体工程管理伦理情境的分析，从多方需求或利益出发，开拓思路，探索能够走向共赢的创新路径；另一方面，需要管理者对工艺技术的当前水平与发展空间形成客观的认识，并且充分预计可能面临的风险，例如技术创新的可行性，技术创新是否会带来新的负面影响，新技术创造的效益能否满足工程目标，新技术的资金成本与时间投入等。管理者在探索行动方案并进行伦理判断与选择的过程中，可能会面临多方利益之间微妙的权衡取舍，也会有对风险承担的犹疑与逃避，有私心与公心之间的激烈拉扯，需要管理者坚守原则，发挥魄力，明晰判断，而这些都是伦理智慧的体现。

（4）与时俱进，不断提升道德认知能力的伦理智慧

管理者的道德认知能力既包括对工程管理伦理问题和主体间伦理关系等实然性的认知与理解，也包括对相关工程管理伦理知识和伦理规范的感知与把握[①]。正确的道德认知是识别工程管理伦理问题，进而进行伦理分析与判断，从而解决伦理问题的基础。随着时代的发展，社会宏观价值变迁，工程技术水平提高，工程组织方式发生改变，工程环境内外不同行动者之间的伦理关系也在发生变化。管理者需要重新去构建不同行动者的角色、地位、关系的认知图景，来分析新出现的工程管理伦理情境。

在载人空间站工程中，管理者面临着"人"的安全与"机"的运行之间的伦理冲突。太空环境会对航天员在轨驻留造成生理损伤和精神障碍等不利影响。空间站为保证航天员长期在轨驻留，需创造条件对航天员进行防护，减少太空环境对人的影响，充分满足安全性要求；但过多的防护措施会使得空间站平台占用资源过多，无法通过现有的运载火箭技术将其运送至近地轨道，从而影响工程目标的实现。

从传统的认知来看，人的安全与机的运行是存在矛盾的，因为航天员的安全防护与航天器的顺利运行都需要占用资源，在资源没办法同时充分满足二者的需求时，便产生了伦理问题。人与机被放在对立的两端，似乎只能顾此失彼，通过某一方利益的减损来适应资源不足的现实状况。但是，通过载人空间站领域认知的更新，对人和机的角色与关系进行重新建构，"人"与"机"可以不成为孤立对立的两方，而是相互联系，构成一个整体系统。载人航天器本身包含适应航天员正常生活的载人环境系统，具有与地面环境接近的大气与辐射指数，为航天员补充氧气与食品，并收集航天员的排泄物与生活垃圾。从这个角度来说，航天器

---

① 蔡志良.论道德能力的构成要素[J].天津市教科院学报，2005（4）：11-13.

就是将太空环境隔绝在航天员之外的人工环境，是航天员的防护系统。而"人"作为生物体也是一个开放的系统，与"机"通过物质交换紧紧相连，"人"也成了"机"的一部分，与航天器一起运行，适应航天器的节奏。

在"人"与"机"和谐统一的认知基础与观念指引下，航天员与航天器可以共享资源，循环利用资源，互相支持，互相适应，从而在太空环境中安全生存与顺利运行，解决伦理冲突。管理者这种随着新工程领域的推进与新技术的发展，不断提升道德认知能力，并能够基于当前社会发展价值观念，更新对具体伦理情境的认识的智慧，是十分重要的。

（5）向好向善，不断提升道德践履能力的伦理智慧

做出伦理决策之后，如何确保行动方案的有效施行仍然是一个挑战，需要管理者的道德践履能力，来克服主观与客观因素的阻碍。管理者在行动方案实施过程中应对自己的意识与行为进行持续的自我监督，当发现自己的所思所想所为违背了伦理规范或偏移了原定伦理目标的航线，要及时自我纠偏，从而最终保证行动方案的目的性与道德性，成功解决伦理问题。

在包括南水北调中线一期工程在内的水利工程中，水库移民是关乎社会公众福祉的重要伦理问题。管理者理想的行动方案是构建完善的移民安置政策，形成标准合理、项目齐全、以人为本的移民补偿补助体系，并扎实高效地贯彻落实，维护社会公正。然而，此行动方案的具体实施却并不容易。既公正又高效的移民安置政策如何做出？移民补偿体系如何统一标准？如何平衡移民群体、安置区原居民和当地其他社会公众三方的利益冲突？这些都是管理者自新中国成立以来不断探索的问题。

移民安置政策与补助体系的制定受到我国经济发展水平的制约和宏观价值观念的影响。在维护移民群体利益，促进社会公正，推动工程向好向善的整体观念影响下，管理者不断提高道德践履能力与专业素养，不断完善管理体制与手段，促进行动方案的有效施行。从补助标准来看，从以个人和集体的房屋土地为主的简单补偿指标，补助标准较低；到提高征收耕地的补偿补助标准，同时扩大对移民财产的补偿补助范围，并考虑到工程建设周期较长，人工及建筑材料等价格过快上涨带来的价差问题，以及不仅关注人的物质需求，也关注人的精神、文化与发展等非物质需求，标准更灵活、更精细化、更人性化。从政策制定流程来看，从水库移民缺乏社会提供的有效利益表达途径，不能充分参与到安置工作中；到逐渐提高移民对安置工作的参与程度，促进其利益诉求的充分表达，并对渠道有效性进行评判。从管理体制来看，从各级移民机构未能建立健全，有关

规章制度不完善；到移民安置规划的法律地位不断强化，移民安置的程序和方式规范化，且明确分级负责、多方参与的管理体制，完善移民后期扶持制度。

管理体制的不断完善，管理手段的不断创新，规划管理更具有科学性，也使得利益相关者的诉求表达更清晰，移民搬迁安置的效率提高，移民群体的满意度也不断提升，产生积极的社会反响。举一个小例子来说，在南水北调中线一期工程中，当地管理者为了缓解丹江口水库移民们的思乡情绪，专门协调资金，建设了一个"小丹江湖"。这不仅切切实实践行了管理者"使移民从受影响者变为受益者"的承诺，也闪烁着以人为本原则之上的伦理智慧光芒。

3.3 培养具有卓越工程管理伦理能力的中国工程管理者

改革开放以来中国典型性、示范性的大型工程建设中，涌现出了一批榜样性的工程管理者，他们通过卓越的管理能力、高尚的道德情操、负责的管理态度、灵活的伦理智慧，在应对工程管理伦理问题过程中发挥着重要作用，克服了工程建设活动的种种困难，为社会经济发展做出了重大贡献。新时代，我国大规模工程建设持续推进，新工程技术的发展、新工程领域的开拓带来了新伦理问题的同时，工程向善也成为中国工程的发展要求和前进方向。好的工程离不开好的工程管理，因此需要一批符合新时代发展要求的卓越工程管理者，打造以人民为中心、公平正义、资源节约、可持续发展的高质量工程，而工程管理伦理能力的培养便是其中关键的一环。

因此，在基于中国案例的伦理领导力、道德能力与伦理智慧概念基础上，应该构建工程管理伦理能力相关理论体系，作为新时代工程管理者培养的指导依据。

①应该提炼伦理领导力与伦理智慧的具体维度，反映对新时代中国实践中工程管理者的期望与要求。

②应该提出明确的工程管理伦理能力评价标准，来评估工程管理者在全生命周期工程管理过程中伦理判断、伦理决策、伦理协调、伦理创新、伦理反思等方面的价值倾向与行动能力。

③应该构建完善的工程管理伦理能力培育体系和流程，挖掘适用于中国工程实践的管理智慧和处理工程管理伦理问题的向善的伦理做法，构建工程管理价值与原则体系，理论与实践相结合，提升工程管理者的道德觉悟和处理实际伦理问题的能力。

④应该改善工程管理伦理能力培育的社会环境，为工程管理者卓越伦理能力的培养争取资金、制度与社会支持，包括完善的法规体系，相应的激励政策，适用于中国国情的工程管理伦理规范等。伦理规范的建立为工程管理者的管理实践提供行动依据，有助于其在践行与体悟中将其内化为道德自律，从而涵育属于自己的伦理智慧。

通过工程管理者与工程伦理理论中工程师所需伦理素养与能力的对比，可以更好地理解新时代中国工程发展的需求。而工程管理伦理教育的过程非一时之功，需要理论与实践方面的长期工作，这也将是后期努力的重点方向。

第4章 工程管理伦理指南建议

开展基于中国实践的工程管理伦理研究,是希望能够解决目前我国工程建设活动中普遍存在的、阻碍工程向好向善的伦理问题,推动我国工程管理伦理建设。而要实现这一目的,将前期理论成果应用到中国工程实践中,一种以工程管理者为主体,涵盖工程管理全生命周期中工程管理者与利益相关者、与工程、与环境之间的复杂伦理问题,能够为工程管理者在中国工程实践中的伦理行为提供指导和约束的普遍性的工程管理伦理规范是必不可少的。

一方面,作为过去几十年中解决工程实践中伦理问题的主要理论依据与方法,工程伦理规范在我国工程建设活动中的应用具有局限性。发端于西方国家的工程伦理以工程师为主体,从工程师的视角出发审视其在工程职业活动中遇到的伦理问题。而在中国工程实践中,工程管理者而非工程师处于核心地位。中国实践中的工程管理者不但拥有西方语境下工程师的部分职责,还拥有比其更大更广泛的权力和影响力,在决策、计划、组织、指挥、协调与控制的工程管理过程中处于核心地位,也在处理工程实践的复杂伦理问题中发挥核心作用,其业务能力与道德水平一定程度上决定了整体工程水准。比起工程伦理规范所规定的"工程师应该怎么做?",更需要对"工程管理者应该怎么做?"进行叩问。

另一方面,我国工程管理者应对伦理问题的能力与其核心地位不匹配,工程管理伦理水平普遍较低。究其原因,除了目前大部分管理者伦理意识薄弱,不能清晰地识别工程管理伦理问题,缺乏从伦理层面思考工程问题的意识;且道德水准的个体差异性大,难以自觉规范自身管理行为,进行向善的工程管理践履之外;最重要的是管理者缺乏应对工程管理伦理问题的方法和工具,缺少对工程管理伦理问题应对经验和教训的总结积累,关键时刻脑海中没有成功案例参照和指导。

伦理规范可以为工程管理者解决伦理问题提供指导,规约和激励工程管理者在实践活动中的向善行为,促使工程管理者提高伦理意识,提升伦理能力,增强伦理自律，涵养伦理智慧。目前，医药、人工智能、传染病暴发应急管理等领域已推行相应的伦理规范或指南。而在工程建设领域，现阶段还没有以工程管理者为主体、符合中国国情下工程建设实际情况的工程管理伦理规范。

目前我国工程管理伦理水平的提升远远滞后于工程建设的迅速发展，而提升我国建设领域的工程管理伦理水平非一日之功。针对目前工程管理者对伦理问题缺乏认识、缺少重视的工程现状，应从建立工程管理伦理规范开始，规约管理行为，引导伦理思考；从而营造工程向善氛围，矫正不良风气；最后促使工程管理者通过学习与实践，将外在规范内化为道德自律，激励自觉的伦理践履，提升整体工程领域的工程管理伦理水平。

通过前期基于中国实践的工程管理伦理研究，目前已形成了《工程管理伦理指南（建议稿）》，可作为工程建设领域的工程管理伦理规范，包括绪论、基本原则与指南三个部分。

4.1 绪论

工程是人类为改善自身的生存、生活条件进行的各类造物活动。工程不仅改变自然环境，也影响社会发展和人类未来。工程管理指对工程所进行的决策、计划、组织、指挥、协调与控制活动和过程，同工程活动一样具有目的性、目标性和价值性[1]。工程管理者在解决工程活动的多元价值冲突中发挥核心作用。中国的工程管理者不但拥有西方语境下工程师的部分职责，还拥有比其更大、更广泛的权力和影响力。而以工程师为主体，以工程师职业伦理为核心的工程伦理理论无法满足工程管理者伦理水平提升和工程管理实践的发展要求，亟需推进工程管理伦理建设。

工程管理伦理[2]是以工程管理者为核心主体，针对工程管理行为和工程管理实践活动，处理工程管理全生命周期中工程管理者与利益相关者、与工程、与环境之间的相互关系时应遵循的道德准则。基于中国国情构建工程管理伦理的理论

---

[1] 何继善，王孟钧，王青娥.工程管理理论解析与体系构建[J].科技进步与对策，2009，26（21）：1-4.

[2] 注释：工程管理伦理问题与工程伦理问题相比有所重合，但西方语境下的工程师的大部分职权在中国工程实践中为工程管理者所拥有，因此工程管理伦理从工程管理者的主体视角探索这些问题的解决思路与实践智慧；工程管理伦理还探讨工程伦理并未涉及或无法解决的问题，例如工程管理者的个人德性与职业责任，工程管理决策中的目标权衡等。

框架，系统反思中国工程实践中管理者的伦理困境与管理创新，制定体现中国精神和中国价值的工程管理伦理规范，规约、指导和激励新时代中国工程管理者在实践活动中的向善行为，提升工程建设行业整体的道德水准，塑造各工程领域具有中国特色的工程管理价值观，贡献解决工程管理伦理问题的伦理智慧和中国方案。

中国《工程管理伦理指南（建议稿）》是在中国工程院"基于中国实践的工程管理伦理学研究"成果基础上形成的，同时参考了世界卫生组织（WHO）于2016年制定的《传染病暴发伦理问题管理指南》(*Guidance for managing ethical issues in infectious disease outbreaks*)，台湾地区"行政院公共工程委员会"于2020年编印的《工程伦理手册（第二版）》，以及世界工程组织联合会（WFEO）、美国国家专业工程师学会（NSPE）、中国工程师学会等组织与机构发布的工程伦理规范。作为工程管理伦理建设的中国方案之一，指南提炼工程管理全生命周期各个阶段突出的工程管理伦理问题；基于中国工程管理实践的现实需求和中国精神文化的价值旨归，制定工程管理者解决工程管理伦理问题的伦理原则与规范。本指南不试图直接指导或判断具体工程的是非对错，也无法完全涵盖所有伦理问题。面对具体工程管理伦理问题，还需要工程管理者灵活应用伦理原则，具体情况具体分析；当所列的基本原则产生冲突时，需要工程管理者运用伦理智慧，以创造性的手段协调不同利益与价值冲突，达成趋善的结果。具体工程领域的管理者可依照其本行业的特点，建立行业性或企业性工程管理伦理规范，实现工程向善趋美的发展诉求。

4.2 基本原则

本指南根据伦理学基本理论与中国工程管理的发展目标，提出工程管理者在工程管理实践中应遵循的工程管理伦理五项原则，作为具体指南的基础。

（1）工程管理者应当将人的安全、健康与福祉置于首位

1）保障最终用户的安全、健康与福祉；

2）促进从业人员的安全、健康与福祉；

3）促进社会公众的安全、健康与福祉。

（2）工程管理者应当以公正的原则对待各利益相关者

1）维护各利益相关者的正当合法利益；

2）维护工程管理决策过程的程序公正；

3）抵制各种形式的腐败行为。

（3）工程管理者应当尊重科学规律，秉持职业良心，维护职业荣誉

1）尊重科学规律，不断追求创新；

2）秉持职业良心，履行职业责任；

3）维护职业荣誉，涵养伦理智慧。

（4）工程管理者应当以和谐共赢的原则追求工程目标

1）平衡工程多目标及其相互关系；

2）平衡工程的风险与收益；

3）运用伦理智慧化解冲突。

（5）工程管理者应当保护人文历史与自然环境，促进可持续发展

1）避免破坏，积极改善自然环境；

2）保护并营造良好的人文历史环境；

3）促进节能减排，助力碳中和目标。

4.3 指南

在上述五项基本伦理原则的基础上，通过理论分析和案例调研，归纳处理不同工程领域的工程管理活动中常见伦理问题的通用规则，并整合形成本指南。

指南为工程管理者在解决具体工程管理问题时提供伦理原则指导。在工程管理实践中，需要工程管理者根据具体情境，运用伦理智慧进行权衡，最终做出符合伦理原则的判断。

4.3.1 将人的安全、健康与福祉置于首位

将人的安全、健康与福祉置于首要位置是人道主义原则的体现，要求工程管理者在工程管理过程中始终重视对人的生命安全、生理和心理健康的保护，并积极促进人的福祉；当与其他利益发生冲突时，不能牺牲人的安全、健康与福祉。

（1）保障最终用户的安全、健康与福祉

工程服务于最终用户，工程管理者有义务通过对工程质量和风险的把控保证最终用户的安全与健康，通过实现工程目标增进最终用户的福祉。

在实践中，工程管理者应该：

1）严格管控工程建设的全过程，确保所有流程符合适用法规和现行标准，保证工程标的物的质量与安全。

2）考虑工程使用年限内对用户的长期影响。

3）将相关风险与标的物使用的注意事项准确告知最终用户。

（2）促进从业人员的安全、健康与福祉

工程共同体成员尤其是一线从业者面临诸多风险，包括工程事故对生命安全带来的威胁，作业环境带来的病痛或不良心理状态等。工程管理者应该尽其所能地保证工程从业人员的安全与健康，增进其权益与福利。

在实践中，工程管理者应该：

1）提出明确的安全理念、方针与目标。

2）满足法规与标准要求，保证安全投入，建立完备的工程安全监管体系和安全规章制度，并尽其所能提供安全保障。

3）主动关怀并及时了解从业人员的生理与心理健康状况及需求，营造良好的作业环境，提供身体检查和医疗保险等福利。

4）重视高风险行业、工程与岗位从业人员的安全、健康与福祉，对其进行相应的补偿。

（3）促进社会公众的安全、健康与福祉

社会公众作为工程活动中规模最大的利益相关者群体，受到的影响最大，包括工程事故对公众安全的影响；工程排污、粉尘等对公众健康的危害；以及工程噪声、灯光、占地对公众生活舒适度的影响等。工程管理者应该尽其所能避免工程对社会公众带来的负面效应，促进社会公众的安全、健康与福祉。

在实践中，工程管理者应该：

1）主动评估工程活动是否会对社会公众安全、健康与福祉产生负面影响，并积极采取措施进行规避。

2）坦诚客观地向公众说明工程所带来的环境与社会影响，并为公众理解相关工程提供必要的帮助。

3）如果有正当理由认为工程活动或产品等对公共健康和安全构成威胁，应与投资者进行沟通，并提请有关当局重视此事。

4）关注受到工程负面影响的社会公众群体，并对其进行相应的补偿。

4.3.2 以公正的原则对待各利益相关者并开展管理活动

本指南中，公正原则包含两方面的内涵。第一层内涵是在处理人际关系和利益分配方面"一视同仁"和"得所应得"，前者要求避免歧视，后者要求公平分配权利与义务，资源与机会[①]。第二层内涵是程序公正，强调工程管理尤其是工程管理决策的过程性公正。程序公正的元素包括合法性，包容性，公开性，问责和监督等。

（1）维护各利益相关者的正当合法利益

工程管理者应该公正对待各利益相关者，使得相同情况的利益相关者得到同等待遇，不同情况的利益相关者得到其应得的正当合法利益。

在实践中，工程管理者应该：

1）对不同性别、国籍、种族、宗教、年龄等的从业者与相关方平等对待，尊重其民俗习惯与个人喜好，避免歧视。

2）与同行之间公平竞争，不以不当手段促进工程业绩，谋取不当利益。

3）客观公正地进行管理者团队中各部门间的资源分配，保证资源裕度、工程目标的主次和工程量的大小相匹配。

4）平衡各利益相关者的权利与义务，维护各利益相关者的正当利益，督促承担相应责任。

5）关怀工程实践中的弱势群体，包括高风险行业的从业者以及受到工程负面影响的公众，并进行相应的补偿。

（2）维护工程管理决策过程的程序公正

工程活动全生命周期各个阶段涉及各类的管理决策，主要内容包括诸如目标决策（做什么）与路径决策（怎样做）。工程前期决策在工程活动中具有头等重要的地位和作用，对整个工程活动有着全局性的影响[②]；而贯穿工程管理的全过程中的决策，对工程全生命周期不同阶段有不同影响。工程管理决策是伦理冲突的焦点，工程管理者应该保证决策过程的程序公正。

在实践中，工程管理者应该：

1）在工程管理决策过程中遵守相关的法律法规、行业规范、组织章程、技术标准、合同条款等。

2）保证各利益相关方的知情权和决策参与权，鼓励各利益相关方充分表达利益诉求。

3）保证工程全生命周期各环节的决策依据和决策过程公开透明。

4）合理分配与明确各方管理责任，保证权责对等。

5）建立规范的决策监督机制，重大社会性工程应该主动接受社会监督。

---

① 朱贻庭.伦理学大辞典[Z].上海：上海辞书出版社，2002：45.
② 殷瑞钰，汪应洛，李伯聪，等.工程哲学[M].3版.北京：高等教育出版社，2018：120，221.

（3）抵制各种形式的腐败行为

在工程实践中，腐败是"以权谋私"的行为，其中的"私利"涉及金钱、商品、服务等物质利益，也涉及名誉提升、职位晋升等非物质利益。任何形式的腐败都会造成某一（几）方相关者的正当利益受损，从而破坏公正。工程管理者必须表现出对腐败的零容忍态度，在遏制腐败方面严于律己、严于律他。

在实践中，工程管理者应该：

1）在招标投标过程中，只将安全、技术、质量、成本、效率等业务指标作为合作方的选择标准，营造公平竞争环境，不得贪污受贿或任人唯亲。

2）客观公正地提供咨询与管理等专业服务，不得玩忽职守，尸位素餐。

3）不得挪用工程财产用于私人目的。

4）不得利用职权向合作方索取额外的好处。

5）应及时制止或向有关部门举报其他合作方的腐败行为。

4.3.3 尊重科学规律，秉持职业良心，维护职业荣誉

工程管理者自身的专业能力与伦理素养在相当程度上影响着工程管理决策以及工程管理伦理冲突的解决，从而影响工程目标的实现。在工程实践中，工程管理者应该尊重科学规律，不断提升专业素养；秉持职业良心，将外在伦理要求内化为道德自觉；维护职业荣誉，促进行业的持续良性发展。

（1）尊重科学规律，不断追求创新

工程管理者应该尊重科学、实事求是，拥有较高的专业素养，能够认识客观规律，正确分析问题，做出合理判断；同时，工程管理者的认知水平应该随着科学技术的发展不断提高，专业知识不断更新，追求创新、与时俱进。

在实践中，工程管理者应该：

1）对当前的科学与技术水平有客观全面的认知，工程的决策、规划和设计遵循科学规律和行业标准。

2）拥有必要的专业知识和过硬的业务能力，面对复杂的工程境况能够做出科学准确的判断，并持续学习专业技能，积累实践经验，提升工程管理水平。

3）以客观专业的态度开展决策、计划、组织、指挥、协调与控制等活动，严谨认真，实事求是。

4）对自身的专业能力有客观认知，不承接个人能力与授权以外的任务。

5）勇于并善于创新，推动管理理念的进步与工程技术的革新，以契合不断发展的社会价值观念。

（2）秉持职业良心，履行职业责任

工程管理者应该自觉守德，秉持职业良心，当个人利益与工程利益发生冲突时，工程管理者应该克服私心，秉持公心。工程管理者应该敬业爱岗，忠于职守，履行职业责任，当职业责任与维护公共安全、保护生态环境等伦理责任发生冲突时，工程管理者应该优先考虑后者。

在实践中，工程管理者应该：

1）诚实守信，遵照契约竭诚提供服务。

2）恪守职业道德，低层级管理者对高层级管理者保持忠诚。

3）未经其他相关方事先同意，不透露以专业身份获得的事实、数据或信息。

4）对投资者的不当指示或要求勇于拒绝与劝导，及时提出投资者在安全投入、环境保护等方面的疏忽之处。

5）不得利用职权谋取私利，不得直接或间接地接受贿赂，不与利益相关方有业务外的金钱往来。

6）不得在工程管理过程中弄虚作假或欺瞒。

7）积极接受舆论监督，善用阳光测试方法：假设事件公之于世，能否心安理得接受社会公论。

（3）维护职业荣誉，促进行业发展

工程管理者的良好表现有助于提高个人声望，提升职业形象。工程管理者应该维护职业荣誉，并致力于促进工程管理知识体系的完善和行业的整体发展。

在实践中，工程管理者应该：

1）具有职业荣誉感，以积极有效的工作成果提升公众的认同与信赖，树立职业形象，维护职业尊严，赢得职业荣誉。

2）与同行积极交流，与团队合作互助，促进专业知识与实践经验在行业内的传播与进步。

3）面对滞后的、不合理的法律法规、行业规范、管理模式、技术标准等，敏锐提出质疑并推动其修正与完善。

4）不断学习伦理规范，吸取工程管理实践中的经验，提升道德修养。

5）致力于专业领域的永续发展，以创新进取的态度更新知识体系，为行业未来发展建言献策。

4.3.4 以和谐共赢的原则追求工程目标

面对实现工程目标过程中的矛盾与冲突，工程管理者应该以和谐共赢的原则寻求解决方法。一方面，工程管理者应该平衡工程多目标间的关系，平衡利益、成本与各种风险，从而促进不同实践主体之间、实践主体与工程、实践主体与环境之间的和谐；另一方面，工程管理者应该在实践中选择恰当的协商方式，妥善解决各相关方之间的冲突，在不同利益关系中寻求平衡，以达成共赢。

(1) 平衡工程多目标之间的关系

工程目标通常不是单一的，而是存在目标群，不同目标的实现可能会相互冲突。工程管理者应该平衡不同目标之间的关系，当不同目标的实现不存在冲突时，应以无害地增加每一目标的效益为善；当不同目标存在冲突而无法同时充分实现时，应权衡取舍，以保证工程总体最大效益的实现。

在实践中，工程管理者应该：

1) 将HSE即健康（Health）、安全（Safety）和环境（Environment）作为工程开展的前提，在保证人的安全、健康以及环境不受不可逆损害的前提下，对质量、安全、进度等工程目标进行权衡。

2) 当工程目标不能全部充分实现时，一个工程目标的实现不宜以另一个工程目标的过度减损为代价。

3) 多目标权衡可遵循效用原则，比较不同目标的投入成本和预期效益增量，选择实现工程最大效益的投入组合。

(2) 平衡风险与收益

积极应对各类工程风险，工程管理者应该以尽可能低的成本、尽可能小的风险实现最大的获益。

在实践中，工程管理者应该：

1) 以预防性原则进行风险识别与评估，并做好防范与应对措施。

2) 权衡风险带来的损失与风险控制成本，依据具体工程情况将风险水平控制在可接受范围内。

3) 客观评估创新工程技术带来的效益与风险，在保证安全的基础上采用新技术来增进工程效益。

4) 对每项新工艺、新技术先进行试点，经过检验后再全面推广，从而将风险降到最低。

5) 在应急等特殊状态下，一线管理者应被赋予一定的处置权限，以有效应对各类紧急事项，避免风险叠加和损害扩大。

(3) 运用伦理智慧化解冲突

工程实践中存在各类冲突，包括利益相关者之间、管理者团队之间、管理者团队内部的利益冲突。工程管理者应该在实践中不断提升道德能力，涵养伦理智慧，尊重各利益相关方，运用伦理智慧提出创造性的解决方案，通过协商达成共赢。

在实践中，工程管理者应该：

1）与利益冲突的相关人员进行坦诚而充分的沟通对话，了解利益诉求，避免纠纷的扩大与蔓延。

2）通过培训教育和制度保障消除管理者团队成员在认识水平、管理理念与价值观念上的不足，以达成决策共识。

3）发挥核心管理者的领导力，增强工程管理者团队内部凝聚力，减少冲突。

4）在契约订立过程中考虑到冲突的可能性，保证契约的合理性与公正性，避免纠纷。

5）组织冲突各方充分协商，寻找共同目标，争取各方的妥协与让步，以达成共赢。

4.3.5 保护人文历史遗存与自然环境，促进可持续发展

自然环境是人类生存和发展的物质前提[①]。环境污染、资源短缺、能源匮乏等危害已严重影响人类的安全、健康与福祉。保护环境既是人与自然协调发展的需要，也体现当代人不能以损害后代人利益为代价进行发展的代际公平原则。人文历史遗存凝聚着当地的文化特色与底蕴，体现文化传统与传承。因此，保护人文历史遗存，有利于保护文化多样性，满足公众对丰富精神文化生活的追求。

（1）避免破坏、积极改善自然环境

工程管理者应该尊重自然规律，合理利用自然资源，保护生态多样性，避免破坏生态平衡；同时工程管理者应该在防治污染、节约能源、清洁生产、资源循环利用等方面承担积极责任。

在实践中，工程管理者应该：

1）遵守国家与地方政府的生态环境保护相关法律法规，不逾越为重点生态功能区、生态环境敏感区和脆弱区等划定的区域生态保护红线[②]。

2）优先考虑使用低能耗、低污染的工艺技术与生产设备。

3）杜绝对自然环境造成不可逆破坏的可能性。

---

① 马克思.马克思恩格斯全集（第27卷）[M].北京：人民出版社，1979：63.
② 注释：参见《中华人民共和国环境保护法》第三章第二十九条。

4）警惕工程对生态环境造成的长期潜在污染，如放射性垃圾的处理等。

5）对环境有影响的工程项目，应当依法、客观、公开、公正地进行环境影响评价和社会影响评估，并依据环评和社评结果采取相应措施，接受监督[①]。

(2) 保护工程相关的人文历史遗存

某地域的人文历史遗存包括文物古迹、革命遗址、文化景观等。工程管理者应该积极保护人文历史遗存，推进文化传承。

在实践中，工程管理者应该：

1）不占用历史文化保护区进行工程开发与建设。

2）慎重考虑古建筑的拆迁，包括古城墙、院落、胡同等。

3）考虑工程与周边景观、环境美学的相容性与协调性。

(3) 促进节能减排，助力碳中和目标实现

2020年中国政府提出"双碳"目标[②]，节能减排成为中国工程实践的重要原则，实现碳中和也成为中国工程管理的重要目标。

在实践中，工程管理者应该：

1）将碳中和目标融入工程管理全过程，始终关注并有目的地进行管控。

2）通过低碳或无碳技术的研发与应用，促进节能减排和碳中和目标的实现。

---

① 注释：参见《中华人民共和国环境影响评价法》第一章。

② 注释：2020年9月22日，中国政府在第七十五届联合国大会上提出"二氧化碳排放力争于2030年前达到峰值，努力争取2060年前实现碳中和"的目标。

案例篇

工程管理伦理研究的特点是"理论与实践相结合",体现在"实践需求指引理论方向"——立足中国工程管理实践的迫切需求,指导工程管理伦理理论研究方向;"理论方法奠定案例基础"——构建工程管理伦理问题的分析框架,为案例研究提供科学方法;"案例成果支撑理论提炼"——在广泛而深入的案例调研成果基础上总结凝练,进行更进一步的理论建构;"理论成果用于实践提升"——运用相关理论探索伦理问题的解决方案,切实提升实践中的工程管理伦理水平。

本书采用将"理论篇"与"案例篇"分开阐述的结构。虽然"理论篇"中也渗透着带有具体案例分析性质的内容,"案例篇"中也囊括有具备理论高度和理论深度的分析,但二者的侧重点有许多不同之处,不能相互替代;而二者的互相配合和互相补充可以达到更好的效果。"理论篇"的第1章提出了工程管理伦理问题分析方法;"理论篇"的第2章和第3章则是在案例研究的基础上进行理论提炼,其中对某个工程案例的简短阐述都可以在"案例篇"找到更细节的分析;"理论篇"的第4章则是基于实践中的伦理问题和理论提炼成果提出的工程管理伦理指南建议。"理论篇"和"案例篇"的互相对照将有助于对工程管理伦理的理解。

本篇包括6章,每一章都对一个示范性工程案例中的关键性工程管理伦理问题进行详细分析。案例涵盖油气工程、土木工程、载人航天工程、水利工程、核工程五个领域,分别是长庆油田页岩油开发建设工程、港珠澳大桥岛隧工程、载人空间站工程、南水北调中线一期工程、秦山核电站建设与运行工程、北京大兴国际机场航站楼核心区工程。案例分析思路体现了以下几个特点。

①深入挖掘工程管理决策过程中遇到的伦理冲突;
②与工程管理者直接深入交流,探寻管理者的所思所想所为;
③选择工程案例中最具代表性的工程管理伦理问题进行分析;
④关注伦理问题在时间维度上的动态性和发展性;
⑤提炼管理者解决伦理问题的成功经验与伦理智慧。

本书的作者群体是一个联合了工程界和伦理学界作者的学术共同体,在案例撰写中得到了工程业界专家和项目负责人员的积极参与和大力支持。为了保证研究深度和广度的一致性，便于横向对比分析；也为了增进各案例中的工程实践主体对工程管理伦理的了解，保证案例研究的质量，不同工程领域的案例分析与撰写从方法论上采用同样的体例。因此，基于"理论篇"所述的工程管理伦理分析框架，构建中国工程管理伦理案例分析撰写大纲，如下表所示。

中国工程管理伦理案例分析大纲

撰写结构	主要工作	内容
工程简介	工程概况：简要介绍工程的基本情况	1. 工程背景及目的 2. 工程建造过程 3. 工程进度、成果与意义
	组织结构：简要介绍工程的组织架构	1. 工程建设中各合作方 2. 管理者组织架构
工程特点	该工程相较于该领域其他工程的特殊之处	可从自然条件、工艺技术、组织管理、法规政策、工程意义、困难与挑战等方面进行考虑
构建行动者网络	识别该工程中的利益相关者，构建外部与内部行动者网络	表示管理者与利益相关者间交互关系的外部行动者网络
		表示管理者共同体内各方各级管理者间交互关系的内部行动者网络
伦理问题识别	以工程管理全生命周期各个阶段为线索进行梳理，识别突出的工程管理伦理问题	1. 管理者对利益相关者、对工程、对环境有怎样的认知和态度？ 2. 本工程项目中，人与环境、人与工程、不同利益相关者之间是否存在价值排序与利益冲突问题？ 3. 本工程项目中最突出的伦理问题是什么？选择1~3个本工程项目面临的突出伦理问题进行分析
伦理问题分析	伦理问题表述	1. 关键性伦理问题的表现形式是什么？ 2. 行为主体是谁？负有什么责任？ 3. 利益相关者及其利益关切是什么？ 4. 宏观层面的道德价值与规范是什么？
	可选择的行动方案	1. 只考虑非黑即白的两种极端行动方案 2. 讨论各行动方案及其后果
	伦理分析	1. 剖析管理者的所思所想（对利益相关者、工程、环境）？ 2. 最终所采取的行动方案是什么？ 3. 管理者的职业责任与履行情况？ 4. 伦理决策依据了怎样的宏观价值？ 5. 伦理决策依据了怎样的管理理念？ 6. 行动方案的施行有哪些不确定因素？ 7. 管理者是如何处理这些不确定因素？ 8. 伦理决策经历了怎样的商谈程序？
	行动方案评价	考虑短期与长期、正面与负面影响
伦理反思	全生命周期视角下的分析	聚焦管理者在工程全生命周期不同阶段面临的问题及其所思所想所为的变化

续表

撰写结构	主要工作	内容
伦理反思	管理者伦理决策评价	1. 在不同利益的权衡方面 2. 在不同价值的排序方面 3. 在对不同主体的道德义务的平衡方面
	影响管理者表现的因素	1. 客观因素（例如宏观价值、政策法规、工艺技术等） 2. 主观因素（例如道德能力、管理理念、个体特征等）
	管理者共同体内部伦理决策反思	1. 管理者共同体内部伦理决策存在哪些矛盾？ 2. 矛盾产生的原因是什么？如何解决的？
	发展眼光下的工程管理伦理分析	1. 工艺技术的改进 2. 新法规政策的发布 3. 主导宏观价值观念的改变 4. 管理者管理理念的革新 5. 管理者道德修养与伦理水平的提升
	管理者的道德能力与伦理智慧	1. 管理者所体现的道德能力 2. 管理者所体现的伦理智慧
	根据具体工程项目情况的其他反思	
感悟与思考	针对具体工程案例的开放性感悟或思考	1. 案例分析流程的改进意见 2. 案例研究中的感悟 3. 理论层面的深度思考

第5章　长庆油田页岩油开发建设工程管理伦理

5.1 长庆油田页岩油开发建设工程概况

页岩油资源是我国未来重要的战略性接替资源，鄂尔多斯盆地延长组7段（长7段）页岩油资源量大、储量丰富，截至2020年底，盆地已提交页岩油三级储量累计15亿t，其中含庆城油田11亿t。2011年之前，长庆层一直作为烃源岩研究，在其相邻上部、下部地层分别发现西峰、安塞、靖安等大油田。2011年以来，长庆油田页岩油先后经历了评价探索、开发试验、示范建设三个阶段。一是评价探索阶段2011年始开展了3个井组体积压裂提产试验，单井产量获得突破。二是2014年开发试验阶段开展短水平井注水开发（138口），减水比例高、递减大；长水平井大井距开发（105口），采油速度低、无法规模效益开发，探索了开发方式及技术政策。三是2017年起探索合理开发方式及技术政策，开展长水平井小井距大井丛开发（400余口），单井产量18.1t，规模开发已取得实质性突破。2020年在陇东如期建成国内首个年产原油百万吨页岩油开发示范区。

长庆油田依托科技部"十三五"重大专项，2017年在陇东油区（甘肃庆阳）西233、庄183区块开展鄂尔多斯盆地长7页岩油规模效益开发攻关，围绕"建设国家级页岩油开发示范基地、探索黄土塬地貌工厂化作业新模式、形成智能化劳动组织管理新架构"三大目标，组建了油田公司级专业化页岩油（产能建设）项目组，也标志着长庆油田页岩油开发建设项目拉开帷幕。到目前为止，项目组已经攻克了许多技术难关，产能建设不断突破，正在一步步朝着目标前进。

长庆油田页岩油开发示范工程建设，是国家重大科技专项，项目实施计划进度、任务目标要求高；也是长庆油田企业主导的联合攻关项目，参与建设方或合作方较多、较广，有国内高校、研究院所、国际公司、地方企业等，从而各合作方的需求存在较大差异。"顶层设计、系统谋划、整体推进"，在项目推进初期，按照国家级项目建设的标准，提出甲方的主导性目标要求，"建设百万吨页岩油国家示范区、探索黄土塬地貌工厂化作业新模式、形成智能化劳动组织管理新架构"。

5.2 长庆油田页岩油开发面临的挑战

与一般油田的开发建设不同，长庆油田页岩油开发建设项目有三点特殊性。

(1) 非常规资源

页岩油属于非常规石油资源的范畴，在开发技术与管理理念上都有特殊要求。页岩油是富集在页岩层中的石油，全称为成熟有机质页岩石油，它有一般非常规石油的特点，即：①大面积连续分布，且常常在低部位富集，例如沉积盆地的斜坡等，圈闭不明显；②烃源层与储藏层为致密的纳米级孔隙，物性较差；③达西渗流不明显，无一次和二次运移[1][2]。

中国的页油岩开发从1928年已经开始[1]，但在过去的尝试中，页岩油的提炼成本高，且对环境破坏大。诸多特点都导致运用传统技术无法动用，更无法做到经济开采，必须想办法改善储层的渗透性或页岩油液体的流动性[2]，这便要求勘探开发技术的进步和管理理念的革新，也是长庆油田页岩油开发项目面临的主要挑战。

(2) 自然地貌

鄂尔多斯盆地的自然地貌是黄土塬。塬指顶面平坦宽阔、周边是沟谷切割的黄土堆积高地，黄土塬地貌的特点就是沟壑纵横，梁峁交错，不利于井场平台的打造；且鄂尔多斯盆地陇东地区干旱缺水，土层渗透率低，对需要大量水的石油开发建设来说较为不利；生态也相对比较脆弱，更需要关注石油开发建设对自然生态环境的影响。

(3) 法规政策

国家和当地政府出台的法规政策中，对当地划定的林缘区、水源区、环保区等做了严格规定，作为红线不得征借，这为页岩油开发建设项目井场用地带来了不便。

---

[1] 贾承造，郑民，张永峰.中国非常规油气资源与勘探开发前景[J].石油勘探与开发，2012，39(2): 129-136.

[2] 邹才能，杨智，朱如凯，等.中国非常规油气勘探开发与理论技术进展[J].地质学报，2015，89(6): 979-1007.

5.3 行动者网络的构建与分析 [①]

5.3.1 工程管理者与其他行动者间的交互

根据图 5-1 的外部行动者网络，梳理管理者与利益相关者之间的利益分歧或利益冲突。其中圆圈代表行动者与各利益相关者群体，圆圈之间的箭头表示相互间的影响与约束。

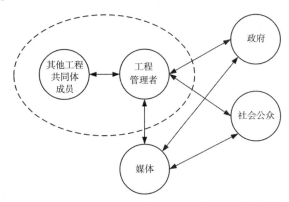

图 5-1 长庆油田页岩油开发建设工程外部行动者网络

（1）管理者与其他工程共同体成员

从职责角度看，管理者依据合同规定的职责范围对其他工程共同体成员进行组织管理与监督；其他工程共同体成员依据合同规定服从管理者的管理，接受管理者的监督，必要时也对管理者进行反馈。

从利益角度看，一方面，管理者与其他工程共同体成员具有共同利益，即工程目标的顺利完成，工程效益的实现；另一方面，管理者与其他工程共同体成员也存在利益分歧，以新工艺技术的应用为例，工程师更注重考虑技术的可行性与风险性，工人的主要需求为该技术下作业的安全性，而管理者需要综合考虑其效益性、风险性与安全性。

（2）管理者与社会公众

从职责角度看，管理者应该承担相应的社会责任，不损害社会公众的利益；

---

① 注释：本案例所构建的行动者网络根基于行动者网络理论（Actor Network Theory，ANT），该理论要求平等看待人类与非人类行动者。考虑到理论层面的复杂性与实践层面聚焦人类主体的需求，本书多数案例的行动者网络构建仍以人类行动者为主体，立足于中国工程管理实践，分析人与人、人与自然、人与工程之间的互动关系。后续将在此基础上纳入对非人类行动者作为主体的网络分析，以作为下一阶段研究推进的目标。

社会公众可以对管理者进行社会监督。

从利益角度看,管理者与社会公众存在两方面的利益冲突。

一是资源方面,井场用地需要占据一部分土地资源,压裂出油需要大量的水资源,工程用车通行需要占用道路资源。以土地资源为例,在土地资源有限的情况下,存在农业用地与工业用地之间的资源分配问题,井场用地每多占一方土地,相应地就会有耕地或者其他用途的土地有所减少。

二是社会公众的基本权益方面,例如工程所带来的噪声与安全方面的问题可能会损害社会公众的基本权益,工程所造成的对自然环境的负面影响一定程度上也是对社会公众利益的损害。

(3)管理者与(属地)政府

从职责角度看,管理者应该遵从(属地)政府出台的相关法规政策;(属地)政府可以对管理者所负责的工程进行监管。

从利益角度看,管理者与属地政府具有共同利益,但也存在利益分歧。共同利益在于页岩油资源的尽快、大量开发,利益分歧在于属地政府除了油气开发,还有土地规划、自然环境保护、社会稳定等方面的管理需求,这些管理需求以法规政策等形式转化为对工程的限制,影响了工程效益的实现。

另外,在此工程案例中,管理者与媒体的交互关系并不密切,也没有突出的利益冲突,因此不作讨论。

5.3.2 管理者共同体内部各方各级管理者间的交互

根据图5-2所示的内部行动者网络,梳理管理者共同体内部各级各方管理者之间的利益分歧或利益冲突,本工程案例中主体管理者为甲方管理者,因此将其视作管理团队中的中间层级管理者进行讨论。

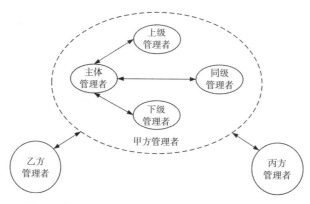

图5-2 长庆油田页岩油开发建设工程内部行动者网络

本工程案例中，管理者共同体内部在决策过程中会产生一些矛盾，但各级各方管理者之间的利益冲突不显著，不是主要矛盾。

5.4 土地征借伦理问题

5.4.1 井场用地征借问题产生的背景

（1）伦理问题表述

页岩油开采需要建造井场，因此对土地有着较大需求。在国家和地区政策下，划定的林缘区、水源区、环保区不能使用；且当地的黄土塬地貌下，政策规定的可征借用地中，适合开发为井场的土地往往会与其他用途的土地（例如耕地等）相重合，导致在井场用地怎么征借、征借多少的决策上存在伦理问题。

（2）行动主体及其责任

在这个问题中，管理者作为行动主体，有完成工程目标同时遵守法规政策的职业责任。

（3）利益相关者及其利益

此问题中的主要利益相关者包括除管理者外的其他工程共同体成员以及当地的社会公众，前者的利益为完成工程目标，后者的利益为保有更多耕地和其他用途的土地、享有美好生态环境。

（4）宏观层面的道德价值与规范

宏观层面的道德价值与规范既包括重视石油开采，为祖国石油资源战略保驾护航；也包括重视环境保护，"绿水青山就是金山银山"，人与自然和谐发展的价值观。

5.4.2 工程用地与环境保护之间的伦理冲突

由于只讨论非黑即白的行动方案，则可采取的行动方案有两种。

一是按照工程需求征借可征借的一切用地，动用一切能动用的土地资源来满足页岩油开采需要。其带来的后果是可以达成工程效益要求，确保工程目标的实现，但会占用当地公众的部分土地，阻碍了其使用这部分土地进行耕作或其他形势的发展，也有可能对当地脆弱的生态环境带来负面影响。

二是减少征借用地，以保全耕地和维护生态为首要。其后果是最大限度地保证了土地的有效应用，保护了当地的生态环境，但损害了本工程的效益，导致工程目标无法实现。

5.4.3 工程需求与生态效益兼顾的行动方案

（1）管理者的所思所想

①管理者对利益相关者的态度。在此工程管理伦理问题中，主要利益相关者为其他工程共同体成员、社会公众和政府，对管理者来说，政府出台的相关法律法规是红线，必须要遵守，相关政策应该积极响应；在这些法规政策的约束与倡导下，管理者与其他工程共同体成员有完成工程目标、保证工程效益的共同利益，也具有不损害社会公众利益的社会责任，因此不可能舍弃其中一方的利益，在考虑问题时也无法将一方的利益凌驾于另一方之上。管理者希望不只满足于达到合法合规的要求，而在遵守政策法规的基础上，尽可能同时保全其他工程共同体成员和社会公众两方面的利益，从而达到"双赢"。

②管理者对工程技术的态度。管理者对工程当前所用的工艺技术有较为全面的客观认知：一方面，当前每单位平台所打井数较少，每口井的出油量也不足，还有很大的进步空间；另一方面，美国已经有页岩油规模化发展的工艺技术经验，且这种发展模式是可复制性的，其工艺技术也可以借鉴。基于客观认识，管理者认为该工程的工艺技术具有可进步性，且如果能实现，会提高工程效益，减少资源占用，但也存在前期成本较高、所耗费时间可能较长、预期效益的实现效果不确定等风险。管理者的主观态度是：应该进行工艺技术的革新，不应因害怕风险而放弃创新，但也应该采取一切措施让技术创新的风险最小化。

③管理者对自然环境的态度。管理者对此工程对自然环境的影响有较为准确的客观认知，此工程对自然环境造成的污染相对较少，对自然的影响主要体现在对自然资源（包括土地资源和水资源等）的占用，可能会对脆弱的生态环境造成破坏。管理者对自然环境的主观态度是：工程的建设不能对自然环境造成不可逆的损害，应该通过对自然资源的合理利用把对自然的影响降到最低；此外，还应该积极通过技术改进、加强环保措施等来主动保护环境。

（2）采取的行动方案

本问题最终采取的行动方案不是非黑即白的，而是一方面尽可能减少征借地（包括采取重新动用废弃井场以减少新井场的搭建），另一方面同时改进工艺技术，使得在尽可能占用更少征借地的条件下满足工程需求。

（3）管理者的职业责任与职业良心

一方面，管理者有合法合规完成工程目标，保证工程效益的职业责任；另一方面，管理者也有最大限度保护环境、维护社会公众利益的职业良心。非黑即白的行动方案也是对二者的取舍选择。

（4）所依据的宏观价值

尽管宏观层面的价值观念既重视工程效益，也强调环境保护，但此行动方案选择依据的主导价值观还是"绿水青山就是金山银山"，人与自然和谐发展。

（5）所依据的管理理念

在伦理决策的过程中，管理者所依据的管理理念总体可概括为"保证效益、绿色和谐、发展创新"。

技术层面，提出三个"最大化"来保证工程效益。

①在已建井场平台上，尽可能把井数打得最多。

②对于已建的水平井，使其水平段最长，控制储量达到最大。

③已知控制储量的情况下，使单井出油量最大，实现动用储量最大。

三个"最大化"原则保证了所建设的每个井场平台都能最大限度地进行开采，从而使得达到工程目标所需的井场平台数目减少，从而减少土地征借。

人的层面，提出要达成两个"共赢"。

①人与自然和谐发展，实现工程效益与环境保护两方面利益共赢。

②尽可能保证各利益相关者群体利益最大化，实现全生命周期层面各利益相关者的和谐共赢。

（6）不确定因素及应对方案

此行动方案做出后，要施行落地还存在一些不确定性因素，即管理者希望通过工艺技术改进来在尽可能少的井场占用地条件下满足工程需求，但是否具有这种工艺技术改进的可行性？是否能满足工期要求？是否会造成成本超支？改进后的工艺技术又能否保证满足工程效益要求？这些都是此方案的潜在风险。

面对行动方案施行中的不确定因素，管理者的考虑以及所采取的措施主要有两点。

一是采取多种手段尽可能保证工艺技术改进的可行性。一方面借鉴国外经验（如北美的非常规资源开发经验），同时总结长庆油田页岩油开发项目前期积累的相关经验，在此基础上进行创新，引入互联网+等智能化数字化技术，推动工艺技术的改革，保证其减少井场用地同时确保采油效果的可行性。

二是每项新工艺技术都先进行前期点状试验，通过试点运行效果验证其可行性，实现效益保证后再全面推广与工厂化运作，从而将损失的概率降到最低。目前看来，该项目中每项新工艺技术的推广都可以取得规模效益，许多情况下更是较之前实现了效率提升。例如长庆自主研发的金属可溶球座（一种新型水平井压裂时的段间封堵工具），经历了室内试验和现场验证之后，于2019年在陇东页岩油开发示范区全面推广，代替了之前所用的进口产品，其技术性能指标满足要求，且单价降低将近70%，有效促进了投资降控。再例如项目中的体积压裂支撑剂用石英砂代替陶粒来进行推广应用，单井产量较前期提高了约1倍，同时单井井筒的投资也大幅下降。

（7）伦理决策的商谈程序

由于工程管理伦理决策往往不是个人决定，而需要各级各方管理者共同参与，需要经历一定的商谈程序以达成道德共识。在本工程管理伦理问题的解决中，管理者提出摒弃"领导"与"专家"的概念，组织多方工程参建人员参与讨论，创造更开放的交流环境，鼓励创新，既包括管理理念的创新，也包括工艺技术的创新。

5.4.4 行动方案的短期与长期影响

从短期来看，该方案有正面影响，即通过保证土地的有效利用，尽可能维护当地社会公众的利益，保护当地的生态环境；但也有负面影响，即短期内工艺技术革新带来的成本较高，工程效益难以保证，存在较大风险。

而从长期效果来看，该方案的正面影响更加显著，不仅保证了当地土地资源的有效利用，有利于人与自然和谐发展；同时长期内革新的工艺技术发展成熟，再加上智能化数字化的应用、工厂化的规模生产减少了人力资源的消耗，带来规模效益，降低成本，使得工程效益较改革之前反而大大提高。

5.5 基于土地征借问题的多维度伦理反思

5.5.1 全生命周期视角下工程管理伦理问题的解决

在工程管理伦理问题解决的过程中，管理者在不同工程阶段的管理目标不同，所面临的主要伦理问题也不同，但管理者在各工程阶段的所思所想所为不是孤立的，其对利益相关者的态度、对工程技术的态度、对自然环境的态度在全生命周期各阶段是一脉相承的；且最终目标是一致的，即达成各利益相关方的共赢。从全生命周期视角来看，在前期决策、规划设计、建造实施、运营维护等阶段，管理者应对不同的工程管理伦理问题，所依据的伦理指导原则、管理理念、管理行为都有所变化。在本工程项目中，矛盾较为突出的阶段包括谈判、变更、实施、验收等阶段。工程管理者根据各阶段的管理目标，灵活选择伦理指导原则，转变管理理念，从而解决每个环节所面临的伦理冲突，最终达成各利益相关方共赢的局面，体现出管理者的管理智慧和伦理智慧。

表 5-1 为长庆油田页岩油开发建设工程中的工程管理者在不同工程阶段应对工程管理伦理问题的表现。

全生命周期视角下管理者的工程管理伦理表现　　　　表 5-1

工程环节	所思所想			所为
	管理目标	管理理念	伦理指导原则	管理行为
谈判	平衡好各合作方的需求，拟定和优化合同	"顶层设计、系统谋划、整体推进"	平衡利益冲突 遵守法律红线 预防潜在问题	遵照法规政策，甲方主导目标，结合合作方业务能力双向选择，科学优化合同，达成共识
变更	妥善处理工程实施过程中合作方在思想和行为上的变更，保证工程效益	"明确目标、正向激励、积极推动、节点督导"	正向激励 保证共同利益	面对合作方的畏难情绪和消极行为，加强内外部激励和引导，必要时重申合同约束条款
执行	确保合作项目的实施达到预期效果	将甲方的长远谋划布局落地	公正透明 监督引导	通过自主研发的支持系统对执行过程实时监督，加之常规质量、安全、环保等体系化管理
验收	履行合同约定，促进未来合作，实现良性循环	促进"甲方乙方相互成就"共识	实现甲方与合作方、与当地社会公众的双赢	对各合作方总结评比、量化打分，承诺继续合作并使工作量倾斜

5.5.2　管理者在伦理决策中的作用

反思长庆油田页岩油开发建设工程中伦理问题的解决，管理者在非黑即白的策略之外选择了一种创造性的行动方案，从而最大可能保证了当地社会公众的利益，保护了当地生态环境，同时也无损工程目标的实现，反而降低成本，提高效率，使工程效益有所增加。可以从三个角度来理解这个问题。

（1）管理者实现了职业责任与职业良心之间的平衡统一

管理者具有合法合规完成工程目标、保证工程效益的职业责任，同时也有尽可能维护社会公众利益、保护生态环境的职业良心，所选择的行动方案在二者之间找到了一个平衡，实现了职业责任与职业良心的统一。

（2）管理者实现了工程效益与环境保护两方面利益的并重

通过创新工艺技术，得以在减少建设井场的征借地的同时满足工程需求，从而既保证了工程效益，又最大限度地避免了对当地脆弱生态环境的破坏，兼顾经济效益与生态效益。

（3）管理者实现了在短期利益与长期利益之间的合理选择

行动方案的实际效果表面，尽管工艺技术革新在短期内投入多，风险大，但从全生命周期视角来看，较之前大大降低了成本，提高了工程效益。管理者用短期的风险换来全生命周期角度的长远收益，是明智的选择。

5.5.3 影响管理者伦理决策的因素

管理者在面对此伦理问题时做出了较为符合道德的决策，影响其伦理选择的原因是多方面的，主要有以下四点。

（1）在价值观念上，践行"绿水青山就是金山银山"，人与自然和谐发展的宏观价值

若非如此，征借地问题对于管理者来说也不再构成一个伦理问题，如果不是希望践行人与自然和谐发展的价值观念，如果只注重工程效益而不顾生态环境状况，不执着于兼顾经济效益与生态效益，"征借多少井场用地"也就不再成为一个两难的伦理选择。因此，正是对"绿水青山就是金山银山"，人与自然和谐发展的宏观价值的坚守使得管理者面临着工程效益与环境价值之间的伦理冲突，也正是对此价值理念的践行推动管理者做出尽善尽美的伦理决策。

（2）管理者管理理念的革新，对工艺技术进步的追求

如果没有工艺技术进步作为支撑，管理者不可能在减少征借用地的同时保证工程目标的实现。而如果没有管理者管理理念的革新，没有"保证工程效益与保护自然环境并重"的价值观念和矢志创新的技术理念，也不会有对研发新工艺技术的追求，便可能只囿于两种非黑即白的行动方案，无法达成兼顾两种利益与价值的创造性中间策略。可见，工艺技术进步的客观条件是保证行动方案落地、伦理问题解决的重要因素，而管理者管理理念中对生态环境价值的重视、对技术创新的追求，也推动了该行动方案的形成与实施。在长庆油田页岩油开发建设工程管理伦理问题的解决过程中，多项工艺技术革新不仅有效解决了征借地，大大提高了生产效率，也在多方面推动了生态环境保护。一些工艺技术革新形式及其效果如下：

①创新立体式长水平井开发，合理优化水平段分布间距，最大限度提高平台井数和建设效果。

②完善三维优快钻完井，通过优化三维水平井钻井轨迹、简化纵向井身结构、强化钻完井施工参数，缩短水平井钻井周期。

③持续优化细分切割补能压裂，改造压裂液体系，逐步优化为滑溜水系列，实现压裂液低黏度、低摩阻、低伤害，年节约用水10多万立方米。

④集约化智能化地面系统配套建设，加强采油、地面、运行管理等各环节信息采集与智能管理技术应用，中心站直接管理平台单井，资源大幅节约68%以上。

⑤创建平台工厂化作业，实现"钻井、试油、投产"单工序提速提效、多工序安全同步作业，提高了生产组织效率，钻井效率指标提升10%以上，压裂效率指标提升58%以上。

（3）管理者拥有较高的道德水平，主动寻求伦理问题的最优解

工程管理伦理问题的解决，有赖于管理者具有较高的道德修养与伦理水平，并积极发挥主动性来寻求符合道德的决策。

①管理者主动响应国家与地区相关政策，为推动生态环境保护做出努力。除了合法合规、土地征借不踩红线以外，还从国家政策宣贯、环保方案编制、作业过程监管、应急措施保障、绿色植被恢复等诸多方面积极作为。这说明管理者不仅将法规政策当作外在约束，更将其作为工程管理的内在价值导向，在法律义务之外主动承担伦理责任。

②主动维护社会公众的切身权益，将当地公众的利益需求与企业发展的社会价值目标相结合。管理者认为，作为国有企业，实现工程效益和保障社会公众利益是相统一的，实现工程效益不应有损社会公众利益，保障社会公众利益也是实现工程效益的一部分。不论是工程建设还是环境保护，最终目的都是促进人的发展，二者不应冲突对立。因此，应该积极践行维护社会公众利益的管理措施，这也是中石油身为国企应有的社会责任担当。

（4）妥善的商谈程序，保证各级各方管理者共同决策的公正有效

在各级各方管理者的共同决策中，商谈程序对达成怎样的共识十分关键。根据哈贝马斯的商谈伦理学，自愿的、真诚的、平等的对话才能促进道德共识的形成，这个原则放在管理者共同体的伦理决策过程中也是适用的。而长庆油田页岩油开发建设项目的管理者们，采用无"专家""领导"概念组织决策，鼓励决策参与者充分创新，促进利益诉求的充分表达，保障商讨的公正透明，为最终形成合理的伦理决策提供了保障。

5.5.4 管理者共同体内部的伦理决策矛盾成因

长庆页岩油开发建设工程中，管理者共同体成员在决策过程中会产生矛盾冲突，主要原因可从三点进行探讨。

（1）对非常规工程技术的认识水平差异

例如在大井丛的合理水平井井数是多少口，水平井体积压裂合理入地液量是多少万立方米等问题上，管理团队成员之间经常存在分歧。因此应通过深入沟通、全面论证，消除认识水平上的不足与参差，保证决策的科学性与严谨性。

（2）管理者团队成员管理理念与价值观念不同

例如在工程效益与环境保护之间的权衡，长期效益与短期效益之间的取舍等涉及利益冲突与价值排序的问题上，各级各方管理者团队之间、管理者团队内部不同成员之间难免会有不同的声音。对此，应该从全生命周期的角度考虑问题，突出整体效率、整体效益，从大局出发和长远计议，最终做出决策。

（3）管理者共同体成员道德能力不同

管理者共同体成员在道德修养与伦理水平上存在差异，个人升迁的私心，承担风险的抗拒，推脱责任的倾向等因素都不利于公正合理的伦理决策的作出。因此，一方面应该通过宣传教育和正向激励提高管理者的道德水准，另一方面应该坚持少数服从多数、少数先锋带领多数的原则，从制度程序上保证决策的公平正义。

5.5.5 发展眼光下的工程管理伦理问题分析

从20世纪70～80年代至今，油气开发领域的宏观价值和政策法规发生了很大的变化，使得曾经较为普遍的大面积征借土地的现象如今成为一个伦理难题。而在解决此伦理问题的过程中，工艺技术的革新、管理者的管理理念和道德能力的变化发挥着关键的作用。在发展的眼光下讨论这些要素的动态性与发展性（表5-2），可以获得对油气开发领域工程管理伦理问题演变更为深入的认知。

发展眼光下的长庆油田页岩油开发建设工程管理伦理分析　　　　表5-2

	20世纪70～80年代	→	新世纪
工艺技术	井场上井口密度较低，控制储量较少	技术进步	井场上水平井数增多，单井控制储量增大，动用储量增大
政策法规	对征借地限制较为宽松	新政策法规发布	国家和地区严格划定的林缘区、水源区、环保区等作为红线，不能征借
宏观价值	"有条件要上，没有条件创造条件也要上"	主导价值观改变	"绿水青山就是金山银山"
管理理念	粗放式的管理理念，重点关注工程效益，没有更深层次地考虑企业发展和自然社会和谐的统一	管理者管理理念革新	技术层面：三个"最大化"保证效益；决策层面：摒弃"专家领导"概念，鼓励创新；环保层面：人与自然和谐发展

续表

	20世纪70～80年代	→	新世纪
道德能力	并未充分意识到肩负的安全环保的职责与义务	管理者道德修养与伦理水平提高	自发地在工程管理活动中做出改变，以满足安全环保的需求

将上述要素的动态性纳入对工程管理伦理问题解决的考量，可以得出如下结论。

①宏观价值观念的变迁会导致新的工程管理伦理问题出现。在宏观价值并未强调保护环境的时候，油气开发工程中粗放式的管理和施工方式是较为普遍的；但在"绿水青山就是金山银山"、人与自然和谐发展的新价值观念下，原来司空见惯的管理行为与技术手段面临着在工程效益和环境保护之间价值排序的审视，成为具有时代烙印的伦理问题。

②许多工程管理伦理问题的解决有赖于管理理念的转变或工艺技术水平的进步。这一点在本案例中体现得尤为明显，如果没有管理者转变管理理念，在注重工程效益的同时践行人与自然和谐发展的价值观念，便不会提出创造性的解决路径；如果没有工艺技术的革新作为支撑，也无法做到在减少征借用地的同时确保工程目标完成，从而兼顾工程效益与生态价值。

③管理者的道德能力会影响其管理理念。行动方案的决策与实施过程中呈现出诸多困难与风险。正是长庆油田页岩油开发建设工程的管理者克服私心，从"小我"升华为"大我"，以全局利益和广大人民利益为重，才会主动转变管理理念，主动承担职责与使命。

④管理者管理理念的革新推动对工艺技术进步的追求。工程效益与环境价值并重的管理理念促进钻井、压裂等工艺技术的创新。

⑤工艺技术的进步支撑管理理念革新的实现。钻井、压裂等工艺技术的进步使得同时注重效益与环保的管理理念得以落实。

⑥宏观价值观念的变迁推动新的法规政策的订立。在"绿水青山就是金山银山"，人与自然和谐发展的价值观念下，新的环保相关的法规政策不断推行与完善。

⑦政策法规会影响管理者的管理理念。国家和地方有关环保的政策规定在促进管理者管理理念转变过程中发挥着重要作用。

⑧宏观价值会影响管理者的管理理念。"绿水青山就是金山银山"，人与自然和谐发展的宏观价值观念深刻影响着管理者的管理理念，使其不只关注工程效益，也将环境保护作为工程管理工作的重点。

5.5.6 管理者的道德能力与伦理智慧表现

道德能力是人认识理解道德规范，在面临道德问题时能够鉴别是非善恶，做出正确道德评判和道德选择，并付诸行动的能力。道德能力既是思维能力又是实践能力，由道德认识能力、道德判断能力、道德选择能力、道德践履能力、道德直觉能力和道德创造能力等要素构成[1]。

伦理智慧是指主体在道德选择过程中所表现出来的对已经内化为主体自我意识（良心）的伦理道德原则和规范的一种综合性把握，是理性基础上的一种"直觉"反应[2]。"智慧"一词更多地标志着主体灵活运用知识的过程。

在解决伦理问题的过程中，不同的阶段需要管理者不同的道德能力，也需要管理者的伦理智慧才能创造性地提出新的行动方案。在本案例工程管理伦理问题解决的过程中，管理者在以下方面展现了出色的道德能力与伦理智慧。

①道德认识能力。充分认识和掌握道德规范，将"绿水青山就是金山银山"的宏观价值与基本道德规范相融合，并且应用到伦理决策的过程中来。

②道德判断能力。面对伦理问题，在对事实做出客观充分辨析的基础上，运用所掌握的道德知识对不同行动方案进行准确的价值判断，了解其善恶优劣。

③道德创造能力。充分认识到该工程管理伦理问题的本质是工艺技术限制条件下工程效益与环境利益无法同时实现的冲突，并创造性地利用工艺技术创新提出双赢的行动方案。

④道德践履能力。在将行动方案进行落实的过程中，克服了主观（管理者团队内部的分歧等）及客观（工艺技术革新的风险等）的种种困难，最终完美实现了该行动方案。

⑤管理者的伦理智慧。管理者在此伦理问题解决中的成功，不仅依靠其根据具体情况对道德规范与宏观价值的综合把握，也依靠其洞察问题的技术困难本质的道德直觉，以及从双赢的角度出发考虑问题、创造解决路径的方法，这体现出工程管理者的伦理智慧。

⑥管理者的价值理念。管理者在集体中树立"绿水青山与金山银山和谐统一，油气建设与自然环境友好共存"的理念，是成功解决伦理问题的关键。

---

[1] 蔡志良.论道德能力的构成要素[J].天津市教科院学报，2005（4）：11-13.

[2] 于树贵.伦理智慧与常识道德——兼与彭启福先生商榷[J].哲学动态，2002（2）：31-34.

第6章 港珠澳大桥岛隧工程管理伦理

6.1 港珠澳大桥岛隧工程

6.1.1 港珠澳大桥的战略意义与岛隧工程概况

香港、内地（特别是珠江西岸地区）及澳门由于经济发展需要，亟须连接珠江东西两岸新的陆路运输通道。该通道建成后将从根本上改变珠江西岸地区与香港之间的客货运输以水运为主和陆路绕行的状况，从而改善广东省珠江三角洲西部地区的投资环境，并为香港持续繁荣和稳定发展创造条件。此外，项目建设后将改变香港和澳门之间无陆路通道的局面，增强港澳之间的联系，有利于澳门的繁荣和发展。

超级跨海工程港珠澳大桥是我国"一国两制"框架下粤港澳首次共建的重大基础设施项目。它东连香港，西接珠海、澳门，总长约55km。大桥主体工程是集桥、岛、隧为一体的超大型跨海集群工程，全长约29.6km，投资约480亿元。大桥建设标准为120年设计使用寿命，可抵挡8级地震、16级台风，并采用双向六车道技术标准，设计速度为100km/h。工程于2009年12月15日正式开工，2017年7月7日主体工程全线贯通，2018年10月24日正式运行通车。

岛隧工程是由中国交通建设股份有限公司联合体承建的大桥工程的施工控制性工程，由沉管隧道与东、西两座人工岛组成。其中沉管隧道是目前世界上综合难度最大的沉管隧道之一，它起于伶仃洋粤港分界线，沿23DY锚地北侧向西，穿越珠江口铜鼓航道、伶仃西航道，止于西人工岛结合部非通航孔桥西端。沉管隧道长6.7km，标准管节重近8万t，长度和重量均为世界之最。项目除了超大型工程所普遍具有的规模大、工期紧、难度高、风险大等共性特点外，还具有社会关注度高、三地政府共建共管、采用设计施工总承包模式等特点，同时施工区域还受限于中华白海豚保护区、复杂的通航环境、工期及接口等限制条件。

6.1.2 管理组织结构与设计施工总承包联合体

港珠澳大桥岛隧工程作为大桥控制性工程,囿于工程技术标准高、施工组织难度大、施工条件复杂多变、环境保护要求严格等多项施工限制条件。为使工程建设顺利开展,岛隧工程整合中外顶级设计、施工和咨询团队,联合优势互补,保证组建的设计施工总承包联合体。

港珠澳三地委员会是工程建设的投资方,港珠澳大桥管理局代表投资方履行工程建设管理职能,统摄包括岛隧工程及跨海大桥的主体工程的多家施工方。

岛隧工程对项目组织精心设计,采用扁平化的两级管理方式,组织结构共分为三大部分(图6-1):①以联合指挥部为项目最高决策机构,负责对项目实施中的重大问题进行决策,并授权项目总经理具体负责项目组织实施。②以项目总经理统筹全面工作,组建项目管理部门。③最后一部分是项目执行机构,它具体包括设计分部与施工工区,其中第Ⅲ工区分为两个分区。各施工工区分别由中国交通建设股份有限公司下属的第一航务工程局有限公司、第二航务工程局有限公司、第三航务工程局有限公司、第四航务工程局有限公司、广州航道局有限公司

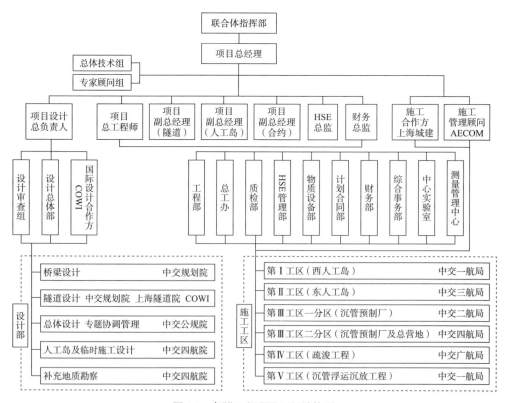

图6-1 岛隧工程项目组织结构图

等五大工程局组建项目部承担施工任务。

6.2 岛隧工程建设的特殊性

岛隧工程具有以下若干工程特殊性。

(1) 复杂地质结构

从中国西部的云贵高原蜿蜒而下的珠江,在伶仃洋海域呈喇叭状入海交汇。珠江口水域有着厚达30～50m的深厚软土地基,同时水中富含泥沙、黏土等杂质,如东人工岛工程地层,主要分布四大层。第一大层为淤泥及淤泥质黏土,底标高-33.6～-18.1m,流塑状,淤泥平均标贯击数小于1击,淤泥质黏土平均标贯击数小于2击。第二大层为粉质黏土层,可塑状,混较多粉细砂,夹粉细砂薄层,平均标贯击数5.6击,层厚度3.65m,层顶标高-23.55m,层底标高-26.71m。第三大层为黏土、粉质黏土,厚度0.9～39.3m,平均标贯击数8.8～13.0击。第四大层为砂层,上层为粉细砂,稍密状—中密状,平均标贯击数28.3击;下层为中粗砂,密状为主,平均标贯击数40击(图6-2)。地质结构复杂,对隧道基础整平、管节安装与人工岛建设等施工项目带来了极大挑战。

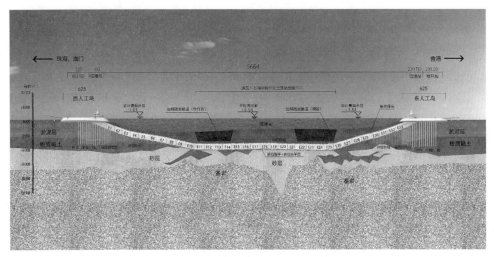

图6-2 隧道复合地基方案纵面布置图

(2) 恶劣作业环境

岛隧工程地处伶仃洋外海,施工海域气候条件恶劣,夏季台风、雷暴雨等灾害天气频发,冬季又受季风气候影响,项目施工期间受气候及天气影响明显,对施工作业设定了巨大考验。特别是主体建筑施工期间,起重吊装、高大支架搭设作业频繁，均受到大风天气影响。同时，岛隧工程是典型的孤岛施工，施工水域位于伶仃洋海域，离岸约17n mile，施工区域属于典型离岸孤岛作业，施工人员、施工设备以及施工用材均依赖水上运输，生产组织较为困难。加之日均4000余艘船只的密集通航也给工程作业徒增考验（图6-3）。

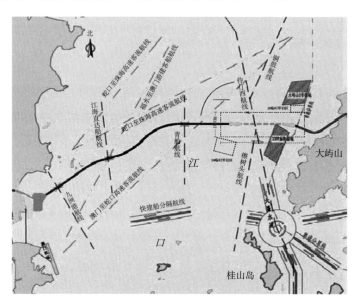

图6-3 岛隧工程施工水域航道航线图

（3）超高工程标准

岛隧工程需要在合约工期7年内完成工程详勘、施工图设计、装备研发、工程试验、施工组织等一系列工程活动，留给人工岛建设、沉管隧道工程建设的工期尤为短暂。此外，工程建设还应保证人工岛与沉管隧道建设具有120年的使用寿命，可抵挡8级地震、16级台风的超高工程标准。这既是对工程建设的考验，也是对工程管理的挑战。

（4）严苛法规政策

国家与粤港澳三地的法规政策中，明确对施工辐射范围内的海洋生态保护区等做以严格规定，在施工过程中不得破坏伶仃洋海域的水质，不可对中华白海豚及其他海洋生物造成负面影响，这对开展工程建设中涉及的施工工艺与工程设备造成了巨大阻力。

6.3 港珠澳大桥岛隧工程行动者网络构建与分析

6.3.1 管理者共同体外部行动者网络

依据图6-4可见,管理者及其他工程共同体成员共同构成工程共同体,政府、社会公众、媒体分别为不同利益相关者。箭头表示交互关系。

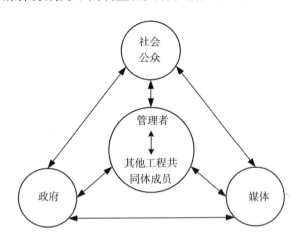

图6-4 港珠澳大桥岛隧工程外部行动者网络

(1) 管理者与其他工程共同体成员

从管理层面上看,管理者与其他工程共同体是管理与被管理的关系。其他工程共同体需要听从管理者的管理,并在实施工程行为时对管理者予以反馈。

从利益层面上看,管理者与其他工程共同体的共同利益是相同的,即按照合同约定按期优质完成工程建设目标;而在个人利益中,却因秉持的工程价值观有所差异,因而他们在工程利益分配上易出现利益纠纷与冲突,需要在管理中协调利益关系,解决工程问题。同时,其他工程共同体内部成员,因其所处的岗位、担负的职责有别,在利益分配、风险分担上也会形成错综复杂的关系网,需要在管理中不断调和利益关系、降低工程风险,提升工程共同体的工程责任意识,使工程建设顺利实施。

(2) 管理者与社会公众

社会公众是工程建设的主要利益相关者。一方面,粤港澳三地的居民享有伶仃洋海域美好生态资源的权益,岛隧工程在施工运行时不能做有害于海洋环境、有损于生物多样性保护等工程行为,保障三地居民优质的生产、生活环境;另一方面社会公众还包括工程的最终使用者。所以在工程建设过程中,工程项目应充分保障工程建设高品质，使其能发挥出应有的功能，为消费者提供舒适、安全的通行环境。

（3）管理者与（属地）政府

（属地）政府是粤港澳三地的政府。站在职责的角度看，管理者需严格按（属地）政府所出台的相关法规政策执行工程管理行为、管理工程项目，同时接受（属地）政府对工程建设的严格监管。

从利益角度出发，管理者与（属地）政府的共同利益是建成港珠澳大桥岛隧工程，实现粤港澳三地交通互联，进一步推动三地的物流、旅游及经济发展，从而为三地的民众带来福祉；同时，二者还存在利益分歧。工程建设需按照属地（政府）的相关规定，满足保护生态、提升质量、确保安全等多个内容的管理要求，而这些要求易导致工程效益的减少，影响工程效益。

而在此工程伦理案例分析上，管理者同媒体在利益方面的交互关系并非密切，也无显著的利益纷争，故而不作相关阐述。

6.3.2 管理者共同体内部行动者网络

根据图6-5所示的行动者网络，将管理者共同体内部各个层级予以划分，其利益分歧、利益纠纷、利益冲突以乙方管理者为主。乙方管理者内部包括上级管理者、主体管理者与下级管理者，双向箭头表示相互间的影响与约束。

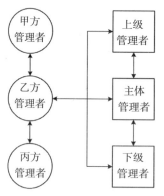

图6-5 港珠澳大桥岛隧工程内部行动者网络

本工程案例中，管理者共同体内部在决策过程中会产生一些矛盾，但各级各方管理者之间的利益冲突并不显著，非主要矛盾。

6.4 工程管理中突出的伦理问题

6.4.1 人工岛建设与海洋生态保护问题

1. 伦理问题表述

(1) 伦理问题

由于工程建设区域位于环境保护核心区，在工程建设期间将会对施工水域进行人工岛筑岛作业，而传统筑岛方式将会造成海域污染、生态破坏，延长工期，以致造成工程效益损失。

(2) 行动主体及其责任

在此问题上，管理者作为行动主体，肩负工程开展与遵守法规政策的职业责任。

(3) 利益相关者及其利益

此问题所涉及的利益相关者包括粤港澳三地的社会公众，也包括除管理者外的其他工程共同体成员。同时生态环境的影响是持续的、长久的，这也意味着对当地的社会公众的利益影响是代际性的，影响几代人的生活、生产。从利益角度看，对公众而言，工程建设可能会影响当地海域水质、渔业生产乃至享有美好的生态环境；而对其他工程共同体成员而言，其主要利益集中于建设人工岛，完成工程既定的建设目标。

(4) 宏观层面的道德价值与规范

宏观层面的道德价值与规范既包括维系粤港澳三地交通建设，为国家"十三五"构建交通网络提供支持；亦包括重视生态环境，创建人与自然和谐共生的价值观。

2. 可采取的行动方案及后果

可采取的行动方案（非黑即白）有以下两种。

一方面，按工程建设要求采取传统的筑岛形式，不惜以牺牲海洋环境为代价，采用抛石筑岛（"堰筑法"）工程建设方式。该工程建设方式所带来的后果虽可以满足工程建设在工期控制与工程造价方面的要求，但大量的工程施工船只同步施工所带来的噪声污染与油气污染，填土挖沙过程所产生数千万立方米的泥沙将会对中华白海豚及其他海洋生物的栖息地造成不可逆的环境影响，甚而影响珠江口水域，危及当地生态环境。

另一方面，减少在伶仃洋海域开展人工岛建设工程，其后果虽然有利于保护海洋生态环境及海洋生物多样性，但人工岛无法建设，严重损害了工程效益，无法实现港珠澳大桥贯通的整体目标。

3.伦理问题分析

(1) 管理者的所思所想

①管理者对利益相关者的态度。在此工程管理伦理问题中，主要利益相关者为社会公众、政府与其他工程共同体成员。伶仃洋海域的生态环境是社会公众生产、生活的重要领域，所以修建人工岛过程中，要切实保护伶仃洋海域及其海洋生物的生态环境，尽可能降低负面影响，同时肩负为人民谋福祉的责任，在工程推进中对生态环境予以补偿。在政府层面，政府所出台、颁布的法律法规是工程建设不可逾越的底线，不可触碰的高压线。法律法规具有一定的法律约束，需要在工程建设中严格遵守法律法规，规范工程共同体的工程行为。而对其他工程共同体来说，完成既定的工程目标是其出发点也是完成工程建设的落脚点。既要保障工程效益，也不能因工程效益而损害生态效益与民生福祉。所以在各方利益的需求下，工程管理者希望在工程建设管理上寻求一个平衡点，在政府颁布的法律框架下，统筹兼顾各方利益，实现互利共赢。

②管理者对工程技术的态度。工程管理者对当下工程应用的施工工艺、工程设备、工程技术具有较为全面的科学认知。其一，掌握同类工程施工作业应用工程技术的优缺点、风险性、适用范围与应用影响；其二，明确在新的工程作业环境下已有的工程技术无法兼顾生态效益与工程效益，需要通过创新工程技术与工程施工管理实现二者的"共赢"。鉴于以上对工程技术的两点认识，管理者明确要通过思维谋新、技术革新、管理创新，在人工岛建设中降低对海洋生态环境的负面影响，提升工程建设对地区经济发展、人民生活品质的长久效益，并兼顾保障工程建设、工程施工单位、工程企业的工程效益。

③管理者对自然环境的态度。管理者清醒认识到岛隧工程对自然环境产生的不利影响与辐射范围，要在工程建设过程中适当减少施工船舶、挖泥开采数量。管理者对自然的主观态度为：一方面要通过工艺改进、过程管控将工程造成的海洋环境污染、海洋生态干扰降至最低；另一方面对工程共同体开展环境保护培训，提升其环境保护的主观意识，自觉肩负生态伦理责任，谋求在施工、管理的过程中工程共同体能从强制被动保护转变为积极主动维护。

(2) 采取的行动方案

针对此管理伦理问题，不能局限于非黑即白的行动方案，而是寻求兼顾生态效益与工程效益的最佳路径。通过创新工程技术与施工工艺，采用钢圆筒快速成岛施工成套技术方案，在人工岛建设上减少建设工程对海洋环境与海洋生物多样性的影响，同时提升工程效益，实现二者共赢。

（3）**管理者的职业责任与职业良心**

从工程建设出发，要合法合规完成工程目标，保证工程效益的职业责任；而从自然环境出发，管理者也要兼具维护社会公众利益、最大限度保护生态环境的职业良心。

（4）**所依据的宏观价值**

宏观价值为兼顾工程效益与生态效益，并从生命共同体出发，在工程建设、管理过程中倡导尊重自然、顺应自然、保护自然，以此使工程与自然和谐共生。

（5）**所依据的管理理念**

行动方案自初步设计至做出决策的过程中，管理者所依据的管理理念可归结为"安全高效生产、集成创新发展、生态和谐共生"。

1）**技术层面**，提出工程高效、优质、绿色的建设原则，促使工程效益与生态效益最大化。

①创新采用钢圆筒快速成岛工程技术及其施工工艺，减少了近千万立方米海上挖泥量，缩短了近3年的海上作业时间，保护了濒危物种中华白海豚与脆弱的海洋环境。

②钢圆筒快速成岛技术缩减了施工船舶数量，降低了海上作业风险，同时保障了工程共同体的施工安全。

③由于海底地质复杂，该成岛技术还克服传统"堰筑法"在此修建易造成地基不稳、沉降系数大等不利后果，进一步提升了工程建设质量，满足工程120年的使用寿命。

2）**人的层面**，主张工程与自然和谐共生。

①岛隧项目着力构建工程与自然和谐共生的生态伦理价值观，提升工程共同体的生态伦理责任意识，并通过科学研判、精准施策、工程创新等多个方面，促进工程与生态有机结合。

②岛隧项目深入贯彻生态伦理价值观于工程全生命周期中，根据工程项目进程适时优化行动方案、改进工程技术、完善施工工艺，力求在工程动态发展中确保每一个行动方案落地落实，达成各方效益最大化。

（6）**不确定因素及应对措施**

提出方案到实施之间还需要进行科学论证，开展工程模拟试验，并尽可能在实验阶段排除工程建设风险。施用钢圆筒快速筑岛工程建设方法能否有效解决工期控制与环境保护的矛盾？科学论证、工程试验后所开展的工程创新是否可以在短期投入使用取得长期效用？如何规避创新技术带来的潜在风险？如此多的工程问题与不确定因素将会给钢圆筒快速筑岛方法造成阻碍。

面对行动方案施行中的不确定因素，管理者的考虑以及所采取的措施主要有技术与管理两个层面。

1）技术层面上，开展工程模拟试验先行，在技术团队与科研院所的研究下尽快完善快速筑岛方法的科学论证，排除可能出现的工程风险。同时，在工程现场科学勘察下，连同设计分部，形成钢圆筒快速成岛的施工组织方案，并科学组织施工团队完成前期建设准备，减少现场施工耗时与工程船只调配。

2）管理层面上，创立环境管理体系，形成对钢圆筒快速成岛技术的全程管控，确保工程生态环境优质。①项目指挥部设立专职白海豚保护监管岗位，配备白海豚保护专职工作人员，并在施工船舶上设置"海豚监察员"，共同负责对中华白海豚在施工过程中的监管，实时对施工作业情况予以汇报。②创建管理保障制度。项目制定了港珠澳大桥岛隧项目中华白海豚保护区内施工计划及专项保护方案，并根据中华白海豚每年4~8月繁殖阶段，制定繁殖阶段保护专项方案。同时相应制定了中华白海豚伤害应急处置等管理制度，有效规范施工作业团队现场作业。③提升施工责任意识。对在海上作业与管理的工程共同体开展中华白海豚保护的教育培训，并加强日常专项宣传教育，提高工程共同体的环境保护责任意识。④创新过程管控。在施工海域中现场测定中华白海豚、海洋环境、渔业资源等情况，并建立了日常专项监测工作的长效机制。

（7）伦理决策的商谈程序

工程决策并非"闭门造车"，而是群力群策。岛隧项目在快速成岛方案上依托国内优秀设计团队，结合工程勘察对成岛方案开展技术攻关，创新工程思维，证明"深插大钢圆筒快速成岛"方案的可行性。

通过理论与实践相结合，该方案不仅具有可行性，而且能够根据工程需要突破工程限制条件；其次，钢圆筒快速成岛方案初步设计后，经施工团队的模拟验证后提交业内专家评议，同时也将设计方案转换为施工组织方案；再次，为了广泛听取利益相关者的建议，岛隧项目通过官方网站搭建有效沟通平台，获取当地社会公众对实施方案的环保建议，在工程管控中强化环保监控与综合管理；最后，在决策下达前，岛隧项目采用智能化技术对海洋环境变化、海洋生物活动开展实时监测，通过大数据处理对施工方案及时协调施工时间、调整施工范围，以期减少方案实施对自然环境产生的不利影响。

4. 行动方案评价

从短期来看，该方案实施具有正面影响，既保护了当地的海洋环境与海洋生物，又有利于当地发展渔业、旅游业，为当地社会公众带来福祉；事物具有两面性，方案实施也有负面影响，由于该方案在以往工程中并无先例，设计与施工团队也无经验，因而从方案初步设计到决策落地，伴有较大的工程风险。加之工程方案需要工程知识与技术支持，方案创新过程中在高校与科研院所中开展了相应工程研究，势必增加了工程成本，也缩减了工程效益。

从长期效果来看，该方案的正面影响愈加明显。岛隧项目应用的钢圆筒快速成岛建设方案，是兼顾工程效益与生态效益的优选，也是高质量工程发展的最佳解决方案；开创了国内新兴筑岛技术，为行业内其他工程建设提供了技术支持，对未来国内外筑岛建设提供案例借鉴，有利于海洋工程行业发展；与筑岛技术配套的设备、工艺、管理等创新方案也为其他工程提供了参照。

6.4.2 岛隧工程安全、质量与风险问题

1. 伦理问题表述

（1）伦理问题

沉管隧道工程由于工程技术、外部环境及人为因素的不确定性，工程项目承载着巨大工程风险，给施工现场管理带来前所未有的工程压力。倘若对工程风险考虑不周全、工程安全不重视，贸然采用传统施工方法，势必会危害工程共同体、利益相关者的人身安全，甚至发生工程事故，对社会产生负面影响。

（2）行动主体及其责任

在此问题上，管理者作为行动主体，肩负工程顺利开展与维系工程共同体、利益相关者、工程构筑物的工程安全责任。

（3）利益相关者及其利益

工程安全包括工程建设期间工程共同体成员的安全，及工程建设后工程运行的安全。前者因工程施工风险，涉及工人、工程设计师、工程师、工程管理者等负责现场施工人员的身体与心理健康安全；后者因工程质量，涉及粤港澳三地当地公众能否享有工程所带来的便利，受益于工程发挥其应有的功能。

（4）宏观层面的道德价值与规范

宏观层面的道德价值与规范需充分满足当地人民享有港珠澳大桥通行便利、安全需求，同时工程共同体在工程建设期间能获得安全保障，树立工程"以人为本"的工程价值观。

2.可采取的行动方案及后果

可采取的行动方案(非黑即白)有以下两种:

一方面,在工程建设期间,只关注工程进展,不关注工程共同体的身心安全,采用人工深海探测等高危作业方式;对未知风险不做排查、规避、防范,对存有施工质量问题不做改进。该工程建设方式虽在工程造价上有所控制,但由于不能有效保障工程共同体的施工安全、抵御施工风险、提升工程质量,易造成工程事故,对社会产生负面效应。

另一方面,在工程实施阶段,项目为解决工程建设风险,推行外延式建设理念,只关乎工程建设的安全而不计工程建设成本。该行动方案虽然能确保工程共同体的安全,但工程成本的大量投入将会导致工程效益的锐减,不利于工程目标的达成。

3.伦理问题分析

(1)管理者的所思所想

①管理者对利益相关者的态度。在此工程管理伦理问题中,主要利益相关者为其他工程共同体成员与工程的使用者。一方面,就其他工程共同体成员而言,沉管隧道工程管节浮运安装需在有限的窗口期内,在广袤海洋空间中实施完成,施工作业的潜在风险交织,工程现场的不确定因素叠加,要始终将工程共同体成员的生命安全置于首位,同时也要兼顾工程进程稳步推进,不发生工程意外和工程事故;另一方面,就工程的使用者而言,沉管管节的精准对接利于保障工程整体的质量安全,提高其使用寿命。而提升管节对接的精准度需潜入深海查看对接情况,而这却难以保障深海潜水作业的工程安全。由此,工程风险的潜在性与不确定性既危及工程共同体成员的生命安全与工程质量,也易造成社会负面影响。因而岛隧项目在管控工程风险的前提下,合理、科学地制定工程技术创新战略,兼顾工程效益与人的基本权益。

②管理者对工程技术的态度。工程管理者对当下工程应用的施工工艺、工程设备、工程技术具有较为全面的科学认知。第一,由于沉管隧道工程系列技术受制于国外技术封锁,只能走技术自立自强道路,明确通过工程集成创新解决技术难题;第二,客观认识到工程实施过程中涉及的各类施工风险,要通过技术研发、设备改进与管理创新,对工程共同体成员予以安全保障,提升工程建设效率;第三,清晰认识到对技术开展研发工作同样伴有工程风险,在施工方案中明确工程技术的应用范围、适用环境、使用规范,进一步优化工程建设的安全保障,从而使工程事故零发生,带给工程使用者以舒适安全的工程环境,同时兼顾

工程社会性效益。

③管理者对工程安全的态度。管理者清晰认识到工程建设要将工程共同体成员与公众的安全、健康与福祉优先置于考虑范畴。管理者对工程安全的主观态度为：不仅需要改进潜水作业等施工高危作业方式，创新智能化工程技术，将施工作业人员从危险的工程环境中解放出来，而且要通过树立以人为本的工程理念、构建工程安全管理体系、采用施工安全保障措施，力求工程共同体安全生产，工程高品质建设。

（2）采取的行动方案

针对此管理伦理问题，不能受困于非黑即白的行动方案，而是化被动为主动，变单一为集成。以沉管隧道工程为核心，对其开展技术、设备、管理等不同维度创新，提升工程品质、保障施工安全。

（3）管理者的职业责任与职业良心

从工程建设出发，要保证工程120年使用寿命，主动承担工程高品质与工程高效益的职业责任；而从工程安全出发，管理者要管控工程风险，坚守保障工程安全的职业良心。

（4）所依据的宏观价值

宏观价值为兼顾工程高品质与工程零事故，权衡工程创新与工程安全。积极践行以人为本的工程理念，从工程建设伊始到完成，保障每一名工程共同体成员的生命安全和健康福祉，达成工程建设的初心与使命。

（5）所依据的管理理念

行动方案酝酿伊始直至决策落实，管理者秉持的管理理念为"以人为本，秉要执本、敦本务实"。

技术层面，推行"设计联动施工、科研、装备，试验先行，风险驱动"的技术路径，最大限度管控潜在工程风险。

①创新跨海沉管隧道建造成套技术。实现了33节管节预制、浮运、安装及最终接头施工安全生产目标，刷新管节对接精度世界纪录，保障沉管隧道工程的工程质量，同时实现国内跨海沉管安装核心技术突破。

②创新智能化工程管理技术。研发施工环境精细化预报管理等现场管理、安全保障系统，为实现超大型工程海上施工精准指挥、精准决策提供支撑。工程平安渡过38次台风，实现零伤亡、零事故安全生产。

③创新工程风险管控。创新构建风险决策与技术质询、验证试验与工程演练、作业方案与突发预案的防、纠错机制，提升现场工程风险的辨识与管控能

力,保障重大创新和方案成功实施,为工程高品质与工程共同体安全设定"双保险"。

人的层面,倡导以人为本的工程建设管理理念,构建"每一次都是第一次"的项目文化,达成优质安全高效的工程本质目标。

①岛隧项目倡导以人为本的工程建设管理理念,项目管理推行本质管理,以人为工程要素的本质,以"质量"与"安全"为管理的目标,以效率为管理运行的关键,从而极大发挥人的创造力,保证人的安全性。

②岛隧项目通过构建"每一次都是第一次"的项目文化,促使工程在时空维度上确保实时安全、过程高效、优质生产,从项目驻地到海上施工,从远程指导到无人监管,从车间生产到日常管理,力求在各个工程环节中确保工程安全。

(6) **不确定因素及应对措施**

沉管隧道工程是技术、设备、管理、工艺的集成创新,由于工程设计与工程施工方均无此技术相关经验,亦无工程知识的支持,各种创新方案的可行性值得再次商榷。工程建设时,无法确定工程技术集成创新是否可以有效规避潜在风险,也不能完全保证技术创新后是否可以为工程共同体带来安全保障,为工程建设保驾护航?同时工程创新本身也伴有风险,那么这些新萌生的工程风险能否辨识、规避、化解、抵御?新旧风险的交织和工程安全与工程质量要求的叠加,给工程创新带来无形壁垒。

工程总要伴有不确定因素,总会呈现不稳定状态,工程管理者不能坐以待毙,而要主动出击,寻求最佳的解决路径。

技术层面上,明确技术攻关方向,提供专项科研经费,结合国内外高校、科研院所在专业、领域、方向的不同优势,进行工程技术、施工设备的全面攻关,为沉管隧道工程提供技术支持;搭建技术沟通平台,邀请国内外行业技术专家,对施工组织方案进行比选,选取最优解决方案;开展施工前工程模拟演练,在试验场中优化施工工艺,提升工程共同体的施工经验;将智能化技术与施工现场有机结合,利用智能化、大数据等技术手段为施工现场提供可视化、远程化、信息化保障,提高施工的安全性与稳定性。

管理层面上,①在精神引领方面,岛隧工程在施工作业前要进行上岗培训,并将"每一次都是第一次"作为其工程文化精神,倡导"不安全我不干"的安全文化,促使工程共同体以审慎的工程建设态度和精细的工程施工理念投入到工程作业中去。同时定期组织开展如安全月、"平安工地"建设、平安水域"我担当我尽责"活动,水上交通水上作业安全专项整治等落实安全责任活动,在建设期间全程监控工程安全工作的落实。②在基础防护方面，由于施工作业受到恶劣复杂的气候影响较大，项目联合海洋预报中心，对天气预报精准度提升到以小时为基准，对于台风及季风性气候提前做好安全防护。同时保障性的工程安全防护如救生衣、安全帽等物资都进行统一配发，工程施工作业人员进入施工作业前将逐一检查，确保安全上岗。高温海上作业还对工作时长、工作时间进行调整，并对工程施工作业人员定期开展如身体检查、防暑降温等保护性措施。③制度管理上，结合工程项目特点，创新制定了如《沉管隧道内施工安全专项应急预案》《港珠澳大桥岛隧工程职业健康管理规定》《港珠澳大桥岛隧工程安全专项施工方案管理规定》《港珠澳大桥岛隧工程船舶安全管理规定》《港珠澳大桥岛隧工程海上交通安全管理规定》《异常气候安全管理》《交通船安全管理》等多项安全管理制度，极大地规范、约束了工程共同体施工作业时的安全行为，真正将工程安全做到有章可循、有制可约。

(7) 伦理决策的商谈程序

项目以人为工程因素的核心，推进工程优质安全工作的全面落实。首先，明确工程安全的主要脉络，开展方案制定，即对施工方案进行安全评估，工程风险系数大的方案要重新制定，对方案中不切实际，有威胁工程安全的施工工艺要重新修正，待其符合工程安全施工标准方可开展；其次，制定的工程组织方案不得马上实施，需经现场模拟演练后确定其符合工程施工规律、符合客观要求，才可组织实施；再次，为确保现场施工作业万无一失，须联合设计团队，备选其他预案，并提交技术专家审议评定，对方案中涉及的优缺点、利与弊、正负效应，要权衡分析，以应对突发状况；最后，重要决策下达前需再次确认现场勘查数据，以确保决策下达落实的准确率。

4.行动方案评价

从短期来看，该沉管隧道工程技术的集成创新具有正面效应，可以对工程共同体成员的身心安全予以保障，利于工程共同体凝心聚力，有助于调动其工程建设的热忱。此外，创新技术能抵御工程风险，减少工程事故发生，给国家、社会、企业带来福祉。而工程创新也具有负面效应。由于沉管隧道工程技术受到国外技术封锁，国内施工团队并无技术经验与知识支撑，需要从零开始，项目组织开展科研试验、技术问询等创新工作，优化工程方案，在一定程度上耗费了工程资源，也减少工程效益。同时工程创新也伴有潜在风险，对新风险的辨识、管控为原有的工程建设增加了负担。

从长期来看，该方案产生的正面效益尤为凸显。第一，沉管隧道工程系列技术创新不仅有效管控施工风险,切实保障工程共同体安全,而且它同时保障工程整体的建设质量,也是负责任创新;第二,该系列技术的集成创新是我国外海沉管隧道工程突破国外技术封锁背景下,中国工程师自立自强的集中体现。该集成创新技术业已成为国内同行业的技术参照,为国家"十四五"规划开局规划、建设的海洋工程提供技术、知识支持;第三,沉管隧道工程系列技术的集成创新进一步拓展了海洋工程产业链条的延伸,也带动其他与之配套的工程设备、施工工艺、现场管理、远程监控、智能化建造等技术与非技术因素的全面发展。

6.4.3 岛隧工程建设中利益冲突问题

1. 伦理问题表述

(1)伦理问题

工程活动中的利益冲突形式很多,就以岛隧工程而言,从利益主体这个层面出发,岛隧工程主要呈现的利益冲突为不同利益主体在追求各自利益的过程中彼此之间发生的冲突。

鉴于工程施工的高难度与建设标准的严要求,通过结合工程实际,最终确立港珠澳大桥建设总体目标,即"建设世界级跨海通道、为用户提供优质服务、成为地标性建筑"。作为大桥控制性工程,岛隧工程以实现港珠澳大桥的建设目标为己任。"世界级跨海通道"和"地标性建筑"不仅体现在独特的地理位置和超大的建筑体量上,更体现在产品的品质上。

东、西人工岛是连接桥、隧的重要枢纽,也是打造粤港澳三地地标性建筑的最优之选。当时在众多设计方案中,"珠联璧合"的设计方案脱颖而出,让人耳目一新,而普通建筑方案无法更好地兼顾恶劣外海环境、高品质要求与工程美。基于此,岛隧工程提出了全岛清水混凝土建筑的施工构想,寻求此方案为粤港澳三地打造独具魅力的地标性建筑。

(2)行动主体及其责任

在此问题上,管理者作为行动主体,承担工程顺利开展与协调工程共同体间利益关系、解决利益冲突的重任。

(3)利益相关者及其利益

本问题涉及的利益相关者为岛隧工程的工程共同体成员,包括工人、管理者、工程师、设计师等。因其处于不同岗位,其担负的工作职责与利益需求有所不同,就易导致工人与管理者、工程师与设计师、管理者与工程师、工人与项目整体等之间发生利益冲突。工程建设期间项目给予其基本保障,满足其切身利益的同时,还需通过项目管理引导其树立正向的工程价值观,主动承担工程责任,投身工程建设,为工程建设与社会发展做出相应贡献。

该工程建设中,全岛清水混凝土建筑的施工方案的实施过程成为工程共同体内部利益冲突的焦点。

首先,设计师与工程师之间。设计师想通过清水混凝土建筑立体展现出三地的历史文化底蕴,较少考虑到工程施工的风险性与复杂性。而工程师既要克服离岸孤岛作业、在基本没有什么经验的基础上完成全岛清水混凝土的建设工作,又要实现将清水混凝土建筑的工程美与高品质相融合,工程风险与复杂性都是前所未有的。

其次,工人与管理者之间。实施该方案,对工人的技能及细致程度要求极高,致使工人完成一项施工作业的时长增加,效率降低,最终影响了工人的作业收益;加之工人几乎都没有清水混凝土施工经验,导致施工前期很多工人带有畏难情绪,或依照之前自己原有的普通混凝土施工经验进行操作,通过降低质量要求提高自己的工作效率,增加收益。而管理者期望每一个工人精益求精,保质保量按时完成工程作业。

再次,工程师与管理者之间。该施工方案的工程工序增加、作业项目增多、施工难度增大,势必会增加现场管理工作的压力。同时,多数工程师来自中国交通建设集团下属的施工企业,其施工作业擅长交通基础设施建设,而非建筑。因此工程师具有较少的施工经验,工程风险巨大。而管理者期望工程师能在复杂的一线施工环境中,组织好工人开展建设,并能担负起工程责任,为三地建设出地标性建筑。

(4) 宏观层面的道德价值与规范

宏观层面的道德价值与规范倡导"利己,利他,互利"的工程利益观,充分满足工程共同体的切身利益,予以关怀,并推行"伙伴关系",共同承担工程责任、抵御工程风险,完成工程建设。

2.可采取的行动方案及后果

可采取的行动方案(非黑即白)有以下两种。

其一,工程建设过程中,只在乎工程效率优先,枉顾工程共同体的利益关系。虽然利于提升工程建设的效率与效益,但不公平利益分配将会导致工程群体间的利益冲突,极易造成工程队伍涣散,现场建设不负责任,工程建设走向失败。

其二,仅注重调和工程群体间的利益冲突,却不在乎工程高效率建设发展。

将会导致工程建设迟缓，工程进度延误，极易造成工程效益的锐减。

3. 伦理问题分析

（1）管理者的所思所想

①管理者对利益相关者的态度。在此工程管理伦理问题中，主要利益相关者为工程建设阶段中各项工程共同体成员。工程共同体是工程建设的主力军，其组成包括不同利益主体，如工人、工程师、管理者、投资者等。他们的利益诉求源自对安全、健康、福祉等切身利益需要。而在利益冲突上则呈现出多个层面。就个体层面，工人与工人之间，工程师群体之间就会因为利益分配不均衡而导致利益冲突；就群体层面，工人、工程师群体会与雇主（工程项目这个整体）因雇佣关系、工程利益观不相一致而产生利益冲突；就整体层面，公众与工程项目也会发生利益冲突（在本问题中，此层面的利益冲突不纳入分析范畴）。岛隧项目中，不同的利益主体众多，在工程师群体上，因来自不同的企业单位，重新构建出新的管理团队。因而管理者需兼顾不同利益诉求，协调利益关系。

②管理者对工程技术的态度。工程管理者深知技术的重要性及其作用，通过技术与管理相融合，尽可能满足工程共同体成员对安全、健康等利益诉求，减少工程共同体内部的利益冲突。一方面，将智能化、信息化、工厂化技术应用于项目管理，为工程共同体提供舒适、安全的建设环境，减少深海危险作业，保障工程共同体成员的身心健康；另一方面，利用技术手段提升管理效率，降低工人作业难度，利于构建良性利益关系。

③管理者对工程利益的看法。管理者清楚地认识到工程利益对于工程共同体生存、发展的重要性与必要性。一方面，每一个工程共同体成员的切身利益（安全、健康、福祉等）都需得到切实保障；另一方面，工程共同体成员间的利益关系还应积极协调，兼顾公平，互利共赢。并在保证工程共同体成员基本利益的基础上，同时实现工程效益的最大化。

（2）采取的行动方案

针对此管理伦理问题，不能盲目采用非黑即白的行动方案，而应兼顾多个利益主体的利益诉求，并从复杂利益关系入手，坚持利己、利他、互利的管理原则与管理办法，创建符合项目的管理体系，解决利益冲突。

为解决设计师与工程师之间的利益冲突，管理者一方面带领施工团队开展细致入微的工程调研与试验工作，开展建设可行性方案的论证，制定清水混凝土作业指导书与验收标准；另一方面加强设计与施工的联动，促使施工团队能在设计方案中细化施工组织方案，并向设计团队予以反馈，使其进一步优化原有设计的细节，通过联动让设计方案更具可实施性，更能将设计师的蓝图完美地实现。

为了解决管理者与工人之间的利益冲突，管理者以"大型化、工厂化、装配化、标准化"为总体设计指导思想，将工厂流水线作业模式融入现场施工中。一方面，通过细化和分解施工工序，采用先进的模板系统，降低作业难度，降低工人的技能要求，让工人通过简单劳动就能高效优质地完成工作，在工作中获得成就感，从而调动其工作的积极性。另一方面，加强对工人技能的培训，完善工人绩效考核机制，对工人绩效采用评级制，使工人在现场作业时能发挥其主动性、创造性，保质保量完成工程建设。

为了解决管理者与工程师之间的利益冲突，管理者先后指派优秀的工程师代表赴国外开展清水混凝土建筑的考察，增加其经验的同时提升其建设、建好、建成清水混凝土建筑的自信；此外，管理者组织开展丰富的学习活动、交流会议，一方面提高工程师对清水混凝土施工的整体认识，能够在短期内学习建设方法；另一方面通过整合资源，统一思想，集成工程师们更丰富的创新建设理念，使其葆有建设热情与建设活力，在现场施工管理中可以轻松解决工程难题。

（3）管理者的职业责任与职业良心

在工程建设、管理中既担负实现工程效益最大化的工程责任，也承担保障工程共同体切身利益、协调其利益关系、解决其利益冲突的重任。

（4）所依据的宏观价值

宏观价值为倡导利己、利他、互利的工程利益观，以人文关怀保障每一个工程共同体的切身利益，以伙伴关系兼顾各方权益，以创新管理模式确保工程建设高效运行。

（5）所依据的管理理念

管理者创新提出与严格执行的行动方案，创新提出管理思想"倡导人文关怀，开展人性化管理，构建伙伴关系，实现互利共赢"。

技术层面，结合系统管理思想与工程利益观，创新智能化管理技术、创建优质管理环境、创立高效管理流程，在实现利他的基础上，向有利于工程项目建设与管理的方向发展。

①创新智能化工程管理技术。现场施工管理是项目管理中的一项重要内容，由于工程共同体管理能力有限，易出现管理"盲区"与"盲点"，以致造成现场管理失控，甚至发生工程事故。故此，岛隧工程通过将智能化管理技术与现场管理有机结合，提高工程现场预警预报能力、增强抵御潜在风险的抗力、加大工程

沟通的持久力与畅通性，从而使现场施工管理有序、安全、高效。

②创建优质管理环境。岛隧工程通过创新技术、改进设备等形式，创建优质管理环境，为工程建设提供管理保障。创新智能安装船只，免除深水作业的危险；建设通信基站，畅通各个工区的沟通协调；改进救援设备，充分保障工程共同体的作业安全。优质管理环境不仅给予工程共同体以安全作业的保障，而且为长期处于一线的工程共同体提供了"定心丸"，使其可放心施工。

③创立高效管理流程。岛隧工程将"工厂化"生产流水线引入沉管管节预制，不仅有效提高管节的生产效率、质量标准，而且降低了工人的施工难度、工作压力，极大发挥了工程共同体的生产热情与创造力。

人的层面，提倡人文关怀，推行伙伴关系。

①岛隧项目提倡人文关怀，保障工程共同体的基本权益。项目管理不是冰冷的管理机械，而是富有人文情怀的管理机制。岛隧工程提倡人文关怀，在项目管理的各个方面都有所体现。施工管理中，尊重生命、推崇劳动，为工程共同体创设安全、和谐的工程作业环境，保障其生命权益；日常管理中，尊重人才、倡导创新，搭建知识共享平台、综合试验中心，为工程共同体提供技术支持，充分调动其创造性。

②提倡伙伴关系，构建良性循环的管理生态。提倡伙伴关系，明确工程共同体的权责利，解决利益分歧、协调利益关系，为来自不同单位、岗位、职位的工程共同体构建良性循环的管理生态，使其安心工作，稳定人才队伍，确保工程建设平稳推进。

（6）不确定因素及应对措施

工程共同体的成员组成是多元的、集成的，由于成员秉持的工程利益观不同、在项目所处的岗位不同，所以各自会有不同的利益诉求。此外，岛隧项目各主要工程的进度不同，工程共同体往来人员不固定，其内部利益关系存在不稳定性。那么在开展工程管理过程中，如何兼顾各方利益诉求？如何通过管理途径、技术手段保障其基本利益？又如何协调工人群体、工程师群体内部的利益关系？并在保障工程共同体利益的同时，如何实现工程效益最大化？

面对此管理伦理问题所出现的不确定因素，以利己、利他、互利的工程利益观统摄工程建设、管理，解决多元利益主体的利益冲突。

技术层面上，需明确的是，技术是项目管理的辅助，是为项目管理解决问题的一种创新路径。把技术融入管理中，既要摆清技术的位置，也要规范人对技术的操控，使技术的使用向好的方向发展。其一，将智能化、信息化技术融入现场施工管理中，拓展管理的界面与视野，提高工程建设的管理精度，保障工程共同体成员的健康、安全；其二，利用远程技术等手段提升沟通管理的时效性、畅通性与稳定性，强化沟通管理的接收与反馈；以工厂化预制、工业化生产移植到一线作业，降低作业难度与复杂程度，给予工人舒适安全的工作环境，满足其利益诉求。

管理层面上，①项目管理。对工程风险、目标、质量、成本、技术、环保实行一体化管理，综合要素管控，建成优质、高效、安全、绿色的岛隧项目。②组织管理。实行"设计施工总承包"模式，推行伙伴关系，明确各方权、责、利关系，合理分工，促成各工区、各部门的相对独立性与整体协调性，使管理步调一致，统筹总经理部管理。③支撑管理。对工程知识、产业供应链、项目文化、人力资源等管理要素予以整合控制，加强对其的指挥与监管，为项目提供一系列基础保障条件。④创新现场管控模式。针对施工现场的复杂性、工程技术的不确定性与潜在风险的突发性，岛隧工程结合工程特性，创新现场管控模式。首先，搭建施工与设计的互动平台，整合国内外工程优质资源，权衡比选施工组织方案，创新施工工艺与技术，改进工程设备与安全基础设施，为施工现场提供安全保障；其次，将工程风险预警与施工技术质询、工程验证试验与施工模拟演练、既定作业预案与突发备用方案有机结合，提升现场施工的科学性与合理性，为工程顺利实施予以科学保障；最后，区分常规工作与复杂工作，创建高效率工作包与低效率工作包分类管理的效率管理方式，降低工程共同体的工作难度，有效控制施工工期，提升整体施工效率，为工程按期优质完成给予效率保障。

（7）伦理决策的商谈程序

协调工程共同体的利益关系，解决其利益冲突的前提是要听取各方利益诉求。首先，岛隧项目广开言路，项目总经理连同其他管理者通过与青年工程师、一线工人等不同群体代表交流，收集不同利益诉求；其次，岛隧项目在兼顾利益诉求的基础上，订立切实可行的工程合同、创新工程安全保障技术、优化管理流程与模式，力求进一步调和多方利益关系，化解利益冲突；再次，在多种手段并行应用过程中，动态反馈其实施的效力，对不符合工程建设进展、不利于工程团队建设的措施予以修正，以期能真正改善利益关系；最后，协调利益关系的最终效果，还应再次听取工程共同体的反馈，以期能够充分调动工程共同体献言、参与的积极性，为工程建设贡献力量。

4.行动方案评价

从短期来看，岛隧工程构建的项目管理体系，对工程建设具有正向影响。一方面，工程建设可以明确工程共同体的权责利，使其承担应有的工程责任，进一步规范其工程行为，调和工程共同体内部之间的利益关系；另一方面工程管理体系将技术与管理、现场管理与日常管理、远程监管与智能管控有机结合，能兼顾项目建设与管理。并对质量、安全、工期一体化控制，为工程共同体的安全、健康、福祉等切身利益提供保障。而短期中也存在劣势，即投入一定的工程资源，势必会影响工程成本，造成工程效益减少。

从长期来看，该行动方案所体现的正向影响更为明显。首先，创建项目管理体系，可以保障工程共同体成员的切身利益，稳定工程项目队伍，减少因人才流动而造成的工程事务交接不清，避免工程建设出现脱节现象；其次，该方案既充分满足了粤港澳三地不同施工标准的管理要求，充分调和多方利益诉求，又创设出工程项目富有人性化、自然化、生活化的良好工作氛围；最后，岛隧工程创建的项目管理体系在同行业、类似工程中得以借鉴与推广，能为其他工程管理提供参考。

6.5 问题应对与伦理选择的影响因素

6.5.1 不同工程阶段中管理者的所思所想所为

管理者以动态发展的眼光审视工程建设，将"人"（工程共同体和利益相关者）作为工程核心要素，并根据工程活动的演进发展，针对不同的管理伦理问题，采用相应的管理对策。一方面，管理者以人的本质需求、切身利益作为工程建设首要考量因素。在工程决策、规划、设计、建设，乃至运行、退役阶段，都要确保人的安全、健康，创制优质的生态环境，为其带来福祉；另一方面，管理者适时结合工程发展的不同阶段，从全局到细节、从开始到结束、从施工到管理，既要充分发挥人的创造力，开展切实可行的工程创新活动，也要维系工程的稳定性，在复杂工程系统中，根据工程进展实施操作性强、可行性好的管理措施。如表6-1所示，根据项目推进的不同阶段，结合工程建设具体需求，面对不同工程管理伦理问题，适时调整工程管理理念、修正管理行为，促使管理方法适宜、管理结果满意，以期完成管理与建设的既定目标。

6.5.2 行动方案效果与管理者表现评价

岛隧工程开展的工程集成创新，较好地兼顾了工程效益、生态效益、人的切身利益，缩短工程工期的同时提升了工程质量。这一工程管理伦理问题的解决，

全生命周期视角下工程管理者所思所想所为　　　　　表6-1

工程环节	所思所想			所为
	管理目标	管理理念	伦理指导原则	管理行为
谈判	明确、统筹各方利益诉求，寻求最佳解决方案，拟定、优化合同	构建扁平化总体管理架构，完成顶层设计	权衡利益诉求恪守道德底线	遵守招标文件及相关法律法规，在平等互利基础上签订合同
变更	结合工程进展，对施工变更及时向甲方反馈，确保工程安全、质量等目标的工程效益的同时，保障生态效益	以工程问题为导向，以工程发展为引领，以工程安全、环保、质量等多元要素为目标，合理变更、提升品质、高效管理	恪守有利于工程建设、生态保护、人员健康与安全、民生福祉的指导原则	依据各方约定的规则，以工程质量与安全为出发点，消除障碍、达成共识
执行	对施工进展进行动态反馈，严格监管，确保行动方案落地，实现工程预期目标	以人为本，秉要执本、敦本务实	主动担负工程生态伦理、人类健康、安全与福祉的责任	开展集成创新，建设更高质量、更有效率、更加公平、更可持续、更为安全的工程
验收	严格履行合同约定，满足各方利益诉求，实现世界一流工程目标	形成伙伴关系，实现工程最优	"工程-人-社会-自然"四位一体的和谐共生，实现各方共赢	总结提升、树立目标

肯定了管理者的管理理念与管理行为，能够在非黑即白的工程方案之外选择创新性的中间路径，不仅较好地保护海洋生态，为当地居民生产、生活带来了福祉，而且创新的工程技术还提高了施工效率，减少了工程风险，提升了工程品质。可从以下几个方面予以阐释。

①管理者融合工程伦理责任与职业良心，实现工程对生态不利影响的最小化、保障人切身利益的最大化，从而实现"工程-人-自然-社会"四者效益的最优化。在工程建设前，客观、科学、审慎地开展工程各项要素的综合评估，结合工程实际，设计并制定出合理的行动方案；在工程建设中，通过工程试验、工程模拟演练，对所制定的行动方案加以验证，进一步优化行动方案，从而降低工程行为对环境、人的负面影响；在工程建设后，开展实时监测、动态反馈，保障工程运行阶段中工程的各项功能发挥，以及工程效益的最大化。

②管理者兼顾人的切身利益、工程效益与生态效益，实现多元效益互利共赢，达成效益最大化。管理者站在社会发展全局统筹工程建设，恪守"以人为本"的工程理念，始终将人（工程共同体与利益相关者）的健康、安全、福祉置于首位，通过对工程技术开展集成创新，防范工程风险、保护生态环境、提升工程品质。

③管理者权衡施工风险与集成创新,实现施工作业管理发挥效率最优化。管理者从项目实际出发,追求工程的长远利益。在技术创新的同时,权衡其所带来的工程风险。以此,加强工程项目监督与技术应用管理,规范工程共同体的工程行为,确保施工作业的安全性、稳定性、高效性。

6.5.3 支撑行动方案的理念、技术与能力因素

管理者在此管理伦理问题上做出了最优选择,制定并执行了合理的工程行动方案,具体来看,有以下若干影响管理者伦理选择的因素。

(1)恪守以人为本的工程管理理念,兼顾多方利益,优选行动方案

工程的建设因素中,人是工程要素的本质,也是驱动其他要素的本质力量。一方面,要在工程建设期间维护人的切身利益、保障人的安全,全面发挥其创造力;另一方面,要充分满足当地民众对优美生态环境、优质工程质量的需要。所以不可因一味追求工程的经济、社会效益而忽视生态效益和人的切身利益。管理者需通过工程集成创新,突破工程技术的局限性,寻求最优的解决方案。

(2)追求工程高品质的建设目标,拓展工程思维,开展工程技术集成创新

工程高品质建设目标涵盖内容丰富,不只包括对工程质量、效益的追求,也包括生态保护、工程安全、工期控制等多项内容,因此实现工程高品质建设要统筹工程各个方面。作为推动工程创新的逻辑起点,工程思维旨在以工程实践问题为导向,提出求解工程实践问题的过程。由于岛隧工程的复杂性、不确定性,易出现多个且不同类型的工程管理伦理问题,所以管理者要通过拓展工程思维,寻求开展工程技术的集成创新,解决工程管理伦理问题。

①创新深插钢圆筒施工成套技术(图6-6),实现了外海快速筑岛。包括钢圆筒工厂化预制、装配化运输和大型化及标准化振沉与纠偏在内的施工成套技术,

图6-6 钢圆筒快速成岛技术

在215d内完成东、西人工岛120个钢圆筒的振沉和242片副格的插入，形成了总计约3000m的深水岸壁，相比于常规筑岛方案提前了2年成岛。

②创新新型整体式深插止水弧形钢板副格结构，实现了钢圆筒之间的连接及止水，整岛止水性能良好。人工岛成岛5年后，岛内仍具备主动调节水位控制沉降的能力，使得已经完成现浇的岛上隧道结构的基底荷载水平可以在70～190kPa范围内予以调节。

③结合钢圆筒深基坑围护结构提供的整岛止水条件，提出了新型的地基快速同步加固技术，实现了更好的加固效果并满足了紧迫的施工工期的要求。100d内使人工岛内厚达30～50m的软土固结度提高至93%，工后残余沉降从50cm减少至20cm。利用上述效果优化了岛上隧道结构的基础，使得岛上隧道各结构段之间的差异沉降控制在了毫米级水平。

④创新"半刚性"沉管结构。提出适应深埋条件的"半刚性"沉管结构概念，组织接头传力机理试验研究，确定合理预应力度、接头摩擦系数等重要参数；研发沉管结构部分无粘结纵向预应力关键技术，提高沉管抗力及水密性，实现"半刚性"功能；发明"记忆支座"，为"半刚性"沉管接头提供预期支撑，同时实现剪力键荷载超限保护，确保沉管本体安全。相较于传统的刚性沉管或非刚性沉管而言，节约工程静态投资超过10亿元，动态投资超过50亿元。

⑤创新"复合地基+组合基床"隧道基础技术。创新"复合地基+组合基床"隧道基础新结构；研发基础抛石夯实、基床面清淤等系统，创新深水基础精细化施工成套技术及装备，抛石基床、碎石垫层精度分别提高40%、20%，隧道完工后平均沉降9.8mm（最大5cm），均达到世界领先水平（图6-7）。

⑥创新跨海沉管隧道建造成套技术。创新研发超大型混凝土构件数字化流水线，建成了世界首个直线+曲线沉管预制工厂；创新免精调无潜水作业沉管安装技术（图6-8），实现了跨海沉管安装核心技术突破。创新研发整体式主动止水最终接头新结构，创造一天完成对接（传统半年以上）、贯通精度2.6mm的工程纪录，实现了沉管隧道合龙方式的重大突破。顺利完成33节沉管与最终接头安装，并建成我国首条、世界最长的跨海公路沉管隧道，填补了多项国内外技术空白。

⑦创新智能化管理技术。适应大规模海上作业及突发灾害性气象环境，创建智能化工程环境、过程、现场管控技术，改变海上施工被动、粗放状态。组织研发施工环境精细化预报管理，泥沙回淤预警管理，船舶海上安全监控管理，隧道基础、结构、安装线型监控管理等系统，为实现超大型工程海上施工精准指挥、精准决策提供支撑，形成了我国跨海岛隧工程施工智能化管理技术体系。该体系

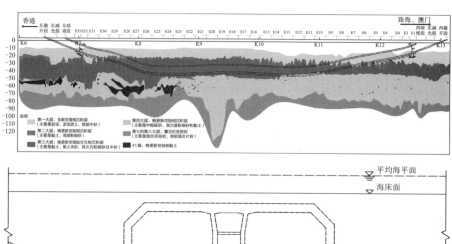

图6-7 岛隧工程沉管隧道基础设计

图6-8 外海深水沉管安装船系统

能够提供24h"面对面"服务,实现了7年建设期内12多万次船舶调度无一失误,240多万海里船舶作业无一事故,无一次伤害中华白海豚事故发生,且将海上施工对中华白海豚的影响降到了最低;泥沙回淤预报周期由年变为天,水下测控精度由分米提高到厘米(图6-9)。

⑧创新生产管理环境。构建工厂化生产车间,对岛隧工程大型构件进行统一预制、生产,进一步提升构建标准、生产效率。在大型构件工业化制造技术和生产方式方面的突破,用工业化流水线制造取代传统土木工程作业,使得作业人员

图6-9 智能化海底测控技术-多波束

整体数量从2000多人降到1000人左右;以先进装备和智能建造技术构建的具有高可靠性的生产系统,保证了225次大型浇筑没有出现一次故障;将作业从基坑搬到了标准化的厂房内,创设了工人一年四季都可以专心工作的环境,为安全优质高效预制沉管提供了保障,创造了百万立方米混凝土浇筑无一裂缝和2203d作业无一伤亡的纪录;创新低热混凝土技术,减少二氧化碳排放达27.5万t,践行了工程绿色低碳建设理念(图6-10)。

图6-10 岛隧工程沉管预知工厂

(3) 管理者具有较高的道德水平与道德能力,强化管理效能

①管理者积极践行生态保护行动,通过严格落实国家与当地政府的相关政策,主动承担工程责任,履行生态保护义务。工程建设期间除开展技术创新减少海洋环境污染等措施外,管理者还开展环保培训、创制环保制度、创建环保组织、创立监管体系等多项管理举措,切实将生态伦理责任融入工程共同体身心,

内化为工程行为，强化管理效能。

②兼顾多方利益诉求，实现多重价值统一。管理者始终认为，工程建设的完成不能仅追求单一的工程利益，还应追求人的切身利益、社会利益、环保利益。在统筹兼顾各方利益诉求时，要主动承担作为国有企业的责任。通过听取多方建议、科学求证、工程试验等手段，力求在工程建设过程中实现多利益、多价值的兼顾共赢，这也是当代中国工程建设管理者的担当与使命。

③管理者充分履行管理职责，一方面，通过全员参与、全过程监管，确保工程安全责任落实到人，安全生产落实落细；另一方面，对创新所带来的新风险，开展翔实勘察，增添备用施工预案，防止突发状况。需要注意的是，工程建设的复杂性、不确定性、高风险性往往叠加出现，不能通过对工程方法简单地相加相减来解决工程问题，而要多措并举，系统考量。如构建设计施工联动、方案评估优选、资源协同整合的动态优化路径；创新风险决策与技术质询、验证试验与工程演练、作业方案与突发预案的防、纠错机制；创建高效率工作包与低效率工作包分类管理的效率管理方式；创建智能化工程环境、过程、现场管控技术等技术管理上的集成创新，力求在工程建设中万无一失，确保工程安全生产。

④科学商谈程序，在程序上保障工程共同体科学决策，并在公众与媒体的监督上汲取了各方建议，这些将助于在工程建设期间注重环境保护、规避工程风险等。所以，工程自规划开始就应该"敞开大门"，听取各方建议，接受监督，从而更好地规避工程建设期间所出现的社会问题、环境问题、工程风险问题，降低工程风险，极大发挥工程的功能性，造福百姓。

6.5.4 管理者团队内部伦理决策中的矛盾

港珠澳大桥岛隧项目管理团队在解决工程伦理问题过程中会产生矛盾冲突，主要有以下几个方面。

（1）管理者共同体成员具有不同认知水平

工程管理团队在知识背景、工程认识上是存在普遍差异的，这导致工程建设在施工理念上、工程技术与工艺上会有不同意见，易产生分歧。因此，需要在工程建设之初深化工程背景构建、优化工程认识水平、强化工程沟通渠道，以期能在决策上提出较为合理的工程建议。同时，受制于国外工程技术封锁，国内工程管理者并无沉管隧道建设、人工岛工程等工程技术相关经验，也未从事过有关工程建设，工程集成创新难度与风险巨大。

（2）管理者共同体成员秉持不同工程价值观

好的工程会把合自然的规律性和合人的目的性有机结合起来，工程既要利于人类，也要利于自然。而在工程方案初始设计、决策时，由于各级各方管理者秉持不同的工程价值观，以致对人的健康、安全、生态环境与民生福祉无法达成共识，也难以兼顾工程效益、人的切身利益、生态效益等多方面的效益与价值。管理者应秉持正向的工程价值观，坚持在工程建设中要强调"工程-人-自然-社会"四位一体的和谐共生，最终做出符合整体效益的工程决策。

（3）各级各方管理者担负不同工程责任

管理者共同体成员普遍担负工程管理伦理责任。而各级各方管理者由于所处的职位、岗位不同，因此他们履行的工程责任在范畴与程度上有所区别。核心管理者或管理者团队负首要责任，而其他管理者或管理者团队负有连带责任。这就导致团队易出现"事不关己，高高挂起"的工作态度。所以在工程方案制定之初，很多人对生态环境保护、人的健康与安全、民生福祉"漠不关心"，并非积极参与谋划、设计，在工程管理推进的过程中形成了阻碍。所以核心工程管理者需要发挥领导力，在日常管理中对各级各方管理者团队树立集体责任意识。

（4）管理者团队内成员具备不同道德能力

一项工程方案的提出到最终实施并非一蹴而就，它需要共同体成员结合经验提出综合性意见，并通过大量工程试验与测试，形成方案设计，最终在工程模拟验证后方可采用。而各级各方管理者的道德能力也存在差异，面对复杂的工程方案、未知的工程风险、难解的工程问题，部分管理者由于缺乏道德能力，对工程方案判断有误，甚至提出错误的建议，影响了管理者共同体的道德判断。因此，在工程方案制定时既要对各级各方管理者以正向引导，激励其葆有攻关热情，也要通过经验交流提升其道德能力与伦理素养。

6.5.5 人工岛建设不同发展阶段的工程管理伦理问题

将表6-2所示要素的动态性纳入对工程管理伦理问题解决的考量中，可以得出如下结论：

（1）宏观价值正向引导着工程管理者的管理理念

宏观价值的更新正向引导着工程管理者的管理理念，推动其做出有利于工程建设、民生福祉、环境保护等方面的工程决策，开展科学、合理的工程实践。

（2）更新发展的管理理念向工程建设提出多元诉求

谋求"人-工程-自然-社会"四位一体的和谐共生关系成为管理者不断更新

发展眼光下的工程管理伦理问题分析　　　　　　表6-2

	20世纪70~80年代		21世纪
工艺技术	成岛技术以抛石筑堤成岛（"堰筑法"）为主，施工船舶数量多、工程风险大、工期周期长、易对水域造成污染；国内尚无成套外海沉管隧道工程技术	技术进步	人工岛建设采用钢圆筒快速成岛技术，减少船舶数量、缩短工程工期、减轻环境压力；沉管隧道工程技术自立自强，突破国外技术封锁，提升工程质量与安全
政策法规	对水域污染管理、生物多样性保护、工程共同体安全等政策较为宽松	新政策法规发布	国家和地区发布海洋环境、海洋生物保护、工程建设安全等相关条例，并严格监管
宏观价值	牺牲环境为代价，枉顾人的健康与安全，开展工程作业	主导价值观改变	以人为本；将人的健康与安全、生态保护、民生福祉置于首位
管理理念	只谋求工程效益	管理理念革新	技术层面：创新技术，确保工程与生态效益双收 决策层面：科学研判、工程试验保障工程技术及其工艺的安全性、稳定性 管理层面：动态反馈、严格监管 环保上：划定环保高标准，严格方案落实 安全层面：构建文化软环境、创设技术硬件保障、营造工程行为环境
道德能力	只承担工程建设责任与义务	管理者道德修养与伦理水平提高	主动承担人民健康、安全、福祉及生态伦理责任，积极采取工程优质安全的工程行为

发展的管理理念，这一管理理念正向工程建设提出多元诉求，工程建设在追求工程效益的同时，还应兼顾工程共同体健康安全、生态保护、民生福祉等利益需求，以期达成高质量的工程目标。

（3）工程管理理念提升有助于激发工程共同体的创造力

工程建设中难免出现工程与自然、人、社会发生矛盾的情况。管理理念要着力解决矛盾冲突，力求兼顾多方利益，实现共赢。所以在工程管理理念的驱使下，工程共同体能进一步拓展工程思维，寻求更适合的技术、设备、工艺等工程要素，从而激发其创造力与活力，解决工程难题。

（4）工程创新是解决工程管理伦理问题的重要手段，但非唯一手段

依据此前的案例分析，工程创新能协助管理者实现抵御工程建设风险、提升工程品质、助于环境保护等多个目标。但要注意的是，工程创新并非唯一手段。所以并不是开展工程创新就能解决所有工程管理伦理问题，要追本溯源，抓住问题的本质，对症下药，方可解决。

(5) 法律法规及相关政策是工程管理者恪守的法律底线，而工程管理伦理道德则是其更高标准的追求

国家、（属地）政府都制定并出台有关环境保护、工程安全等内容的法律法规，这些法律法规有效规范了工程管理者及其工程共同体成员的实践行为，是其应该恪守的法律底线。而工程管理伦理道德是工程管理者在工程建设中更高标准的追求。所以工程管理者既应严格执行法律法规的相关规定，也应主动肩负起生态保护、人民健康安全及福祉的工程管理伦理责任。

(6) 工程管理者的道德能力提升有助于工程管理伦理问题更好地解决

工程管理伦理问题不仅需要解决，而且需要解决得科学、合理，达成最佳的解决效果。因此，只依赖工程管理者先进的管理理念是远远不够的，还应切实提升其道德能力，协助管理者在做出工程决策、开展管理实践、解决伦理问题上发挥效用。

6.5.6 管理者的道德能力与伦理智慧

在本案例工程管理伦理问题解决的过程中，体现出管理者多方面的道德能力与伦理智慧。

(1) 道德认识能力

管理者对工程风险与工程质量、安全的固有矛盾，工程生态伦理问题、工程共同体利益关系等伦理问题有着较为清醒的认识。牢牢抓住"人"这一工程核心要素，从以人为本的工程理念出发，恪守人与自然相和谐、保障人的本质诉求的工程理念，将工程价值观融入工程建设中，在分析问题与解决问题上较好地兼顾人的利益、生态效益与工程效益。

(2) 道德判断与选择能力

认识、解决工程管理伦理问题，既要厘清问题的根源并对其科学研判，也要在进程中进行管控，力求每一项工程方案、技术应用、管理措施都能兼顾人、工程、自然、社会等多个元素的效益最大化，统筹权衡优选最佳行动方案。

(3) 道德创造能力

打破工程思维定式，以逆向性思维开展工程在工艺、设备、技术、方案、管理等领域的集成创新，使得我国工程建设者突破国外技术封锁下走工程技术自立自强之路。

(4) 道德践履能力

行动方案并非空中楼阁，需要落地落实落细，使其发挥应有的效能，最终实

现工程建设目标。一方面，通过工程试验、工程模拟演练修正工程行动方案，避免主观因素影响工程的最终判断；另一方面，采用技术方案的比选、管理措施的优化、工程行为的监管等多项工程举措，权衡利弊，统筹兼顾，确保工程建设、工程管理与工程实际相融合，确保行动方案在最终实施过程中能发挥出最佳效能。

（5）管理者的伦理智慧

管理者之所以能成功解决多项工程伦理问题，既体现管理者从宏观层面上对工程经济、技术、生态等整体认识，也体现出管理者善于在微观层面中把握工程建设的动态脉络与末枝细节，并根据工程进展适时调整工程管理对策。这些都集中反映出管理者的伦理智慧。

管理者从项目管理与工程建设两条路径出发，通过工程建设为项目管理创设管理环境、整合管理资源，明确项目管理的范畴与任务；通过项目管理为工程建设提供综合保障、发挥管理效用，提升工程建设的效率与能力。使项目管理与工程建设并行推进，二者有机结合，达成工程目标。同时，在这个动态交互的过程中，切实提高工程共同体成员在生态保护、工程安全等方面的责任意识，加强其抵御风险的能力，增加其工程实施经验，有利于工程目标的实现。

6.6 基于工程管理中突出性伦理问题的反思

6.6.1 人工岛建设与海洋生态保护问题

"生命共同体"是习近平新时代中国特色社会主义思想的原创性概念，是习近平生态文明思想的基本范畴。党的十九大报告提出："人与自然是生命共同体，人类必须尊重自然、顺应自然、保护自然。"而工程作为人类重要的活动，更需要在工程建设阶段尊重自然、顺应自然、保护自然。从"生命共同体"出发，必须要意识到生态阈值，自觉提高工程管理者的生态底线思维和生态红线思维能力。生态底线是根据自然规律提出的最低要求，生态红线是根据自然规律提出的不可逾越的要求。这是可持续性的基本意蕴。从工程项目实际出发，对工程建设阶段开展科学的生态评估，积极划出工程生态功能保障基线、环境质量安全底线与自然资源利用上线，以此设定工程活动范围、程度等指标，并严格监管工程活动。这样，才能有效维护"生命共同体"的完整性、稳定性和持续性。基于"生命共同体"的思想，要求工程管理者及其他工程共同体要自觉树立和提高以生态底线思维和生态红线思维为核心的生态思维能力，开展以绿色、智能为特征的工程技术创新,实现工程高质量发展。

6.6.2 工程建设风险、质量、安全问题

工程总是伴有风险,这是由工程本身的性质决定的。在工程活动中,不仅需要顺利完成工程建设、达到工程既定目标,也需要规避、防范工程风险,切实保障工程共同体及利益相关者的安全。

工程实践既是一种技艺,更是一种德行。保障工程安全作为工程活动中的基本伦理原则,同时也是工程活动中以人为本的重要体现。工程安全指在工程建设和运行过程中不出意外地实现设计目标,获得工程建造物。既要保障工程施工作业人员的人身安全,也要确保工程施工作业人员的身心健康。

工程建设中的人本意识要求工程共同体在职业活动中始终树立"以人为本"的信念,更要恪守"以生命为本"的工程信仰,将为了人、理解人、关心人、尊重人并且平等待人作为制定工程决策和组织工程实施的价值前提,从而使尊重生命价值、维护群众利益的伦理原则与追求经济利润、促进社会进步的效益目标达到有机统一。同时,工程建设在落实工程安全责任、践行工程安全行为时,要以预防为主,通过开展工程试验、专家技术咨询、备用应急预案、组织工程模拟演练等保障性工作,切实深化工程共同体的安全责任意识,强化工程共同体处理风险的能力,从而优化工程构筑物(工程技术产品)的安全性能与高品质。此外,工程项目还应制定严格的管理制度,规范工程共同体的工程行为,通过媒体与公众广泛参与和监管,进一步完善工程建设的安全管理体系,保障工程安全。

工程安全是工程建设必须遵循、践行的重要一环,也是工程共同体需要主动承担的伦理责任。希冀工程建设以尊重和维护人的权利、增进人类福祉为价值旨归,充分发挥工程共同体的积极性与创造性,在工程创新中积极预防、规避工程风险,建设优质安全的工程项目。

6.6.3 工程共同体内部伦理关系协调

工程活动是现代社会存在和发展的基础,其中不仅蕴含着人与自然的关系,还深刻涉及人与人、人与社会的关系。在进行工程实践的同时,通过现实的权利、义务规定对各种关系进行协调,通过规范体系和价值约束使这些关系作为一个有机整体进行项目管理运作。

工程共同体在项目管理中更类似"工程合作体"。"合作"的内涵丰富,可以

是对称合作或非对称合作，合作并不排斥竞争，并不要求目标统一，也不要求从一而终，可为长期也可为短期等，其合作关系依然体现人与人、或群体与群体之间的关系。可以肯定的是，合作更能体现工程活动中多主体、多层次、多领域、多途径复杂多变的互动关系。工程活动由各参与方集成，它们构成一个"合作体"，在项目管理中虽然群体内价值取向不一，但是通过沟通协商能就一个工程问题达成共识，彼此合作、求同存异，形成"伙伴关系"，从而使项目管理发挥效能，工程建设稳步推进。

项目管理中，通过现实的权利、义务规定对工程共同体内部的伦理关系进行协调，通过规范体系和价值约束促成这些伦理关系融合为一个有机整体协同运作。以工程合同明确工程共同体所要承担的权、责、利，加强对其的法律约束；以管理制度规约工程共同体的具体工程行为，规范其所做所为；以项目文化引领工程共同体的工程价值观，提升其伦理水平；以现代管理手段协助工程共同体开展管理，为其工程建设管理赋能。当然，社会机制的参与也会利于工程共同体承担相应的工程责任，规范工程行为，如工程师协会、工会等。

综上，项目管理是依据工程项目实际需求应运而生的，不仅带有显著的项目特性，而且为整个工程建设阶段提供着管理保障。超大型、非常规的工程项目既需要结合工程实际，构建高效运行、良性循环的工程管理体系，也需要通过科学、合理的工程管理方法，打造一支推行伙伴关系的工程建设队伍，切实解决工程管理伦理问题。

第7章 南水北调中线一期工程管理伦理

7.1 南水北调中线一期工程

7.1.1 南水北调工程总体方案

我国水资源北少南多，土地资源北多南少。北方地区水资源占19%，耕地资源占65%；南方地区水资源占81%，耕地资源占35%。1952年，毛泽东同志在视察黄河时提出："南方水多，北方水少，如有可能，借点水来也是可以的。"这是南水北调宏伟构想的首次提出。南水北调工程是党中央、国务院根据我国经济社会发展需要作出的重大决策，是从国家全局出发考虑安排的重大生产力布局，是事关我国经济社会发展全局的一项战略性工程。根据《南水北调工程总体规划》，南水北调工程总体布局东线、中线和西线三条调水线路向北方调水，连接起长江、淮河、黄河、海河，形成我国"四横三纵"骨干水网。现阶段，南水北调东线和中线的一期工程已建成通水，而西线工程尚未动工。

7.1.2 中线一期工程概况

中线一期工程是从加坝扩容后的丹江口水利枢纽陶岔渠首枢纽引水，沿唐白河流域西侧过长江流域与淮河流域的分水岭方城垭口后，经黄淮海平原西部边缘，在郑州以西孤柏嘴处穿过黄河，沿京广铁路西侧北上，基本自流到北京、天津。

中线一期工程由水源工程、输水干线工程（简称"干线工程"）和汉江中下游治理工程三部分组成。

水源工程。水源工程是在丹江口大坝基础上加高并进行水库移民后形成的，工程建设包括丹江口大坝加高、丹江口库区移民及陶岔渠首枢纽。丹江口水库大坝加高工程是中线水源工程的控制性工程，规划丹江口大坝按最终规模加高完建，在一期工程的基础上加高14.6m，坝顶高程达到176.6m，正常蓄水位

170m，相应库容290.5亿m³，增加库容116亿m³，有效库容163.6亿m³，由年调节变为不完全多年调节水库。水库大坝加高后，防洪仍然是第一位的任务，防洪库容增至81.2亿～110亿m³。供水取代发电成为第二位的任务，在满足汉江中下游干流和湖北襄阳引丹灌区用水的前提下，主要向中线一期工程受水区供水。丹江口水电站仅结合向汉江中下游供水的下泄水量发电，不再专为发电泄水，电站仍在系统中承担调频调峰任务。陶岔渠首枢纽既是中线总干渠引水渠首，也是丹江口水利枢纽副坝与主要挡水建筑物。

干线工程。干线工程是南水北调中线一期工程的输水工程，包括总干渠和天津干渠，渠线总长1432km。其中，总干渠长1276km，以明渠为主，北京段采用PCCP管和暗涵输水；天津干渠长156km，采用暗涵输水。总干渠自加坝扩容后的丹江口水利枢纽陶岔渠首枢纽引水，经江淮分水岭的方城垭口入淮河流域，经黄淮海平原西部边缘至郑州西部孤柏嘴穿越黄河，继续沿太行山东麓、京广铁路线西侧北上，穿越漳河，经河北进入北京，最后到达终点团城湖。天津干渠自总干渠河北境内的西黑山分水，自西向东至天津外环河。

汉江中下游治理工程。调水后丹江口水利枢纽下泄水量减少，对汉江中下游地区两岸取水及航运将产生一定的影响，为消除或减少调水对汉江中下游产生的不利影响，新建兴隆水利枢纽、引江济汉工程，改造沿岸部分引水闸站，整治局部航道。

中线一期工程的任务是向北京、天津、河北、河南四省（直辖市）的受水区城市提供生活、工业用水，缓解城市与农业、生态用水的矛盾。工程建成后多年平均调水量95.0亿m³，工程受水区范围见表7-1，水量分配见表7-2。

中线一期工程受水区范围　　　　　　　　　　　　　　表7-1

省（直辖市）	地级城市
北京	
天津	
河北	石家庄、邯郸、邢台、保定、廊坊、衡水
河南	郑州、南阳、平顶山、漯河、周口、许昌、焦作、新乡、鹤壁、濮阳、安阳

中线一期工程水量分配表　　　　　　　　　　　　　　表7-2

省（直辖市）	河南	河北	北京	天津	合计
毛供水量（亿m³）	37.7	34.7	12.4	10.2	95.0
净供水量（亿m³）	35.8	30.4	10.5	8.6	85.3

注：河南省供水量包括刁河灌区供水量。

2003年12月30日，南水北调中线工程开工，2014年12月12日，历时11年建设的南水北调中线正式通水。截至2014年12月通水前，中线干线一期工程总投资达2103.6亿元。中线工程运行初期供水价格实行成本水价，并计征营业税及其附加。各区段口门水价不一，其中河南南阳段最低，为0.18元/m^3，北京最高，为2.33元/m^3。

7.1.3 南水北调工程建设管理体制

南水北调工程开工建设以来，遵循国务院批复的《南水北调工程总体规划》中关于建设管理体制实行"政府宏观调控、准市场机制运作、现代企业管理、用水户参与"的指导原则，紧密结合工程建设的实际，在国务院南水北调工程建设委员会《南水北调工程建设管理的若干意见》的总体架构下，积极探索，建立了以项目管理为核心，适应南水北调工程建设需要的管理体制。南水北调工程建设管理体制的总体框架分为政府行政监管、工程建设管理和决策咨询三个层面（图7-1）。

第一，政府行政监管层面，国务院成立了国务院南水北调工程建设委员会，作为工程建设高层次的决策机构，研究决定南水北调工程建设的重大方针、政策、措施和其他重大问题。国务院南水北调办公室作为建设委员会的办事机构，负责研究提出南水北调工程建设的有关政策和管理办法，起草有关法规草案；协调国务院有关部门加强节水、治污和生态环境保护；对南水北调主体工程建设实施政府行政管理。工程沿线各省、直辖市成立南水北调工程建设领导小组，下设办事机构，贯彻落实国家有关南水北调工程建设的法律、法规、政策、措施和决定；负责组织协调征地拆迁、移民安置；参与协调省、自治区、直辖市有关部门实施节水治污及生态环境保护工作，检查监督治污工程建设；受国务院南水北调办公室委托，对委托由地方南水北调建设管理机构管理的主体工程实施部分政府管理职责，负责地方配套工程建设的组织协调，研究制定配套工程建设管理办法。

第二，工程建设管理层面，南水北调工程建设全面实行项目法人责任制，由项目法人对主体工程建设的资金筹措、工程建设、运行管理、还贷保值负总责。建设期间，主体工程的项目法人对主体工程建设的质量、安全、进度、筹资和资金使用负总责；负责组织编制单项工程初步设计；协调工程建设的外部关系。承担南水北调工程项目管理、勘测（包括勘察和测绘）设计、监理、施工等业务的单位，通过竞争方式择优选用，实行合同管理。

第三，决策咨询层面，成立南水北调工程建设委员会专家委员会。主要任务是对南水北调工程建设中的重大技术、经济、管理及质量等问题进行咨询；对南水北调工程建设中的工程建设、生态环境、移民工作的质量进行检查、评价和指导；有针对性地开展重大专题的调查研究。

南水北调中线一期工程主要有四家法人（图7-1）：一是由水利部负责，汉江集团（丹江口水利枢纽管理局）与长江水利水电开发总公司组建了南水北调中线水源有限责任公司，作为南水北调中线水源工程建设期间的项目法人；二是淮委治淮工程建设管理局作为陶岔渠首枢纽项目法人（陶岔渠首枢纽是水源工程的一部分）；三是国调办组建成立中线干线工程管理局，负责南水北调中线干线工程建设和管理；四是成立湖北省南水北调工程建设管理局，负责组织协调南水北调汉江中下游四项治理工程立项、资金筹措和使用管理工作，组织实施南水北调汉江中下游四项治理工程建设与管理。

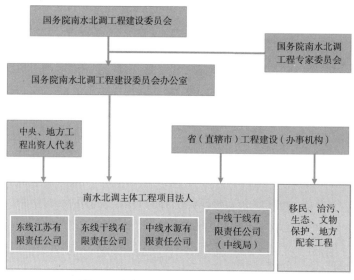

图 7-1　南水北调中线一期工程组织结构

7.2 南水北调中线一期工程特殊性

与一般水利工程不同，南水北调中线工程有着以下几方面特殊性。

（1）战略地位特别重要

南水北调中线工程是华北地区的生命线。华北地区人口稠密，工业发达，在我国粮食安全、能源、原材料工业和城市化发展等方面具有不可替代的作用，随着城市进程及工农业发展的加快，水资源短缺成为制约其经济可持续发展的因素。迄今为止，这个世界上规模最大的调水工程已通水6年，实现了南水调配、东西互济的优化水资源配置，极大地缓解了区域水资源压力，促进了我国华北地区经济社会的可持续发展。南水北调工程作为中国广袤大地上的新水脉工程，将长江水系的水源不断输入华北地区，滋养着沿线40多个大中城市、120多个县区，直接受益人口超过7900万人，截至2021年2月，南水北调中线一期工程累计输水361.22亿m^3，在保障京津冀等华北地区大中城市饮水安全方面发挥了至关重要的作用。

以北京为例，南水北调中线工程通水之前，北京作为一个严重缺水的城市，几十年来，北京市的地下水水位呈现下降趋势，特别是在1999年到2015年，由于连年干旱和经济社会快速发展对水资源的需求逐步增加，这一阶段地下水位呈快速下降态势，水生态环境不断恶化。2014年底，随着南水北调中线工程通水，截至2021年5月，南水北调工程已累计向北京调水64.59亿m^3，向北京水厂供水42.92亿m^3，北京中心城区使用南水北调来水的比例达到了70%，供水安全系数由1.0提高到1.2，向密云、怀柔、大宁、十三陵等本地大中型水库存蓄江水7.35亿m^3，向水源地、重点功能区补水14.32亿m^3，北京地下水水位已经连续5年实现回升，有效缓解了北京水资源短缺的局面。

2021年5月14日，习近平总书记在推进南水北调后续工程高质量发展座谈会上发表重要讲话，指出南水北调工程事关战略全局、事关长远发展、事关人民福祉，南水北调是跨流域跨区域配置水资源的骨干工程，在经济社会发展和生态环境保护方面发挥了重要作用。实践证明，党中央关于南水北调工程的决策是完全正确的。

（2）工程规模特别庞大

中线一期工程由水源工程、干线工程及汉江中下游治理工程等组成，工程级别为I等，规模为大（1）型，属于特大型水利工程。丹江口水利枢纽大坝加高工程是南水北调中线工程的水源工程，挡水建筑物右岸土石坝因改线新建，左岸土石坝在初期的坝下游侧加高，混凝土坝须加高14.6m，除加高坝顶外尚需在下游坝面贴坡加厚，大坝加高后，常蓄水位从157m提高至170m，可相应增加库容116亿m^3，多年平均可为南水北调中线一期工程供水95亿m^3。丹江口混凝土坝加高规模较大，难度高，其规模为国内水利水电工程加高续建（改建）工程之最。

南水北调中线一期工程输水干渠地跨河南、河北、北京、天津4个省、直辖市，从丹江口水库陶岔渠首闸引水，一路自流向北，最终到达北京、天津，到终点北京团城湖的总干渠长1277km，天津干渠155km，沿线开挖渠道，输水工程以明渠为主，北京段采用PCCP管和暗涵输水，天津干渠采用暗涵输水。总干渠沟通长江、淮河、黄河、海河四大流域，与河流存在多处交叉，一般明渠无法跨越，修建了大量渡槽或隧洞使输送渠道水流跨越河渠、溪谷、洼地和道路。总干渠需穿过黄河干流及其他集流面积10km²以上河流219条，跨越铁路44处，需建跨总干渠的公路桥571座，此外还有节制闸、分水闸、退水建筑物和隧洞、暗渠等，总干渠上各类建筑物共936座，其中最大的是穿黄河工程。

穿黄河工程是南水北调中线总干渠穿越黄河的关键性工程，也是南水北调中线干线工程总工期中的控制性项目。穿黄工程总长19km，由三部分组成：南岸明渠、穿黄隧洞及北岸明渠，其中穿黄隧洞长度4.25km，建筑物沿途穿越黄河、新蟒河、老蟒河等3条河流，与14条等级公路交叉。穿黄河工程建设克服了大断面超深连续墙施工、长距离泥水盾构机施工、有粘结环锚预应力薄壁混凝土施工、高地下水黄土地层隧洞施工等一个个技术难点，是国内穿越大江大河直径最大的输水隧洞工程，是国内首例用盾构方式穿越黄河的工程，穿黄隧洞是南水北调工程中规模最大、单项工期最长、技术含量最高、施工难度最大的交叉建筑物，开创了中国水利水电工程水底隧洞长距离软土施工新纪录。

(3) 涉及利益特别复杂

工程的运行管理不仅涉及中线一期工程受水区河南、河北、北京、天津的供水，还涉及汉江中下游经济社会发展需水和生态环境需水要求及其他供水需求；不仅要考虑保证调水规模，还需考虑水质保护，不但需做好丹江口库区及上游水污染防治和水土保持工作，以及汉江中下游生态保护，还需做好干线沿线的水质保护；不仅要保障调水目标实现，还需协调丹江口水利枢纽工程综合效益发挥；不仅需完成调水任务，还需保证汉江中下游防洪安全、生态安全和供水安全，以及丹江口库区社会稳定、移民后扶等。因此，工程运行管理需综合平衡协调各方利益、各项功能。

以水量分配为例，南水北调中线一期工程涉及河南、河北、北京、天津四个省、直辖市，沿线分布有14座大、中城市，需要从全局考虑优化，合理分配各区域调水指标，平衡各方利益需求。南水北调工程给受水区带来的直接利益是区域供水量增加，进而带来包括工业、农业和居民生活的供水效益、生态环境效益以及供水增量对区域GDP的影响等。从长远来看，受水区有强烈意愿分配更多调水量指标来满足当地长远经济社会发展，水量供给增加提升了受水区社会经济长远发展的保障能力，给经济增长和产业发展带来了更为安全的水资源环境，也因此产生了强烈的水资源分配竞争。

正是由于南水北调工程的各种特殊性，2003年8月4日，经国务院批准，成立了正部级的南水北调建设办公室，作为国务院南水北调工程建设委员会的办事机构，专门承担南水北调工程建设期的工程建设行政管理职能，这在中国重大工程建设历史上也是极为少见的。

7.3 南水北调中线一期工程行动者网络构建与分析

7.3.1 异质行动者转译

20世纪80年代，Michel Callon等创立了行动者网络理论（Actor Network Theory，ANT）。该理论强调关系性思维，认为自然与社会不再孤立存在于认识论的两极，应平等看待人类主体与非人类主体，优化主体间的异质性，在人与非人、自然与社会的互生关系中寻求社会稳定点。转译是网络联结的基本方法，即核心行动者引导其他行动者朝其所期望的目标前进的路径，并最终说服其他行动者接受征召和动员进入网络。通过转译过程，人类和非人类行动者的利益、角色、功能及位置被重新界定，最终形成环保PPP项目异质行动者网络[①]。将各方利益得到合理保护和满足，整体效益最大化作为转译的强制通行点，各行动者要在网络中实现各自目标，必须以此强制通行点为行为导向（图7-2）。

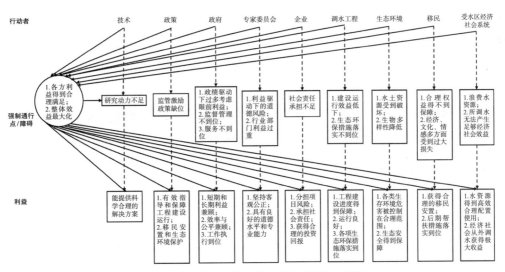

图7-2 南水北调中线一期工程异质行动者转译

---

① 任志涛，李海平，张赛，等.环保PPP项目异质行动者网络构建研究[J].科技进步与对策，2017，34（9）：38-42.

7.3.2 异质行动者网络构建

在异质行动者转移的基础上,采用Michel Callon提出的问题呈现、利益赋予、征召、动员及异议五个关键环节分析方法,构建了南水北调中线一期工程行动者网络如图7-3所示。

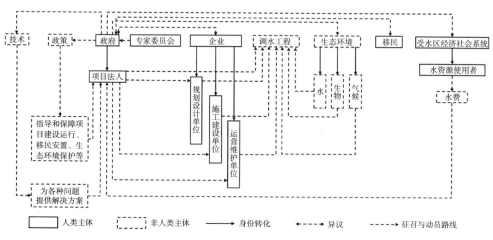

图7-3　南水北调中线一期工程异质行动者网络

在南水北调中线一期工程建设运行过程中,各异质行动者通过问题呈现、利益赋予、征召、动员及异议行为的不断演变和互动,联结成复杂的网络关系,最终形成异质行动者网络。图7-3中,单向箭头实线表示行动者身份的转化;单向箭头虚线表示某个行动者通过利益赋予到达另一个行动者的征召和动员线路;双向箭头虚线表示行动者或其行为之间抵触、冲突的联结关系;实线矩形表示人类行动者;虚线矩形表示非人类行动者。从图中可以看到,从政府、专家、企业再到移民、生态环境(包括水源区、取水口下游、输水沿线等各区域)、受水区经济社会等各异质行动者相互作用、相互影响,各方面利益会相互博弈和制约。其中,移民主要和政府发生相互作用,也可以看出政府需要在移民安置中承担主要责任。

7.3.3 内部行动者关系

根据行动者网络,梳理了管理者共同体内部各级各方管理者之间的相互关系。在本案例中,南水北调中线一期工程各类事项的管理主体及各主体关系是存在差别的。具体到移民安置工作,实行的是国务院南水北调工程建设委员会领导、省级人民政府负责、县为基础、项目法人参与的管理体制。据此,绘制了工程管理内部行动者关系，如图7-4所示。图中，圆圈代表各级各方管理者群体，圆圈之间的箭头表示相互间的影响与约束。

本工程案例中，管理者共同体内部在决策过程中会产生一些分歧，但在现行管理体制下，各级各方管理者之间的利益冲突不显著，各类分歧相对易于调和，不是主要矛盾。

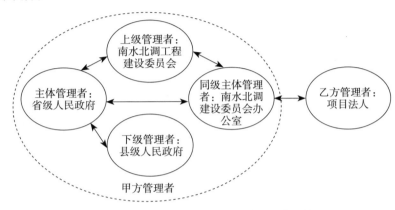

图 7-4　南水北调中线一期工程内部行动者网络

7.4 移民搬迁安置伦理问题

如前所述，因为南水北调中线一期工程涉及各方利益特别复杂，涉及人与人、人与自然、局部与整体各个维度的利益权衡，所涉及的工程伦理问题也较为广泛而突出，包括移民安置、水源区生态补偿、对生态环境长期影响、对汉江下游负面影响、代际公平等各类问题。本专题选取了移民搬迁安置这个水利工程伦理研究领域关注度最高，同时也是在南水北调中线工程上体现得最为典型的问题进行了剖析。

7.4.1 移民搬迁问题概述

（1）伦理问题

南水北调一期工程建设需要移民近42万人。其中，丹江口库区需搬迁34.5万人，包括湖北18.3万人、河南16.2万人。这是继三峡工程之后，中国规模最大的一次水库移民"大迁徙"。对于水利工程移民来说，不可避免地要遭受经济、文化、情感的巨大影响，这里的社会公平公正问题十分突出。

（2）行动主体及其责任

在这个问题中，管理者作为行动主体，主要包括南水北调工程建设委员会办公室以及河南、湖北等省市人民政府有关管理者。管理者需要在遵守相关法规政策基础上，承担按期完成移民搬迁，保证工程建设进度的责任，同时也肩负着妥善安置移民，保证安置质量的责任。

（3）利益相关者及其利益

此问题中的主要利益相关者包括除管理者外的其他工程共同体成员以及社会公众。这里的社会公众大致可以分为三个群体：一是移民群体本身；二是安置区原居民；三是当地其他公众，如工程边缘地带居民。工程共同体成员的利益为完成工程目标，社会公众利益则是维护自身的经济、文化、情感遭受尽可能少的损失，当然这里不同社会群体的利益诉求是存在巨大差异的。

（4）宏观层面的道德价值与规范

南水北调中线一期工程所面临宏观层面的道德价值与规范包括多个方面：一是增强我国水资源战略调配能力，保障国家水安全；二是要以人为本，维护和保障人民群众的合法权益；三是处理好效率与公平的关系，坚持效率与公平的辩证统一。

7.4.2 搬迁效率与移民福祉之间的伦理冲突

如果只讨论非黑即白的行动方案，那么可采取的方案有两种：

一是最高效率地实现移民搬迁。按照工程建设需要，动用一切手段甚至是强制性手段尽可能快地搬迁移民，确保工程早日建成。但在这个过程中，可能会出现移民的利益诉求无法充分表达、补偿标准过低、安置质量不高、无法融入新的社会环境甚至正常生产生活难以保障等问题，最终可能会带来一系列社会问题。

二是最大限度地满足移民要求。在移民搬迁过程中，尽可能地充分满足移民要求，例如提高补偿标准，提供优质安置环境，创造充分就业条件，以及满足移民的情感和文化诉求，实现移民自愿搬迁。这样的结果是最大限度满足了移民的利益诉求，将移民的经济、文化和情感损失降到最低，但工程进度将无法保证。

7.4.3 伦理问题解决与行动方案评价

（1）管理者的所思所想

虽然如上文所述，在现行管理体制下，各级各方管理者之间的利益冲突不显著，各类分歧相对易于调和，但不同层级的管理者所思所想仍存在一定区别。因此，对各层级的管理者在移民安置问题上的所思所想进行了针对性分析。

①上级管理者——南水北调建设委员会。南水北调建设委员会作为最高级别的管理者，决定了各类利益权衡的最终走向，考虑得最为综合。在移民安置问题上所思所想很明确，就是"维护移民合法权益，保障工程建设顺利进行"。这一点在其主导制订的《南水北调工程建设征地补偿和移民安置暂行办法》中有明确体现。南水北调建设委员会也要求包括其他管理者在内的所有行动者共同实现这一目标。其办事机构南水北调建设委员会办公室所思所想与此一致。

②主体管理者——移民所在地省级人民政府。河南、湖北等省级人民政府主要有几个方面的考虑：一是要贯彻落实党和国家的重大部署，做好南水北调移民迁安工作，保障工程进度；二是要坚持以人为本，对移民群众负责，要让移民"搬得出、稳得住、可发展、能致富"；三是要考虑全省经济社会发展，要把移民安置与社会主义新农村建设和地区经济社会发展相结合，包括争取更多的中央支持。为保障工作开展，对下级管理者实行目标管理，定期考核，严格奖惩，对其他行动者也会建立相应的监督和激励机制。

③下级管理者——移民所在地县级人民政府。县级人民政府是移民安置的具体执行者，工作受到上级的严格管理和考核，其考虑首先是完成上级的安排部署，按要求完成移民的各项工作任务；其次是坚持以人为本，对移民群众负责；最后考虑全县经济社会发展，尽可能降低当前损失和后期负担，争取更多经济和政策支持。

（2）采取的行动方案

事实上，非黑即白的方案在现实中显然是行不通的。本问题最终采取的行动方案不是非黑即白，也不是简单的折中性方案，而是通过可行的措施和巨大的努力，将原本对立的矛盾有效统一起来。即：构建完善的移民安置政策，形成标准合理、项目齐全、以人为本的移民补偿补助体系，通过扎实高效的贯彻落实，真正让移民搬得出、稳得住、能发展、可致富，使移民生活能够达到或超过原有的水平，使移民从受影响者变为受益者，反过来促进移民搬迁效率的提高。最终，丹江口库区在3年时间里完成搬迁安置超过30万人，而且还多是跨县市安置，且移民生产生活稳定，社会反响较好。

需要看到的是，在这过程中，移民付出了巨大牺牲，而工程管理者也付出了不容忽视的努力。比如丹江口库区移民规划编制完善历时9年，仅库区移民初步设计阶段，规划设计成果就达372本，移民规划经历了规划编制、实践（试点移民）检验、修订完善的过程，最终才构建了一套标准合理、项目齐全、以人为本的移民补偿补助体系。再如政策的不断优化调整，由于南水北调工程建设周期较长，人工及建筑材料等价格过快上涨，国家决定在原批复初步设计报告中暂列的价差基础上，批复增加了13.5亿元的价差投资，专门用于解决这一问题。还有不仅关注人的物质需求，更要关注人的发展需求和精神等非物质需求，尽量顺应满足移民的合理要求。在河南舞钢市姚营移民新村，当地政府为了缓解移民们的思乡情绪，专门协调资金，投资150万元，依照丹江口水库的形状，建设了一个1万 m^2 的游园，被称为"小丹江湖"。

（3）管理者的职业责任与职业良心

面向既保障移民搬迁进度又让移民群众满意这样一个总体目标，一方面，管理者有合法合规完成工程目标，保证工程效益的职业责任；另一方面，管理者也有最大限度维护社会公众利益的职业良心。两者需要平衡，也需要付诸行动。

（4）所依据的宏观价值

事实上，工程管理者在这项行动中并未抛开任何一项宏观价值而采取单一价值。当然，从行动逻辑上看，各宏观价值发挥的作用有所差异。其中，保障国家水安全是核心价值，这是工程建设和移民搬迁的根本动因；以人为本可称为先导价值，这是开展工程建设的关键基础；而处理好效率与公平的关系，并且实现效率与公平的辩证统一，在这里既是价值观，也是方法论，是移民问题得以妥善解决的路径指引。

（5）所依据的管理理念

在工作推进过程中，管理者逐渐形成了如下管理理念：

①高度重视前期规划论证和试点探索，做好充分准备。

②随着时代发展动态调整政策。随着时代的变化，人的需求在提升，社会多元化趋势明显，移民政策也不断优化调整。

③不仅关注人的物质需求，也关注人的发展需求和精神等非物质需求。

（6）不确定因素及应对措施

移民搬迁后，能否在经济、社会和文化等方面全面融入当地社会体系，形成新的社会共同体，这里面存在着较大不确定性。这不仅取决于移民与原居民在各种维度上的匹配程度，也取决于双方具体的磨合过程，以及相配合的政策机制、资金扶持等外部因素，很难事先完全预测并加以规划。

面对移民搬迁后的可持续发展问题，管理者需要积极考虑对南水北调移民的后续帮扶问题。为统筹做好"十三五"期间水库移民工作，2015年，发展改革委、财政部、水利部联合印发了《关于进一步加强大中型水库移民后期扶持工作的通知》（发改农经〔2015〕426号），要求各地根据国家"十三五"规划编制工作的总体部署及全面建成小康社会、新农村建设等要求，统筹考虑当地水库移民后期扶持各项工作，编制本地区后期扶持"十三五"规划，健全完善促进库区经济发展、水库移民增收、生态环境改善、农村社会稳定的长效机制，确保到2020年水库移民与全国人民同步实现全面小康。与此同时，为促进库区和移民安置区经济社会发展，扶持大中型水库农村移民解决生产生活问题，国家设立了多项政府性基金。其中，大中型水库库区基金从大中型水库发电收入中筹集，根据水库实际上网销售电量，按不高于8厘/(kW·h)的标准征收，收入全部属于地方，主要用于支持库区及移民安置区基础设施建设、经济发展、防护工程和移民生产生活设施维护等方面。

（7）行动方案评价

2019年12月12日，国新办举行南水北调东、中线一期工程全面通水五周年有关情况发布会，水利部副部长蒋旭光在回答记者提问时介绍，南水北调丹江口库区一期工程涉及34.5万人，搬迁安置结果"四年任务两年完成"，这在世界工程的移民史上是一个奇迹，受到了国际有关移民机构的高度评价。客观上，行动方案确实取得了巨大成功。当然，严格来说，库区移民安置工作还远未结束，也谈不上尽善尽美。由于库区基础薄弱、历史欠账较多、发展资金欠缺等原因，移民生产生活水平与当地其他居民相比仍存在一定差距，而且还存在库区产业发展受限、消落区对水质安全存在潜在威胁等各类问题，今后依然需要进一步加大帮扶力度，通过综合措施促进南水北调移民生活水平不断提高。

7.5 水利工程中的移民搬迁伦理问题反思

南水北调工程具有其特殊性，是一项事关战略全局、涉及利益复杂、参与群体众多、时空跨度极大的国家重大工程，为从宏观视野审视和反思工程管理伦理问题及其影响提供了极好的案例，尤其是从以下几方面带来启示。

7.5.1 工程管理伦理具有发展性和时代性

工程管理伦理的不断演进和社会宏观价值、客观条件是密切相关的。新中国成立以来，水库移民工作的发展大致经历了四个阶段[①]，每个阶段工程伦理的价

---

① 河南省政府移民办公室. 水库移民政策系列问答（一）[EB/OL]. [2015-04-29]. http://slt.henan.gov.cn/2019/12-28/1195815.html.

值取向和关注的焦点问题都很明显地随着时代发展而变化。

第一阶段（1950—1957年）：主要针对频繁的洪涝灾害和国民经济对能源的需求，大力发展水利水电建设，黄河、淮河等主要大江大河的治理在我国逐步开展。这一阶段移民工作的主要特点有：①水库淹没实物指标比较简单，主要是补偿个人和集体的房屋土地；②农民人均占有耕地数量相对较多，可以通过划拨或调剂土地安置移民；③当时农村人均补偿投资虽不高，但有等量的土地补偿，且物价比较稳定。

第二阶段（1958—1985年）：从修建三门峡和丹江口水利枢纽开始，全国兴建了大批的大型水利水电工程。这一阶段的主要特点是：①重工程建设、轻移民安置的思想具有普遍性；②水库移民前期工作未能受到重视，工作不扎实；③移民补偿标准普遍偏低，移民经费严重不足。

第三阶段（1986—2006年）：以1986年国务院办公厅批转了水电部《关于抓紧处理水库移民问题的报告》为标志，进入水库移民工作的第三个阶段。这一阶段的主要特点有：①端正了对水库移民工作重要性的认识，明确了指导思想和工作方针，逐步建立健全各级移民机构，建立和完善有关规章制度；②提倡和支持开发性移民；③提高了水库移民工作的科学性、计划性水平，加强了移民安置规划和实施的管理工作；④改进了水库移民管理制度，提高了移民实施管理水平。葛洲坝、小浪底、三峡等一大批大中型水利水电工程就是在这一时期建设完成的。

第四阶段（2006年至今）：2006年，国务院先后出台《国务院关于完善大中型水库移民后期扶持政策的意见》（国发〔2006〕17号）和《大中型水利水电工程建设征地补偿和移民安置条例》（国务院令第471号），我国水库移民工作进入了新的历史阶段。这一阶段移民工作主要有以下特点：①坚持以人为本，在移民工作中全面贯彻落实科学发展观；②明确了移民管理工作体制，移民安置实行政府领导、分级负责、县为基础、项目法人参与的管理体制；③强化了移民安置规划的法律地位，规范了移民安置的程序和方式；④提高了移民对安置工作的参与程度，进一步明确了移民安置形式；⑤提高并统一了征收耕地的补偿补助标准，扩大了对移民财产的补偿补助范围；⑥完善了移民后期扶持制度。

7.5.2 工程管理伦理在移民安置中的重要作用

如前所述，本问题最终采取的行动方案不是非黑即白，也不是简单的折中性方案，而是通过可行的措施和巨大的努力，将原本对立的矛盾有效统一了起来，使得行动方案确实取得了巨大成功。在此过程中，各级工程管理者显示出了很高的伦理水平、工作智慧和执行能力。尤其需要指出的是，对水库移民而言，无论从社会提供的利益表达途径的有效性，还是对此渠道的利用水平衡量，其有效合理的利益表达能力均欠缺[①]。这种情况下，只可能是管理者主导整个移民安置过程，无论是补偿标准和安置政策制定还是在实际执行过程中，管理者都有很大的操作空间，需要管理者在自身伦理准则的约束下，发挥主观能动性做好各种利益协调。在这种情况下，工程管理伦理就发挥了很大作用。

一个典型的案例如前文所证，由于南水北调工程建设周期较长，人工及建筑材料等价格过快上涨导致建房困难。面对这个问题，在决策过程中管理者也有不同认识：一种意见认为，按照原定的标准，实施包干原则，对于物价上涨后的差额，国家不再负担；另一种呼声是，考虑到移民的现实困难，国家该拿的还是要拿，要实事求是解决移民群众最关心的问题。最后，国务院领导拍板，决定在原批复初步设计报告中暂列的价差基础上，批复增加了13.5亿元的价差投资，专门用于解决这一问题。这非常鲜明地体现了管理者伦理的价值取向，即：移民群众与其他社会成员一样，有权利享受改革发展的成果，随着国家整体实力的提升，对于房屋、土地等实物的补偿标准应随之同步提高。而这样的伦理价值取向又直接影响了最终的决策。

7.5.3 主体责任模糊导致伦理问题判定困难

南水北调工程是高度专业化、集成化的系统工程，是由单个工程共同体成员的行为和系统化、整体化的工程活动融合在一起，每个共同体成员都只是整个南水北调工程活动链条上的一个小环节，只能依据其具体的职责要求做出合乎规范的决策，在此情况下很难对管理者个体的伦理责任进行明确的界定。

另一方面，对于南水北调这类大型工程而言，是否在工程管理伦理上出现问题及问题严重程度，往往在短期内是较难判断的。仍以移民安置为例，其判断困难主要存在于几个方面：一是存在滞后性，需要对移民安置后的长期发展情况进行观察考察；二是存在复杂性，经济社会发展影响因素众多，移民安置效果是其中一项重要影响因素，但不是唯一影响因素；三是缺乏可量化的评判方法，比如移民安置效果应该设定什么样的评价指标和阈值，相对而言是难以准确量化的。这导致识别和正确评估这类伦理问题是比较困难的。

---

① 罗宇.水库移民可行能力短缺及其构建策略研究[J].水力发电，2014，40（8）：95-97，132.

7.5.4 工程管理伦理规范的制度化

　　管理伦理和制度规范同样都起到约束管理者行为的效果。就现阶段实际而言，管理伦理更多是潜在的、隐性的体现，尚未形成系统性的规范体系。因此，要大力加强工程伦理研究，普及工程伦理教育，以及构建工程伦理规范，但这必然是一个长期的过程。面对现实需求，也可以对各类工程管理伦理问题进行专门研究，将伦理准则进行提炼，优化整合进现行的各种制度和标准规范中，未尝不是一种快速有效的发展路径。

第8章 载人空间站工程管理伦理

8.1 载人空间站工程

8.1.1 我国载人航天工程的发展

载人航天是人类驾驶和乘坐载人航天器进入太空进行科学研究、资源开发应用的活动,载人航天器是人类进行载人航天活动的平台。从1961年加加林乘坐人类第一个载人航天器"东方一号"宇宙飞船进入太空开始,载人航天器技术经过60年的发展,形成了包含载人飞船、货运飞船、空间实验室、空间站、航天飞机、登月飞行器等一系列载人航天器的航天技术体系,拓展了人类的生存和活动范围,增进了人类对宇宙空间的认识。

1986年,我国开始实施国家高技术研究发展计划("863"计划),把发展载人航天技术列入其中,经论证专家建议,以载人飞船开始,发展我国的载人航天技术。1992年9月21日,中共中央政治局常委会批准实施载人航天工程,并确定了我国载人航天"三步走"的发展战略。第一步,发射载人飞船,建成初步配套的试验性载人飞船工程,开展空间应用实验;第二步,突破航天员出舱活动技术、空间飞行器交会对接技术,发射空间实验室,解决有一定规模的、短期有人照料的空间应用问题;第三步,建造空间站,解决有较大规模的、长期有人照料的空间应用问题。

工程前期通过实施四次无人飞行任务,以及神舟五号、神舟六号载人飞行任务,突破和掌握了载人天地往返技术,使我国成为第三个具有独立开展载人航天活动能力的国家,实现了工程第一步任务目标。通过实施神舟七号飞行任务,以及天宫一号与神舟八号、神舟九号、神舟十号交会对接任务,突破和掌握了航天员出舱活动技术和空间交会对接技术,建成我国首个试验性空间实验室,标志着工程第二步第一阶段任务全面完成。

2010年9月25日,中央政治局常委会批准《载人空间站工程实施方案》,"三步走"战略第三步载人空间站工程正式启动。2021年4月29日，中国空间站天和核心舱成功发射，空间站在轨组装建造正式拉开帷幕。

我国空间站建设的基本思路是：符合我国国情，有所为、有所不为，规模适度留有发展空间；具有突出的中国元素和核心内涵；追求科技进步，充分采用当代先进技术建造和运营空间站，全面掌握大型空间设施的建造和在轨操作能力；注重应用效益，在空间站应用领域取得重大创新成果；追求运营经济性，走可持续发展的道路。

我国空间站建造完成后，将开展长期、持续的载人航天活动和空间科学研究、空间应用、技术试验等活动，充分发挥空间站应用效益，并根据空间科学研究、空间应用和国际合作的需要，进行空间站扩展和载荷更换（图8-1）。

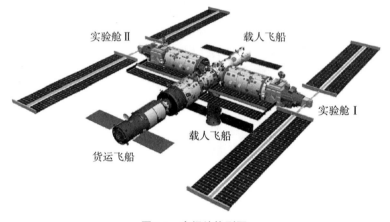

图8-1 空间站构型图

8.1.2 载人空间站工程的复杂系统

中国载人航天工程办公室代表政府对空间站工程行使管理职能，负责空间站工程的总体任务规划、组织实施工程研制、基本建设和技术改造等工作，按照工程总指挥、总设计师联席会议的决定，对工程的计划、技术、质量等进行全系统、全过程的管理，统筹协调工程各部门、各系统的工作。

空间站工程由以下系统共同组成。

①航天员系统，主要任务是"培养人、保障人、研究人"三部分。"培养人"，即建立一支结构合理、规模适度、素质过硬、作风优良的航天员队伍，为载人航天飞行任务选拔训练合格的乘组；"保障人"，即构建完善的健康保障、生活保障、工作保障体系，制定载人飞行器医学/工效学要求并实施评价，为航天员在轨飞行提供保障；"研究人"，即探究解决人类相关空间生命科学问题，掌握发展

先进的健康保障和人因工程技术，为载人航天创新发展和未来载人深空探测提供持续的理论和技术支撑。

②空间应用系统，主要任务是利用载人航天器的应用支持能力，开展空间科学实验与应用研究，推动和引领空间科学与应用领域跨越式发展，取得重大科学成果和应用效益。

③载人飞船系统，主要任务是完成人员和物资的天地往返运输。

④货运飞船系统，主要任务为空间站运输补给物资和载荷、补加推进剂、在轨存储和下行废弃物资。

⑤CZ-2F运载火箭系统，主要任务为发射载人飞船。

⑥CZ-7运载火箭系统，主要任务为发射货运飞船。

⑦CZ-5B运载火箭系统，主要任务为发射核心舱和实验舱。

⑧酒泉发射场系统，主要任务是负责运载火箭、飞船、有效载荷和航天员系统装船设备在发射场的测试和发射，并提供相应保障条件。

⑨海南发射场系统，主要任务是负责运载火箭、货运飞船、空间站、有效载荷和航天员系统装船设备在发射场的测试和发射，并提供相应保障条件。

⑩测控通信系统，主要任务为对火箭、航天器的飞行轨迹、姿态和工作状态的测量、监视与控制任务，提供与航天员进行视频和语音通信的通道。

⑪空间站系统，主要任务为研制空间站舱段，建设和运营空间站，使其成为国家级太空实验室，可支持航天员长期在轨生活和工作。

⑫着陆场系统，主要任务是为载人飞船返回舱选定安全的返回着陆场区，完成返回舱在返回着陆段的测控通信任务，搜索、寻找着陆后的返回舱，救援航天员，回收返回舱和有效载荷。

⑬光学舱系统，主要任务为负责研制空间站"巡天"光学舱平台，用于上行多功能光学设施。

在空间站系统层面，由空间站项目办公室对各舱进行统一管理；在舱段层面，各舱建立独立的责任总师/总指挥，负责各舱段的研制抓总工作；三舱之间按照专业开展统一研制。组织架构图如图8-2所示。

8.2 载人空间站工程的特点

与其他航天器不同，载人空间站工程有以下独有的特点。

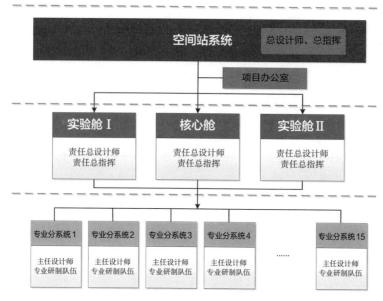

图 8-2 载人空间站工程组织架构图

（1）长期有人驻留

空间站必须保证15年内航天员进出太空和在轨驻留期间的生命安全，保障航天员在轨有效工作，充分发挥航天员在轨工作优势，实施有人参与的空间科学实验。同时，也以在轨航天员为研究对象，开展相关生命科学研究。

（2）关键技术在轨验证

空间站充分利用其他航天器的工程技术基础和工程管理经验，确保航天员进入太空、空间交会对接、组合体管理、航天员出舱活动、航天员安全返回等影响航天员生命安全的关键技术在建设前得到充分验证。同时，在建设空间站过程中，进一步开展大型柔性可展收太阳翼技术、大型空间智能机械臂技术等核心关键技术验证工作，为后续载人深空探测、月球轨道空间站、超大型无人航天器在轨组装建造等任务奠定工程科技和工程管理基础。

8.3 载人空间站工程行动者网络构建与分析

8.3.1 载人空间站工程外部行动者网络

根据图8-3所示的行动者网络，梳理管理者与利益相关者之间的利益分歧或利益冲突。其中圆圈代表行动者与各利益相关者群体，圆圈之间的箭头表示相互间的影响与约束。

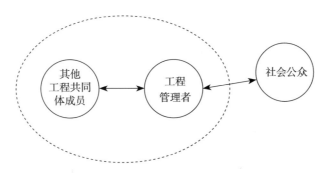

图 8-3　载人空间站工程外部行动者网络

(1) 管理者与其他工程共同体成员

从职责角度看，管理者依据合同规定的职责范围对其他工程共同体成员进行组织管理与监督；其他工程共同体成员依据合同规定服从管理者的管理，接受管理者的监督，必要时也对管理者进行反馈。

中国载人航天工程办公室作为行使政府职能的管理者，负责对空间站工程各组成系统进行管理和监督；各系统接受中国载人航天工程办公室的管理与监督，同时又作为各自系统的管理者完成系统内部各分系统、单机单位的管理与监督。

从利益角度看，一方面，管理者与其他工程共同体成员具有共同利益，即工程目标的顺利完成与工程效益的实现；另一方面，管理者与其他工程共同体成员也存在利益分歧，以新工艺技术的应用为例，工程共同体成员更考虑单项技术的先进性，管理者的主要需求为目前工程实现的前提下达到全系统最优。

(2) 管理者与社会公众

从职责角度看，管理者基于政府的财政和政策等支持，通过空间站的设计、制造与在轨运营，提升我国载人航天技术水平，实现建设航天强国的目标。发展载人航天技术带来的医学、材料学和制造工艺等技术成果可为社会创造更多价值，最终使社会公众受益，回馈社会。

8.3.2　载人空间站工程各级各方管理者交互网络

图 8-4 所示的行动者网络阐释管理者共同体内部各级各方管理者之间的关系。

建设空间站是中国载人航天工程的最终目标，研制周期长，系统复杂度高，风险控制难度大。空间站系统由中国空间技术研究院抓总、全国 3000 余家单位（包括高校、研究院所、中央企业、地方企业、民营企业等）、数十万科技工作者共同参与建设。

中国载人航天工程办公室作为甲方管理者，负责组织各系统开展空间站工程

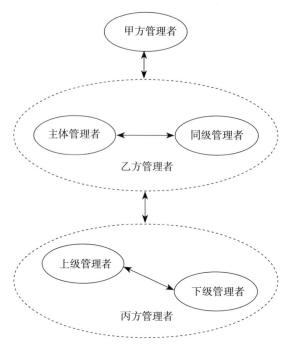

图8-4 载人空间站工程内部行动者网络

相关飞行器的研制，并组织制定空间站全寿命周期的飞行任务规划，完成各系统的研制管理与监督工作。

空间站系统、航天员系统、空间应用系统、载人飞船系统、货运飞船系统、CZ-2F运载火箭系统、CZ-7运载火箭系统、CZ-5B运载火箭系统、酒泉发射场系统、海南发射场系统、着陆场系统、测控通信系统作为空间站工程的组成系统，在中国载人航天工程办公室的领导下，负责完成本系统的产品研制及实施应用，为乙方管理者。

对应至空间站系统，乙方管理者为空间站项目办公室，丙方管理者为空间站各组成舱段的管理者。空间站核心舱、实验舱Ⅰ、实验舱Ⅱ总体及各舱内部的专业分系统受空间站项目办公室的统一领导，完成各平台功能模块产品的研制，并在此基础上完成空间站各舱段的研制。

8.4 载人航天安全管理伦理问题的识别与分析

8.4.1 工程对人的安全与健康的影响

（1）伦理问题

太空环境对航天员在轨驻留会造成眼球和脑组织损伤、肌肉骨骼系统损伤和精神障碍等不利影响。空间站为保证航天员长期在轨驻留，需创造条件减少太空环境对人的影响。

（2）行动主体及其责任

在此伦理问题中，管理者作为行动主体，在保障航天员安全的前提下负有完成工程目标的责任。

（3）利益相关者及其利益

此问题中的主要利益相关者包括除管理者外的其他工程共同体成员和社会公众，其他工程共同体成员的利益为完成工程目标，载人航天的研究成果为社会公众服务，增进其福祉。

（4）宏观层面的道德价值与规范

宏观层面的道德价值与规范既包括发展载人航天技术，将我国建设为航天强国；也包括将人类的生存足迹拓展至星际空间。

8.4.2 伦理冲突——"人"的安全与"机"的运行

由于只讨论非黑即白的行动方案，则可采取的行动方案有两种。

一是按照工程需求采取能够达到的所有手段对太空环境进行防护，其带来的后果是会满足载人航天安全性的要求，确保工程目标的实现，但会造成空间站平台占用资源过多，无法通过现有的运载火箭技术将其运送至近地轨道，使工程目标无法实现。

二是减少太空环境防护措施，其后果是最大限度地保证了空间站作为航天器的顺利在轨运行，但会对在轨驻留航天员的安全与健康产生威胁或损害，也使得航天员长期在轨驻留目标无法实现，最终导致社会公众无法享受载人航天技术发展带来的利益。

8.4.3 兼顾安全健康与工程效益的行动方案

（1）管理者的所思所想

①管理者对利益相关者的态度。在此工程管理伦理问题中，主要利益相关者为其他工程共同体成员（包括航天员）和社会公众。对管理者来说，航天员的生命安全是红线，是必须保证的前提；在以航天员安全为前提的条件下，管理者与其他工程共同体成员有保证工程效益和社会公众利益的社会责任。

②管理者对工程技术的态度。管理者对工程当前所用的技术有较为全面的客观认知：一方面，当前航天器各专项技术均有较大发展；另一方面，国外空间

站已在轨运行多年，有许多成熟的经验可以借鉴。基于客观认识，管理者认为该工程的技术水平具有可进步性，且如果能实现，会提高空间站在轨运行15年期间的安全性水平，但也存在成本高、研制周期长等风险。管理者的主观态度是，应在工程约束条件的限制下，尽可能多地运用新技术。

③管理者对太空环境的态度。管理者对载人空间站工程中太空环境对人-机的影响有较为准确的客观认知，管理者对太空环境的主观态度是，在现有工程技术条件的约束下，要保障航天员安全，实现空间站长期有人驻留的工程目标。

（2）采取的行动方案

本伦理问题最终采取的行动方案不是非黑即白的，而是通过采用新技术，从而在尽可能最少占用资源的前提下增强空间站对太空环境的防护，充分保障航天员的安全与健康，支持航天员更好地完成在轨驻留任务，实现工程目标，并将工程成果的效益惠及社会公众。

（3）管理者的职业责任与职业良心

一方面，管理者有合法合规完成工程目标，保证工程效益的职业责任；另一方面，管理者也有最大限度保障航天员生命安全、身体健康的职业良心。

（4）所依据的宏观价值

宏观层面的价值观念既重视工程效益，也强调航天员安全，但将保障航天员的安全作为前提，给予足够的重视。

（5）所依据的管理理念

在此行动方案决策做出的过程中，体现出管理者所依据的管理理念总体可概括为"以人为本、技术创新"。

1）技术层面，通过两个"关系"来进行技术创新，保证航天员的安全，保证工程效益。

①载人航天器与人的关系。保障人员安全是载人航天器设计的首要目标，对于空间站工程而言，需要从人员进入太空、在轨驻留以及返回着陆三个阶段保障人员安全。在执行人员进入太空和返回着陆两个任务过程中，通过载人飞船的逃逸救生技术、高可靠返回技术，提升载人安全性；在人员在轨驻留过程中，通过空间站的安全性设计和应急系统，确保在发生严重故障的情况下可以保证人员安全。

②设计师与航天员的关系。在设计阶段，空间站设计师重点考虑平台功能的实现情况，确保各项功能指标满足人员长期在轨驻留的安全性要求。在生产制造和验证阶段，空间站设计师针对航天员在轨驻留过程中需经历的各类环境和完成

的各项操作进行全流程验证，在此过程中对发现的各类问题进行设计改进。

2）人的层面，坚持以人为本，实现共赢。

①以航天员能安全健康地在轨驻留为前提，在此基础上实现最大的工程效益。

②协调各利益相关者群体间的利益关系，实现全生命周期层面各利益相关者的共赢。

（6）不确定因素及应对措施

此行动方案做出后，要施行落地还存在一些不确定性因素，即管理者希望在新技术使用、研制过程中通过设计师对功能进行验证来满足工程需求，但是否能够保证工程研制进度和满足成本约束的要求，这是此行动方案的潜在风险。

面对行动方案施行中的不确定因素，管理者的考虑以及所采取的措施主要有两点：

一是尽可能对空间站15年期间的运营任务做出整体规划，便于在工程研制前期识别关键点。空间站运营期间航天员长期在轨驻留，在轨应用试验次数显著增加，每年有多次发射任务和多次交会对接任务，航天员出舱活动和推进剂补加任务数量显著增加。为保证空间站运营期间每项任务的顺利实施，需对整个运营期间的飞行任务进行科学规划并提供有力的资源保障。

二是建立有效的工程研制组织机构。建设空间站是中国载人航天工程的最终目标，研制周期长，系统复杂度高，风险控制难度大。空间站系统由中国空间技术研究院抓总、全国3000余家单位（高校、研究院所、中央企业、地方企业、民营企业等）、数十万科技工作者共同参与建设。空间站建设分为"系统、舱段、专业"三层管理，系统层统一设计、舱段层分段负责、专业层统一研制，保障全系统一体化设计，系统重构能力、维修性设计水平和系统可靠性均能得到大幅提升。

8.4.4 行动方案效果与管理者表现评价

从短期来看，采用新技术可以更好地保障航天员的安全；但新技术造成产品成熟度降低，在研制和在轨运行全过程中出现问题的概率提高，存在风险。

而从长期效果来看，对于出现问题的设备，可以通过空间站的维修性设计以及货运飞船的物资上行保障能力进行在轨更换和升级，对空间站平台功能进行提升，反而会使工程效益有所提高。

本工程的管理者选择了非黑即白策略之外的创造性行动方案来解决伦理问题，既最大限度保证了航天员的安全与健康，也保证了载人航天器工程目标的实现，使工程效益有所增益。可以从三个角度来理解这个问题。

①管理者实现了职业责任与职业良心之间的平衡统一。管理者具有合法合规完成工程目标，保证工程效益的职业责任，同时也有尽可能保护航天员生命安全和身体健康的职业良心，管理者通过创造性的行动方案实现二者的统一。

②管理者实现了保障驻留航天员的安全健康与实现工程效益之间的平衡。通过创新设计，得以在保障航天员安全与健康的前提下，在现有工程实现能力的约束下实现工程目标，又通过维修性设计保证空间站在轨运行15年期间全系统能够进行更新和升级，提高了工程效益。

③管理者做出了在短期利益与长期利益之间的合理选择。从行动方案的实际效果来看，选择技术创新的产品以及开展维修性设计，在工程研制前期需投入大量成本，耗费较多研制时间；但从空间站在轨15年全生命周期角度来看，能够保证空间站系统性能在15年内始终处于先进水平，整体提升了工程效益。用短期风险与高投入换来全生命周期层面的长远收益是明智的选择。

8.5 载人航天工程管理伦理问题应对举措

8.5.1 投入与目标之间的平衡

空间站建设和运营存在投入有限性和发展无限性的矛盾问题。根据NASA对于国际空间站的效益评估，可概括为3个方面。

①重大科学发现。空间站提供独特的长期微重力环境，拥有各种先进的科研设备，航天员的参与能够确保空间实验更好地开展，这些研究优势为孕育重大科学发现提供了机遇。

②服务国计民生。空间站的科研活动可以激励空间经济发展、开发创新技术、改善地面人类健康、提高对地观测和灾害响应能力以及促进科普教育。

③推进技术发展。空间站是各类载人航天探索活动的重要基础，利用其独特的研究环境，可以全面验证未来载人探索任务中所需的各类知识和技术，例如：人体研究实验致力于确保航天员在空间中更加健康地生活和高效地工作；航天技术试验研究用于未来载人探测任务的环控生保、导航通信、辐射防护、航天器结构与材料等各项先进技术；生物学实验研究在太空环境下蔬菜和植物如何生长、观测太空环境中细菌致病性的变化；物理学实验研究微重力条件下的流体管理、火焰燃烧模式的改变与防火措施等。

以载人航天技术发展为例，综合国际载人航天过去几十年的发展，取得的成就主要包括以下方面：①掌握空间大结构组合体的装配和应用技术，使人在近地空间长期驻留成为常态；②实现了载人登月；③验证了可重复使用载人航天系统的研制和使用；④完成了大规模的空间科学实验和技术试验；⑤验证了在轨航天器维护维修技术；⑥保障了非职业航天员的太空之行；⑦创建了国际一体化航天飞行地面保障设施。

尽管已经取得上述成就，但对于宇宙探索来讲，还有更远的目标。载人航天技术强国对于未来载人航天发展的方向，主要集中在以下方面：①保障人进入近地空间之后进一步开发近地空间的能力；②以近地空间为基础，进而开发地月空间；③载人深空探测，包括以小行星、拉格朗日点、火星等为目标的载人飞行。

综合上述分析，我国空间站的基础构型虽然已经包含一个核心舱和两个实验舱，每个舱规模均在20t级，同时核心舱有多个对接口可以对接载人飞船和货运飞船，整个系统的规模量级已经远超我国以往的航天任务，但是若要达到探索重大科学发现、服务国计民生、推动技术发展的目标，仍然存在投入有限的问题。

在空间站建设与运营过程中，借鉴国外空间站的运营经验同时结合我国空间站的实际情况，管理者可以采取的措施如下。

(1) 统筹规划布局

有针对性地规划与我国经济社会发展、航天技术发展密切相关的科研项目，结合我国空间站的建设和运营总体规划，统筹安排，优先支持。

(2) 及时发布成果

已经在空间站中开展的空间科学实验和航天技术试验项目，建立在轨成果发布平台，及时发布已经取得的成果，注重技术的应用以及成果转化和推广，使航天技术能够更好地融入我国社会、经济、科技的发展，服务于国家发展大局，获取公众对于空间站任务更多更好的认识、认可和支持。

同时，对于空间站上已有的载荷支持资源，建立循环使用机制，使空间资源能够得到充分利用。

(3) 适度扩展规模

我国空间站建成并投入运营之后，根据已取得的成果和国家政策支持情况，可借鉴国外商业化发展经验，逐步引入空间站运营任务中，积极引导全社会参与空间站的运营和成果转化，并在此基础上适度扩展空间站的规模以提高支持能力。可扩展的途径包括：载人飞船、货运飞船剩余能力和尾资源利用、扩展空间站舱段等。

(4)通用化一体化设计

通过产品通用化设计以及可靠性、安全性、维修性一体化设计解决风险控制中的成本难题,将平台关键功能设备在可靠性设计基础上开展维修性设计,在设备可靠度降低的情况下,通过部组件的在轨更换确保功能模块的可靠度维持在稳定水平。另外,对产品进行通用化设计,使得空间站各舱段之间、各功能产品之间实现通用,实现在轨一备多,减少天地运输系统的资源补给数量,降低运营成本。

8.5.2 持续风险与安全保障

对于载人航天工程而言,航天员乘组的安全风险主要存在于载人飞船运送航天员进入太空、航天员在轨驻留以及航天员返回着陆三个阶段。其中,载人飞船运送航天员进入太空、航天员返回着陆中的安全保障均已在载人航天器的历次飞行任务中得到验证,在空间站阶段重点通过技术手段保障航天员在轨驻留期间的安全,将风险降低至可接受的水平。

空间站在轨运行10年,在此期间都需要将航天员乘组的安全风险控制在可接受的范围内。为解决空间站管理运行风险的持续性与人的安全保障性问题,作为管理者可采取的措施如下。

(1)体制机制

空间站工程各级单位和组织,通过树立风险管理流程、识别风险因素、最大化细分风险类别,搭建风险管理的组织框架,在标准规范体系的指导下将空间站全生命周期持续的风险管理形成体制机制,为后续风险管理工作提供保障。

(2)信息保障

空间站建造和运营期间,形成风险管理信息在不同管理层次之间以及操作流程之间快速高效传递的信息保障,有效支撑我国空间站项目风险管理与风险决策目标体系、约束体系。必要时开发风险管理与风险决策支持系统,从而建立风险管理与风险决策环境和平台,记录决策结果和选择原因,各步骤的管理信息贯穿于运营全过程之中,每一个环节、层级都要为下一环节、层级的工作提供尽可能多和详细的信息。

8.5.3 复杂系统风险管控

我国空间站由全国3000余家单位(高校、研究院所、中央企业、地方企业、民营企业等)、数十万科技工作者共同参与建设,研制周期长,系统复杂度高,风险控制难度大。为保证空间站复杂系统的风险管控平衡,作为管理者可采取的措施如下。

(1) 标准先行、引领型号研制

针对空间站不同的功能、设备，均以标准的形式明确了安全及风险管控要求，形成了完备的风险管控标准体系，并进一步编制出具有实际使用指导意义的技术指南或建造规范，形成完善的风险管理规程，用于空间站工程全系统统一遵守的风险分析、风险管理依据文件，为各分系统、单机单位之间协调开展风险管理及风险决策等工作提供支撑。

同时，将整个体系标准在空间站工程的初样研制、正样研制阶段，由参与研制的所有承研单位共同完善和改进，更好地用于空间站的建造和运营阶段的风险管控。

(2) 先进的风险管理工具、方法

基于历次载人航天飞行任务，总结归纳出一套适用于我国载人航天工程系统的风险管理方法，从飞行任务事件和载人航天器功能两个维度开展全系统、全过程、全要素的风险识别，针对识别出的风险项目，通过系统可靠性安全性设计、关键产品过程控制、自主安全模式设计和应急情况下组合体功能重构设计等手段，对风险项目进行控制。

(3) 风险管理与决策

风险管理并不是孤立存在的，也不是能够独立进行的过程，它是组织管理中不可缺少的重要组成部分。在空间站的研制、建造和运营过程中开展全生命周期的风险评估和风险管理，必定要在工程研制的系统工程中融入风险管理，将风险管理纳入全过程。在空间站总体、分系统、单机各层级首先将要求传达到位，其次在研制和运营过程中严格落实要求，开展风险项目的识别与控制，并将其逐级上报。对于高风险项目，各级均需进行控制与分析。最终由空间站管理者综合考虑进度、成本、环境、人因、技术和技术状态等各类因素，制定形成风险管控措施，提高风险管理的效率和效益。

8.6 载人航天安全管理伦理问题反思

8.6.1 空间站全任务阶段的工作重点转移

在载人航天工程的前两个阶段中，工程目标主要为发展天地往返人员运输，人员在轨驻留时间短，因此，通过逃逸救生技术和高可靠返回技术即可保障航天员在历次载人航天飞行任务中的安全。在空间站任务阶段，航天员在轨驻留时间最长为6个月，载人飞船运送航天员进入太空和航天员返回着陆的时间在单个航天员乘组的整个飞行任务时间内占比大幅缩短，保障航天员在轨驻留期间的安全成为影响飞行任务成败的决定性因素。

此外，在空间站全任务阶段保障航天员安全的工作重点也有所不同。在关键技术验证阶段，主要任务为验证空间站组装建造的各项关键技术，存在平台关键功能出现故障导致空间站无法按时建造完成的风险。航天员在此阶段的主要任务为配合开展关键技术验证，并在地面支持下完成空间站建造的各项在轨操作。空间站建造完成进入运营阶段之后，平台功能稳定运行，航天员乘组的工作重点转移至开展各类空间技术实验，需保障航天员在开展实验过程中的安全。

8.6.2 支撑伦理问题解决的关键因素

管理者在此伦理问题的解决过程中做出了符合道德的决策，探究影响其伦理选择的因素，主要有以下三点。

（1）**在价值观念上做出了正确的选择，将人的生命安全与身体健康置于首位**

若非如此，无法实现载人航天器与人的工程目标一致、载人航天器设计师与航天员的目标一致。因此，在宏观价值上，"将人的生命安全与身体健康置于首位"的正确价值观念选择是管理者成功处理此类伦理问题的重要原因。

（2）**工程技术的创新，提供对创造性行动方案的有力支撑**

围绕"将人的生命安全与身体健康置于首位"，通过一系列的技术创新设计，管理者得以妥善处理载人航天器与人的关系、工程师与航天员的关系。

①逃逸救生系统和高可靠返回技术

载人航天活动的全过程可以分为待发射段、发射段、轨道运行段、返回段和着陆段5个阶段。返回型载人航天器在发射段和返回段出现致命性故障的概率较大，而且一般都是紧急故障，必须及时采取措施方能保证航天员的安全。而轨道运行段出现致命性故障的概率较小，而且一般的紧急程度较低，可以采取提前返回等办法对航天员实施救生。

载人航天根据任务情况和危险程度，结合载人航天器的特点，分段解决救生问题。在火箭上升段583s，每一秒出现紧急故障都能够逃逸救生，在2s内逃离危险区，实现开伞和着陆，确保航天员生命安全。

实现逃逸救生控制的难点在于：可靠、安全、实时地接收火箭逃逸指令，不得出现漏逃和误逃；以及毫秒级的响应执行，高频度的指令发送和执行必须确保100%正确。

着陆回收是从减速系统开始工作到航天器实现软着陆的一个短小轨道段，也是飞船整个飞行任务的最终阶段。着陆回收系统主要解决两方面的问题：一是如何把这样大的速度按任务的要求降到安全速度着陆；二是如何把飞行器处置到使其能接受着陆冲击载荷。

在载人飞船着陆回收系统研制过程中，实施飞船返回及着陆冲击专项管理，包伞过程中，型号总设计师必须在现场检查流程中的每一道工序，确保航天员返回地球时的生命安全。

②生命保障系统和宜居环境

载人航天器相对于非载人的航天器，主要区别就在于其"载人"性。载人航天器在轨运行时，所处的是微重力、高宇宙辐射以及真空冷黑环境，需要在航天器密封舱内创造出一个与地面环境接近的大气温湿度、大气压力（包括氧分压）、低有毒有害气体浓度、低辐射以及适宜的空气流场环境，补充航天员在轨生命维持所需的饮水、食物，并对航天员在轨生活产生的身体排泄物、生活垃圾进行合理处理。

人作为生物体是一个开放的系统，为了维持人体正常的生理活动，要不断和环境进行物质和能量交换。人在正常的生理活动中，消耗氧气、食品，产生二氧化碳以及其他一些代谢产物。为了保证航天员在轨的正常生活和工作，空间站载人环境系统需具有生活支持功能、废弃物管理功能、舱压控制功能、大气成分控制功能、冷凝水收集与处理功能、尿处理功能、温湿度控制功能、大气净化功能（图8-5）。

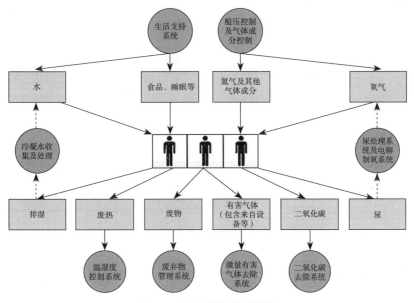

图8-5 人与环境的物质交换

③具有载人航天特点的高可靠信息系统

作为长期在轨的载人航天器,空间站信息管理系统的任务是完成飞行器各功能单元的信息采集和控制,采用通信技术沟通站内各功能单元之间、各舱段之间、与来访飞行器间以及与地面之间的联系,形成信息共享的整体,确保空间站的健康和稳定运行,支持空间站各项任务的完成。空间站信息管理系统的主要任务包括以下四个方面。

a.站外测控通信任务。为满足空间站自主飞行、交会对接、在轨组装和舱外活动的任务要求,需要信息系统实现对单独飞行器或组合体的跟踪测轨、遥测遥控、数据传输、图像话音和文件通信,能够将空间站内管理的数据信息与地面、其他在轨飞行航天器、舱外活动的航天员进行数据信息的交互。

b.站内信息管理任务。为满足空间站自主飞行、长期驻留、货物补给、进行空间应用和技术试验的任务要求,需要信息系统能够将空间站内产生的各种数据业务(遥测、指令、图像、话音、生理、货物、载荷、显示、报警等)进行管理。考虑空间站是多航天器的组合体形式,需要信息系统能够满足分层次(舱段、功能系统、设备等)的数据管理。

c.航天员长期驻留任务。为满足航天员长期驻留能力,需要为航天员提供信息服务,支持航天员在轨工作、生活、娱乐。主要有航天员之间的通话、地面与航天员之间的通话、地面与航天员的视频交流、与地面之间网络互连互通,以及休息时间航天员利用个人计算机、移动终端和音响设备进行各种休闲娱乐。

d.载荷试验信息管理任务。为满足大量载荷试验的开展,需要为载荷试验提供信息服务。主要有指令注入、遥测支持,以及提供高速、大容量的飞行器内、天地间数据通信支持。

(3) 管理者管理理念的革新,对复杂系统组织结构的合理设计

空间站运营期间航天员长期在轨驻留,在轨应用试验次数显著增加,每年有多次发射任务和多次交会对接任务,航天员出舱活动和推进剂补加任务数量显著增加。为保证空间站运营期间每项任务的顺利实施,需对整个运营期间的飞行任务进行科学规划并提供有力的资源保障。

此外,以往的载人航天飞行任务开始之前就确定了任务目标及飞行任务具体安排,在飞行任务执行过程中基本不会变动,飞行任务确定性强。但是空间站在轨运营超过10年,无法事先制定10年期间所有的任务规划,任务动态性强。

在空间站运营阶段,根据大型载人空间基础设施运营任务的新特点和新要求,建立分级分类管理的运营管理体系,在顶层设立运营管理中心,进行统筹管

理。在其之下设立专业中心，分别具备项目管理、航天器管理、应用管理、发射场管理、飞行控制、航天员支持、国际和商业合作、成果转化与推广等职能。

8.6.3 工程共同体内部的决策矛盾成因

空间站工程团队在决策过程中会产生矛盾冲突，主要原因有以下三点：

（1）技术目标的差异

在空间站工程研制过程中，总体单位的目标是通过多种新技术的有机组合达到空间站全系统技术最优；单机研制单位的目标是将单项产品做到最优，并不考虑实现产品最优所需的资源代价。全系统的管理团队关于技术达到的目标存在差异。因此，管理团队在做出最终决策时，先通过深入沟通、全面论证和分析，综合各项技术水平以及所需的资源代价，在工程实现能力的约束下尽量满足各项产品的新技术需求，科学地进行决策。

（2）管理者团队成员对风险的认知水平不同

在管理者团队中，总体单位管理者需要完成空间站工程的任务目标，实现航天员长期安全在轨驻留，分系统和单机单位的管理者的目标是实现产品/设备的功能性能指标。分系统和单机单位在进行产品方案设计时首先选用最能满足性能要求的材料，而非着重考虑材料释放的微量有害气体和易燃性对航天员长期在轨驻留造成的安全风险。总体单位统筹考虑密封舱内材料的选用及用量，确保满足航天员长期驻留安全的指标要求。

（3）管理者团队成员管理理念、价值观念与道德水平不同

管理者团队内部成员在价值观念的权衡取舍上存在不同的看法，如在工程效益与保护航天员安全之间的权衡，长期效益与短期效益之间的取舍等方面会有不同的声音。不同成员在道德修养与伦理水平上也存在差异，一些私心的存在也会成为做出公正合理的伦理决策的阻碍。因此，一方面应该从全生命周期和全局安排的角度考虑问题，突出整体效率、整体效益；另一方面通过宣传教育和正向激励提高管理者的道德水准，并通过制度设计保证决策的程序公正。

8.6.4 载人航天工程不同发展阶段的伦理反思

以往的载人航天是以突破载人天地往返技术、提升我国的载人航天技术水平为宏观价值导向，在经历了数次成功的载人飞行任务之后，载人天地往返、航天员中期驻留等均已被掌握。现阶段我国建造空间站，是以建设国家级太空实验室，更好地支持不同领域的空间科学实验，更好地服务于我国经济、社会发展为

价值目标。

保障航天员不受太空环境的不利影响一直是载人航天工程关注的焦点。在载人航天工程的不同发展阶段，宏观价值、工程技术、管理理念、道德能力不断发展，工程管理伦理问题的形式也动态变化。

载人航天工程发展前期，航天员在轨驻留人数少、时间短，重点通过逃逸救生技术和高可靠返回技术便可保障整个载人航天任务执行过程中的人员安全。而到了空间站阶段，航天员乘组在轨驻留时间最长为6个月，长期驻留人数为3人、短期驻留人数为6人，对于人员安全保障的重点也转为在轨驻留段的安全防护。若按照工程前期对于人员防护的设计类比，将耗费巨大的资源以保障航天员在轨驻留期间的安全。当航天员的安全健康与工程效益两方面利益无法同时充分满足，新的伦理问题也就应运而生。

许多工程管理伦理问题的解决有赖于管理理念的转变或工艺技术水平的进步。这一点在本工程案例的伦理问题中体现得尤为明显。该伦理问题的产生便是由于之前的工程设计没办法很好地兼顾保障安全与实现效益两方面的工程需求，因此需要在工艺技术层面的创新。而管理者管理理念的革新也会推动对工艺技术进步的追求。管理者工程效益与保障航天员安全并重的管理理念促使创造性行动方案的提出，也促进载人航天器应急救生、信息系统等技术的创新来支撑该行动方案的实施。

管理者的管理理念的革新也离不开管理者道德水准的自发提高。面对更加复杂的伦理问题、更加激烈的伦理冲突，管理者只有始终秉持以人的安全、健康为首要目标的职业良心，以全局利益和长远利益为重，才会主动转变管理理念，通过工程技术与管理模式创新来保证工程效益与人的安全健康。

第9章 秦山核电站建设与运行工程管理伦理

9.1 秦山核电站建设与运行工程

9.1.1 秦山核电的发展历程

核电（或称原子能）是通过原子核裂变或聚变反应所释放出的能量生产电能，核能发电清洁、低碳、安全、高效，具有资源消耗少、供应能力强等许多优点，是能源转型与低碳经济发展的优选基荷能源。在2060年实现"碳中和"发展目标的新契机下，核电是替代现有基础容量中煤电部分的必然选择。我国在"理性、协调、并进"的核安全观指引下，从核工业初创、发展核军工时期到现在，一直坚持安全发展、创新发展，坚持和平利用核能，保持与地位相称的核电利用水平是一个核大国综合实力的重要标志。

我国酝酿发展核电始于1955年，国家有关规划中提到，在有利条件下应利用原子能发电。经反复调研和论证，国务院于1981年11月批准七二八工程项目，1982年11月批准定址秦山。

秦山核电基地位于中国浙江省嘉兴市海盐县，处于华东电网的负荷中心地区，是中国大陆核电的发源地。秦山核电基地目前共有9台运行机组，总装机容量为665万kW，年发电量约500亿kW·h，是目前我国核电机组数量最多、堆型最全面、核电运行管理人才最丰富的核电基地。

秦山核电厂30万kW级压水堆核电机组是我国自行设计、自行建造、自己运行管理的第一座原型压水堆核电站（图9-1）。它的建成不仅结束了中国大陆无核电的历史，实现了"零的突破"，而且是中国和平利用核能的重大突破，标志着中国核工业的发展上了一个新台阶，被誉为"国之光荣"。

秦山核电厂开创我国自行研究设计建造核电站之先河，借鉴当时世界上较为成熟以及我国研制核潜艇压水堆型核动力的经验，采用压水堆，核发电机组为双水内冷型，装机容量为30万kW，最大设计容量为33万kW，机组设计负荷因子为65%，年设计发电量为16.5亿kW·h，电站设计寿命不短于30年。

图9-1　秦山核电厂

秦山第二核电厂（图9-2）共有4台60万kW级压水堆核电机组，分两批建设。其中1、2号机组是我国"自主设计、自主建造、自主管理、自主运营"的第一座国产化商用核电站，实现了自主建设原型堆向商用堆的重大跨越，被誉为"走出了一条我国核电自主发展的路子"。

图9-2　秦山第二核电厂

秦山第二核电厂采用"以我为主、中外合作"的方式进行建设。由于将堆芯从三环路改为二环路，燃料组件由157个组减少为121个组，采用分项国际招标，从而提出许多工程技术问题和接口问题。为此，核工业第二研究设计院、中国核动力研究设计院引进并自主开发了上百个设计分析软件，建立堆芯水力及流态试验台架、流致振动试验台架、控制棒驱动机构及驱动线试验台架、抗震试验台架等，进行大量研究和试验验证，最终实现基本掌握核心技术。

秦山第三核电厂（图9-3）共有2台70万kW级重水堆核电机组，是我国

"九五"期间重点工程,是中国和加拿大两国迄今最大的贸易项目,被誉为中加合作的典范。重水堆采用天然铀作燃料,铀资源利用率高。

秦山第三核电厂是我国重点工程项目之一,采用成熟的CANDU-6型设计并进行一定的设计改进。秦山三期实现了先进燃料重水堆回收铀技术,实现了工业钴-60源的国产化,对电源系统和辐射防护系统进一步改进和优化了系统配置,提高了核电站整体安全性与可靠性。

图9-3 秦山第三核电厂

方家山核电工程(图9-4)共有2台100万kW级压水堆核电机组,是我国自主设计、建造、运营管理的核电项目,进一步推动了设备国产化进程,为百万千瓦核电机组总承包和整机出口积累了经验。

图9-4 方家山核电工程

自1958年至今,中国原子能事业历经了60余年的发展,前30年保障核军工,实现了两弹一艇的成功研制,铸就了共和国核盾牌;第二个30年,秦山核电站建成是我国核工业在第二次创业中取得的重大成果,是我国军转民的成功典范,使核科技工业力量有了新的用武之地,核燃料工业有了新的市场。

从七二八工程起步,秦山核电以振兴民族工业为己任,从无到有,从小到大,在36年的建设发展中，成功实现了"中国核电从这里起步""走出一条核电国产化的道路""核电工程管理与国际接轨"、我国核电"从30万kW到100万kW"自主发展的历史跨越，逐步形成了安全环保、自主创新、群堆管理、人才摇篮、文化引领、对外服务、公众沟通、企地共融的秦山特色，走出了一条中国特色的核电发展之路，为我国核电事业发展奠定了坚实基础，做出了重大贡献。

截至2022年2月4日，秦山核电基地已安全运行11008d，累计发电7000亿kW·h，累计减排二氧化碳6.6亿t、二氧化硫348.9万t。秦山核电一直致力于安全、运行、大修、质量等方面的管理改进，9台运行机组在世界核电运营者协会（WANO）的400多台机组中，各项指标始终处于较高水平，稳定处于第一梯队。

9.1.2 组织结构及其演变

秦山核电站一期工程，设计单位为七二八工程设计队（主要由上海核工程研究设计院，上海原子能研究所，二机部第一、二研究设计院组成），土建施工单位为核工业二二、二七建设公司，燃料组件生产单位为核工业八一二厂，核岛设备安装单位为核工业二三公司，常规岛设备安装单位为浙江省火电建设公司。

秦山核电站二期工程，设计单位为核工业第二研究设计院、中国核动力院、华东电力设计院，土建施工单位为核工业二二、二四建设公司，核岛设备安装单位为核工业二三公司，常规岛设备安装单位为浙江省火电建设公司。

秦山核电站三期工程，工程总承包商为加拿大原子能有限公司，中国核工业华兴建设公司作为土建分承包商承担了秦山三期重水堆核电站的全部负挖工程和两个核电机组核岛（NSP）的土建施工任务，中国核工业第二建设公司承担了秦山三期重水堆核电站两个核电机组BOP（含常规岛）的土建施工任务，中国核工业第二三建设公司作为承包商承担了秦山三期重水堆核电站两个核电机组核岛（NSP）安装工程及核岛（NSP）和BOP（含常规岛）的管道预制工作。

目前，秦山核电共有秦山核电有限公司、核电秦山联营有限公司、秦山第三核电有限公司、中核核电运行管理有限公司等4家法人单位，实行一体化管理。公司实施"领域+电厂"管理模式，有运行、维修、技术、安质等4个领域和秦一厂、秦二厂、秦三厂、方家山等4个电厂，共有56个处室。

经过30多年积累，秦山核电形成了具有深厚底蕴的核安全文化，练就了一支能驾驭多堆型运行和管理的专业领域人才队伍和管理队伍，形成了一套成熟完整的安全生产运行管理体系和支持保障体系。

9.2 秦山核电站工程的重大意义与挑战

9.2.1 重要的战略地位

(1) 核工业军转民的必要性与重要性

保军转民，发展核电是在当时社会的大背景下的必然选择。秦山核电是党领导我国核工业发展取得的历史性成就，是我国核电发展的重要里程碑。30年来，我国核电事业以秦山为起点，成功走出了一条独立自主、创新驱动、开放合作的发展道路。秦山一期实现了中国大陆核电零的突破，获得了"国之光荣"的赞誉。以秦山一期为基础出口巴基斯坦的恰希玛核电站树立了"南南合作"的典范。秦山二期实现了我国自主建设60万kW商用核电站的重大跨越。秦山三期创造了国际合作建设重水堆核电站的典范，我国核电项目管理实现了国际接轨。方家山核电站实现了自主百万千瓦压水堆核电站的重大跨越。几经努力，秦山核电已经成为我国运行业绩最好的核电基地，创造了单年8台机组WANO（世界核电运营者协会）指数满分的优秀运行成绩，培养和输送了一大批专业化高素质干部人才队伍，为我国核电自主跨越和"华龙一号"研发建设奠定了坚实基础，在国内核电延寿、核能供热应用等方面成功探索示范，取得了显著的综合效益，是核能应用由军转民的典型示例。

(2) 安全能源结构实现可持续发展

秦山核电一期工程建设以来，实现了从30万kW到100万kW的历史跨越，实现了安全运行100堆年、安全发电达7000亿kW·h（按每个家庭4口人每月用电300kW·h，可供1000万人口的城市家庭用电55年）。

秦山核电历经30年发展，如今已拥有9台核电机组，总装机容量656.4万kW，年发电量约500亿kW·h，成为我国核电机组数量最多、堆型最丰富、装机容量最大的核电基地。

在中核集团"安全第一，质量第一"的要求下，秦山核电按照国家对核设施监督管理的要求，接受国家有关部门的监督，履行核设施安全许可制度，加强核设施运行管理，严格执行批准的运行条件和限值，切实使核电站处于安全受控状态。

秦山核电站通过科研和设计，系统地掌握了压水堆、重水堆核电技术，积极吸收和消化国外引进的核电技术，在磁力提升驱动机构、预应力安全壳、不设调试锅炉完成汽轮机冲转试验等方面取得重大突破，达到国际先进水平。另一方面，在工程设计上，秦山核电站吸取当时国际上较为成熟的反应堆技术和建造运行经验，始终把安全放在第一位，保持反应堆运行时具有良好的自稳调节性能。

自1991年秦山核电站并网发电以来，从未发生2级及以上事件和事故，已经形成了综合配套的事故防御、污染治理、科技创新、应急响应和安全监管能力。

9.2.2 缺乏经验与参照的开创性工作

（1）"白手起家"实现30万"零的突破"

自主创新，是秦山核电与生俱来的基因。秦山一期于1985年3月20日正式开工建设，被赋予了"掌握技术、积累经验、培养人才，为中国核电事业的发展打下基础"的历史使命。

作为我国大陆首座核电站，秦山一期不仅没有生产准备和运行管理经验，连参考电站、模拟机、参考文件体系和程序都没有。秦山核电在国家和中国核工业总公司（中核集团前身）的支持下，设法完成操纵员资格培训，培养出大陆首批合格的高级操纵员和操纵员。通过机组调试运行过程，不断地暴露问题、发现问题、解决问题，在运行管理体系建设过程中，技术经验得到迅速提升，通过持续的技术改造逐步将原型堆电站营运管理成为安全运行业绩世界排名前四分之一的商业核电站。

由于是原型堆，在核电站运行早期，设备故障率高，由设备原因引起的非计划停运、非计划降功率事件多。为此，秦山核电针对机组运行状况，坚持自主创新，变被动为主动，加大资金投入，通过持续不断地进行技术改造和技术创新，使电站的设备系统可靠性、机组整体安全性和经济性得以大幅度提高。秦山一期年均投入技改资金数千万元、完成技改项目130多项，运行24年来几乎对电站287个系统都进行了调整和改造，仅机组第10次和第11次大修期间就实施了反应堆压力容器顶盖更换、反应堆保护系统数字化改造、发电机定子局部改造、棒控棒位控制系统改造等20余项特重大技术改造。2010年，在确保机组安全稳定运行的前提下，积极挖掘潜在设计裕量，提高机组运行的经济性，通过反复论证和持续不断地自主技术改造，将机组额定功率从310MW提升到320MW，每年可多发电1.2亿kW·h，到设计寿期末可多发电14亿kW·h。作为国内首座自行设计建造的核电站，本次功率提升为今后的机组功率提升和老化管理积累了丰富经验，对后续电站的功率提升具有重要的借鉴意义。

秦山一期30万kW核电机组1991年12月15日并网发电，1994年4月1日投入商业运行，1995年7月13日通过国家验收。从2001年以来，该机组的第七、第八、第十次燃料循环中相继创造了连续运行443d、448d、469d的国内核电站运行的最高纪录。第九次换料大修仅用了28d7h，创下了当时国内核电站换料大修工期最短的纪录。在最近几年世界核电运营者协会（WANO）的各项指标中，该机组的运行业绩都进入了同类型压水堆核电机组前四分之一，综合指数排名在世界同类机组中属于前列。

（2）"不服输"自主跨越"60万""100万"大关

2002年2月6日，秦山二期1号机组装机容量65万kW并网发电；2004年3月11日，2号机组并网发电。至此，在跨过了30万kW的第一个路标之后，我国自主设计、自主建造、自主管理、自主运营的首座商用核电站2台65万kW机组成功落地，被业界视为"我国核电国产化进程中的一个重要里程碑，标志着我国核电实现了三大历史性的跨越"。在这一过程中，秦山核电实现了由引进先进技术并消化吸收，进而大幅度提高自主研制能力的跨越；实现了核电建设由行政安排到按市场经济运作的跨越；实现了由30万kW原型堆到60万kW商用堆的跨越，为自主设计、建造百万千瓦级核电机组打下了基础。

秦山核电人在艰苦的条件下，自主完成了可行性研究、总体设计、初步设计和施工设计，通过对核电站300多个系统、20多万台设备、上百万张设计图纸的研究、实践，取得了包括核心技术在内的300多项技术创新和改进，从而在核电国产化道路上取得了飞跃式发展。秦山二期在自主创新的版图上，应势注入了国产化的力量，国内核电装备制造业的产业化发展也借此得到了进一步推进，这为后续我国核电设备国产化树立了信心，铺平了道路。在秦山二期核电站55项关键设备中，有47项基本实现了国产化；秦山核电二期在一期的基础上，实现了"三出"，即"出产品、出经验、出人才"。正因如此，海南昌江2台65万kW机组的建设，才能通过秦山核电的经验复制和人员照搬的方式，使得项目顺利推进。

作为秦山一期扩建项目的方家山核电工程，装机容量为2台108万kW压水堆核电机组。2014年11月4日1号机组并网发电；2015年1月12日2号机组并网发电。在这看似简单的时间点背后，则是秦山核电基地引以为傲的、由自主创新而生发出的"人才红利"：依靠之前积累的建设和调试经验，方家山核电工程1、2号机组均刷新了国内同类机组的从首次装料到首次临界、再到并网发电的最短工期纪录。这正是得益于秦山一直以来积累的自主创新能力。仅2号机组，实施了包括采用先进的燃料组件、全数字化仪控等在内的18项重大技术改进和14项福岛核事故后技术改进。

(3)"自己干"盘活重水堆多重价值效应

秦山一期、二期"依靠自己干了起来",秦山三期重水堆项目则上演了一出被喻为"中加合作的成功典范"的"中国人成功的故事"的大戏:工程提前112d建成投产,其在核电管理水平上的提高和发展,对核电规范化管理做出了重大贡献。秦山三期工程结合国情和工程实际,以实行现代企业制度为目标,建立了一套能成功实现工程质量、进度和投资三大控制的项目管理模式和组织体系,采用项目法人责任制、招标投标制、工程质量监理制和合同管理制,并探索建立了"垂直管理,分级授权,相互协作,横向约束,程序化和信息化运作"的管理模式。这一"三位一体"的管理模式使我国核电工程管理基本实现了程序化、信息化的规范管理与国际接轨。

而在其后的运行中,秦山三期更是走过了一条"少有人走的路"。我国核燃料闭式循环的后处理环节,会产生回收铀和回收钚两种燃料。其中回收钚将用于制造MOX燃料,为快堆提供燃料;而此前对于回收铀却一直没有考虑如何将其合理应用。由后处理产生的94%的回收铀产品的存储和利用将变成一个问题。秦山三期一直致力研发的先进燃料重水堆回收铀技术恰好解决了这个问题。截至2015年,重水堆全堆应用回收铀燃料从理想变为现实。

长期以来,我国工业钴源需求几乎全部依靠国外进口。虽然在重水堆中开发生产钴-60,是重水堆拥有的天然性能,但其中的生产技术却"不是天生就可以的"。由于种种原因,"借力"生产的想法行不通,"必须自己干"又一次摆在了秦山人的面前。也正是在这样"一无所有"环境的倒逼下,秦山不等不靠,通过自己练就的本领,打破国外垄断,拥有了完全自主知识产权的设计,填补了多项国内技术空白。

"中国人的8MW"故事也让人振奋。秦山三期重水堆核电站为两台额定功率728MW的机组,但加拿大交付时只有720MW。为了提升这8MW,外方花了3年的时间都没能做到,最后秦山核电仅仅花费1年时间,就成功地实现了这一目标。两个机组,增加16MW,每年就可多发电1.2亿kW·h。

自主创新,也使得中国核电产业在日益激烈的国际核电竞争中积蓄了更多的主动权和优势。2014年底,中国和阿根廷签署了在阿根廷合作建设重水堆核电站的协议,在中国核电"走出去"的征程上,重水堆也将书写关键一笔。

(4)"务实笃行"立足当下走向未来

通过自主创新,秦山核电基地除了在核电建设和运营上屡创佳绩,也为整个中国核电产业的持续发展提供了全产业链式的验证能力和支持平台。这其中,中国自主研制的先进核燃料元件（CF3）入堆考验就是在秦山完成的。2014年7月，四组银色组件插入秦山二期2号机组反应堆堆芯，这也意味着CF3完成了研究、设计、试验、制造等主要研制工作，进入随堆运行考验阶段，对其关键性能指标进行最后验证。

凭借自主创新，秦山核电基地攻克了一个个技术难题，诸如水下检修、带压堵漏等。面对"自主创新发展"的当下及未来，秦山人有着深刻长远的思考。在30年的自主创新之路上，秦山核电基地开创了以企业为核心和主导，联合多方力量合力而为的产学研创新发展模式，其蕴含的效应也日益彰显。有秦山在，中国核工业的饭碗端在自己手上的底气将越来越足。

9.3 秦山核电站工程行动者网络构建与分析

9.3.1 管理者共同体与外部利益相关方的交互关系

（1）管理者与其他工程共同体成员

在秦山核电站工程案例中，作为管理者角色的秦山核电有限公司，主要面临设计院及土建施工、设备安装、燃料组件生产等方面的工程共同体关系问题（图9-5）。

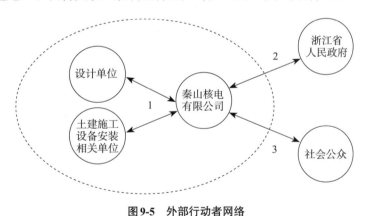

图9-5　外部行动者网络

秦山一期工程仅反应堆、一回路和二回路就有30多个主辅工艺技术系统、170多个配套系统，牵涉近20个专业；设备有4万多台件，仪器仪表近30万个。整个工程自行设计、施工和安装，许多工作是从零开始。七二八设计队历经10年苦战，设计出具有中国特色的世界一流水平的安全壳，承压设计指标是0.5~0.6MPa，通过模型试验，证实可以承受0.82MPa的极限负荷。在施工安装现场，施工单位依靠设计单位的科技攻关解决了大量技术难题。

秦山二期工程在国内首次实施"业主负责制—招标投（议）标制—工程监理

制"项目管理模式，有效实施质量、进度、投资三大控制。

秦山二期工程由于在建设过程中进行了三次大的调整（将三环路改为二环路，购买设备的国外出口信贷额度增加，设备采购由从一国采购被迫转为多国采购），增加了整个工程的建设难度。设计总包院（核工业第二研究设计院）不断调整人力，协调核动力院、上海电力设计院，突破设计难题，抢时间拿出设计图和文件，满足建设要求。

秦山二期工程2号机组压力容器的交付比计划晚26个月，在2003年7月初压力容器接管安全端焊缝役前超声检查发现25个超标显示及缺陷。2003年7月底，秦山二期迅速整理好材料向美国西屋公司等三家外国公司发出商请支援联系函，8月底三家公司分别递交解决方案，9月中旬有关单位到法国、瑞士考察，10月与美国西屋公司签订返修合同。2004年1月西屋公司实施修复方案，2月3日2号机组通过审查装料成功。

秦山核电站三期工程由加拿大原子能有限公司和中核总公司签订合同，共同承建。我国核电科研设计、建设单位以及美国柏克德公司和日本日立公司作为主要分包商参与工程建设。秦山核电有限公司委托上海核工院和核工业四达建设监理公司分别实施部分建造管理和工程监理。

秦山三期机组额定总电功率为728MW。机组临时验收时，由于日立公司原因，汽轮发电机额定总电功率未达到设计担保值（约低1%）。日立公司自2002年到2005年进行改造，单机组功率没有明显提升。2005年9月，秦山三期在国家竣工验收时确定的机组额定总电功率为720MW。2006年初，秦山三期针对机组额定总电功率问题成立重点科技攻关专项组，找出影响额定总电功率的主要因素，制定相应改造方案并在大修时实施。两个机组经技改，均达到额定电功率，共增加16MW，每年可多发电1亿kW·h。

（2）管理者与（属地）政府

秦山核电与海盐政府具有共同利益。两者的共同利益在于核电是大型项目，也是可持续发展的百年工程，秦山核电落地发展可带动当地产业结构优化升级，对海盐当地经济会产生积极促进作用，海盐政府的支持也同时为核电提供坚实后盾及广阔平台，助力秦山核电可持续高质量发展。

（3）管理者与社会公众

秦山核电有限公司与社会公众存在两方面的利益冲突。

一是社会公众参与诉求强烈与参与机制不健全相互间的矛盾。社会公众对于自身生存环境的捍卫与保护是核电发展面临公众考验的常态。在核电项目的建设过程中，管理者往往重视选址的科学性、技术性等"硬条件"，忽略周边区域社情民意和相邻行政区域的公众诉求等"软条件"，容易陷入专业技术主义误区。而这些"软条件"恰恰是引发邻避型群体性事件的重要因素。首先，有参与权的公众范围局限于直接利益群体。根据现行的政策法规，有对核电项目决策提出意见和建议权力的公众仅限于受到建设项目"直接影响"的利益相关者。公众参与过程不完善导致环境信息获取不足，不利于消除公众对核电的恐惧心理，也无助于保障公众的信息知情权与决策参与权。

二是社会公众科学意识亟待提高与信息传播路径不完善之间的矛盾。在秦山核电站建设时期，核电项目与能源安全相关的科普宣传工作并不完善。公众和行业人士对核电项目的风险认知是有差异的，当专家对核电风险的解读和分析与公众的经验相左时，会使社会公众对灾害发生的概率和后果的严重性产生消极判断，从而引发恐惧不安情绪，进而激发公众对核电项目的对抗心理和相关行为，导致邻避型群体性事件发生。

由于此工程案例时代的特殊性，管理者与媒体的交互关系并不密切，也没有突出的利益冲突，因此此处暂不作讨论。

9.3.2 工程内部各相关方的交互关系

本工程案例中，管理者共同体内部在决策过程中会产生一些矛盾，但各级各方管理者之间的利益冲突不显著且本身有从属关系（秦山核电有限公司为中国核能电力股份有限公司控股公司，中国核能电力股份有限公司为中国核工业集团有限公司控股公司），不是主要矛盾，暂不予讨论（图9-6）。

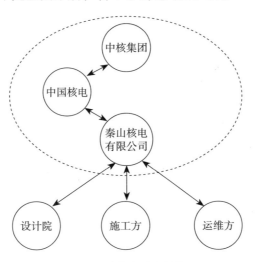

图9-6　内部行动者网络

9.4 工程与核心利益相关者之间的伦理协调

9.4.1 管理者与地方政府

(1) 伦理问题表述

①伦理问题

发展核电既要保证安全同时又要获得经济效益和社会效益。因此，核电站选址尤为重要，是一个综合考虑安全、环境、技术、经济等因素的综合平衡过程。由于核安全的重要性，核电站选址的安全要求十分严格。根据我国《核电厂厂址选择安全规定》的相关要求，核电站选址要考虑厂址区域内各种极端的外部事件影响，包括地震、地质、气象、洪水以及飞机坠毁和化学品爆炸等因素产生的影响；要考虑核电站对厂址周围环境的影响，包括饮用水、种植和养殖业以及生态保护区等，要保证核电站在正常运行和事故工况下对公众和环境的影响在国家规定的限值内；此外，从纵深防御的理念出发，还要保证在发生极端的、需要采取应急措施的事故条件下（尽管这类事故发生的概率很低），厂址周围区域的公众能够安全撤离。如果对上述三个方面因素的调查评价不能满足相关核安全法规要求，那么核电站厂址不能成立，或者说核电站厂址必须通过上述三个方面的可行性论证，才能够具备建设核电厂的基本条件。除了上述核安全因素之外，非核安全方面因素，主要包括电网、运行条件、地形、供水以及其他的社会经济因素等。

秦山核电选址于1973年开始。1979年6月，选址工作小组发现了秦山厂址，经勘查和论证，认为条件基本具备，综合地理、地质、交通、气象、人口分布等各种因素，确认浙江省海盐县是优良的核电站厂址，并于1982年11月4日由国家经济贸易委员会下文定址。

秦山核电是国家"六五"计划重点项目之一，工程的建设和运行，必将对推动海盐经济发展和社会进步带来长远的积极影响。政府及社会公众对核电的安全性表示担心，20世纪80年代初期，社会公众对核电知识的了解普遍缺乏，把核电厂与原子弹等同看待，认为核电站会像原子弹一样爆炸。第二次世界大战期间，美国在日本投掷两颗原子弹，对日本两个城市造成了毁灭性的打击，也使世人第一次实际了解了原子能的威力，产生了核恐惧心理。苏联切尔诺贝利及美国三里岛核事故的发生，经过媒体的渲染，更使社会公众"谈核色变"。海盐县地方政府及相关社会公众对核电站坐落海盐县境内，是否会影响海盐的投资环境及地方招商引资工作表示担忧。

②行为主体及其责任

在伦理问题的应对过程中，管理者秦山核电作为行动主体，要牢记安全是核工业发展的生命线。要充分认识到核电运行安全的极端重要性，探索建立完善的核安全自我监督体系，持续加强对安全技术问题的排查，建立可靠有效的预测预警、监督、应急体系，不断强化核安全文化建设。

③利益相关者及其利益

在本问题中，主要利益相关者包括除管理者外的其他工程共同体成员、（属地）政府以及当地的社会公众，前者的利益为完成工程目标，后两者的利益为提升当地经济多元化以及保证生态环境能够可持续发展。

④宏观层面的道德价值与规范

一方面，宏观层面的道德价值与规范既包括切实发挥核电对核科技创新的需求牵引作用，产业链上下游一体化，"小核心、大协作"打造高水平创新联合体，推进基础性研究和关键核心技术攻关，提高核电技术的安全性和经济性。聚焦前沿性、战略性、颠覆性技术方向，推进新型反应堆、先进核燃料、先进后处理等重大科技攻关，推进核工业数字化、智能化转型升级，抢占核科技竞争的战略制高点。加大院士等领军人才培养力度，以全球视野引进尖端领军人才和战略科学家，打造世界核工业重要人才中心和创新高地。

另一方面，企业要更好地服务国家区域发展战略，加快推进浙江省等重点地区的核能开发项目，为浙江省高质量发展建设共同富裕示范区贡献力量。重视环境保护，"绿水青山就是金山银山"，人与自然和谐发展的价值观。

（2）管理者的问题解决思路与行动方案

秦山是中国核电起步之地。从中国大陆第一座核电站到"九堆绕秦山"、总装机容量665万kW，年发电量约500亿kW·h，是我国目前核电机组数量最多、堆型最全面、核电运行管理人才最丰富的核电基地。

在经济实力增长方面，海盐深入开展工业技改（转型）升级行动、六大产业链提升工程行动、企业培大育强精准帮扶攻坚行动、深化"三服务"提升行动四大主题行动，工业经济取得逆势增长，企业利润领跑全市，屡次跻身全国"百强县"之列。2020年，海盐县实现地区总产值544.51亿元，其中核电115.54亿元，占21.2%；秦山核电九台机组保持安全稳定运行，年度发电量超521亿kW·h，连续5年创新高。

在人才培育就业方面，核电基地目前在职员工超4000人，本科及以上学历占86.2%，高级职称占38.4%，其中院士2人，技能大师1人，向外输送高管近60人，为国内外核电企业培训人员近2000人，为大量嘉兴、海盐当地民众提供了就业机会的同时，也孕育了我国核电事业的人才摇篮。

在产业结构优化方面，2013年浙江省发布《中国核电城规划》，明确"一轴五区"空间规划，构建核电生产相关产业、核技术培训产业、核技术应用产业和核电宣传旅游文化产业四大产业体系。截至2020年，海盐当地共培育核电关联企业95家，核电关联产业年总产值超过290亿元。中国核电城先后被列入浙江省首批特色小镇、省级产业示范基地、省级高技术产业基地、省海洋特色基地、省军民融合产业示范基地。

在人文关怀方面，秦山核电在追求安全高效发展的同时，积极融入地方经济社会发展，主动承担企业社会责任，成为国家重大项目建设与地方经济社会和谐发展的范本和风向标。海盐从当初以农业以及纺织、棉纱等轻工业为主的滨海小城，因为秦山核电的到来，历经了三级跳。与"核"结缘，依"核"发展，谋"核"腾飞。大批核电人在海盐县城安家落户，有力地推动海盐县县城建设，催生城镇品位不断提升发展。

在对外宣传方面，依托秦山核电的品牌效应和国家级旅游经典项目启动建设了核电科技馆、核电瞭望塔等一批宣扬核工业精神的红色路线工业旅游项目。在中宣部新命名的39个全国爱国主义教育示范基地之中，核电科技馆作为浙江省唯一入选项目，被评为全国爱国主义教育基地。

早在秦山核电选址阶段，出于安全考虑，创业者就对包括地质、水文、气象、交通、环保等在内的一系列要素都进行了严格的综合考量。秦山地质结构稳定，基岩属溶解凝灰岩，适合建造核电站厂房，且周边人口稀少。同时，发生地震频率低、烈度小。

30年发展中，秦山核电时刻牢记"抓好安全和质量，核电才有基础，才有前途"，按照核安全法规的要求，单台机组就制定了多达200多份管理程序，对电站的生产管理和安全管理作出了明确的规定；9台机组高达上万份的运行、检修操作程序，做到每项工作都有章可循、有人负责、有人监督、有据可查。同时，秦山核电还持续接受着来自外界的监督，1995年起就加入了世界核电运营者协会（WANO），并随时接受国际原子能机构的检查、监督和指导。

目前，秦山核电建立起了一套先进的核安全理念体系、科学严密的规章制度和组织体系，注重培育卓越核安全文化的"八大原则"，即"核安全人人有责、领导做安全的表率、建立组织内部的高度信任、决策体现安全第一、认识核技术的特殊性和独特性、培育质疑的态度、倡导学习型组织、评估和监督活动常态化"。同时，秦山核电持续开展核安全文化评估，在国内率先建立防人因失误实验室并持续开展全员培训活动，不断提高安全管理水平。

核安全的意识并不是一蹴而就。1997年，秦山核电站首次接受国际原子能机构运行安全评审团评审，与之而来的核安全文化理念开阔了秦山核电人的视野。秦山核电人认识到，核安全不仅是技术上的核安全，更要形成一种主动的安全文化意识，从"要我安全"真正转变到"我要安全、我保安全"。这是一次评估带来的安全文化提升。秦山一期"T6事件"也是秦山核电基地核安全管理上的一个分水岭，再次强化了秦山核电的运行管理与核安全文化意识。1998年，秦山一期30万kW机组开始第四次停堆换料大修，卸料后检修人员在堆芯下板上发现一颗螺丝钉，秦山核电为此排除万难请外部专家团队进行了修复。也就是这颗小小的螺丝钉让该机组停运了430d。而之后，秦山二期4号机组压力容器堆焊层存在缺陷、秦山三期装卸料机故障导致反应堆手动停堆等安全事件的处理过程，也对秦山核电基地核安全文化理念的变化及运行管理水平的提高产生了深远影响。

2009年7月，国防科技工业军工文化教育基地评估组这样评价："秦山核电文化，具有安全至上的特点，目前已形成完整的核安全文化理念和体系，提出了'安全无借口，赢在执行''永远不要认为自己最好，永远把安全放在第一位''人人都是一道屏障，人人都是最后一道屏障'的安全文化理念，对军工文化的深入发展具有积极的推动作用。"

这样的核安全文化氛围也间接感染到了电站周边的民众，从最开始的"恐核"到如今的"支核""亲核"，秦山核电不仅是中国核电业的常青树，更成为地方政府跨越发展、招商引资的重要筹码。

秦山一期通过持续不断的技术改造和技术创新，使电站的设备系统可靠性、机组整体安全性和经济性得以大幅度提高。为此，秦山一期每年都投入技改资金数千万元，平均每年完成技改项目130多项。运行24年来，几乎对秦山一期287个系统都进行了调整和改造。秦山二期3、4号机组在自主设计的基础上，坚持持续改进，工程的初步设计就确定了以"十大技术改进"为重点的1408项技术改进。秦山三期在设计审查中，提出了一大批有价值的合理设计改进意见，促成40项设计变更，实施99项设计改进，其中21项变更和技术改进是在重水堆核电机组中首次实施和采用，提高了核电站的安全性、可靠性和经济性。

2011年日本福岛核事故发生后，秦山核电坚持以确保核安全为己任，高度重视福岛核事故后的经验反馈,在确保机组安全稳定运行的同时,全力以赴做好安全改进工作,进一步筑牢核安全防线。在国家核安全局提出的运行核电厂25项安全改进项目基础上,秦山核电进一步整理细化,确定了56项改进项目,主要包括海堤加高、增设防水淹的高位固定式应急柴油机、购置移动式柴油机及移动泵、加装非能动消氢装置、新建应急指挥中心以及完善严重事故管理导则等。通过近2年的不懈努力,秦山核电投入6.5亿元,56个改进项已经整改落实到位,其中海堤加高、新建应急中心等重大项目的成功实施,得到了国家核安全局的高度认可和赞扬。安全改进项目的实施,为后续机组安全稳定运行打下了更为牢固的基础。

一座百万千瓦级核电厂周围的居民,一年受到的辐照量只有0.01毫西弗,相当于吸一支烟的辐射量。秦山核电周边10km范围内,对14个环境监测点的数据时时检测并进行更新。在秦山核电50km范围内,还设有多个取样点,定期对土壤、蔬菜、地表水、牛奶等取样监测。

此外,人工监测频率有每天、每月和每季一测,也有年度一测。20多年来的监测结果表明,秦山核电的运行,未给周边环境造成可察觉的影响。

秦山核电实行政府与企业的"双轨制"监测,除自身设置的14个连续监测点外,国家环保部门也有9个连续监测点,相关数据实时传输给生态环境部和浙江省环保厅。"环境监测起到'报平安'的作用,相互校核和监督,'双保险'确保客观真实。"

30年前,"核电"对于当时的国人而言尚属陌生。中国大陆核电"零"的突破,不仅需要突破缺人才、少技术、无经验等阻碍,还需要克服当地民众当时因陌生和神秘而产生迟疑态度所带来的压力。面对这些压力,秦山核电人肩负着国家与历史的重托,不负众望,确保核电安全稳定运行,以优良的安全运行业绩回馈社会、回馈公众。

30年来,秦山在运机组的运行业绩越来越好,秦山一期30万kW核电机组在2007年创造了连续运行469d的优异业绩,大修工期更是屡创新高,WANO排名逐年上升。2014年4月,秦山三期2号机组第6次大修循环连续安全运行469天,刷新国内重水堆核电机组单次燃料循环连续安全运行纪录。2014年6月,秦山二期2号机组第11次大修历时56.21d,创造了国内同类型压水堆机组十年大修的最佳工期纪录。2014年6月,秦山一期30万kW机组第15次换料大修历时18.12d,刷新我国大陆核电机组大修工期纪录。2013年,秦山7台运行机组在全世界435台机组中WANO排名前100名以内;2010年和2013年,秦山三期2号机组综合指标两次位居同类机型世界第一。这一切，都在确凿无疑地告诉所有人，秦山核电是一个负责任的企业，是一个能够保证安全稳定可靠发展的企业，是一个能让所有人信任的企业。

在秦山历史中，还有一项令秦山人一直津津乐道的业绩：秦山一期刚刚运行15d，便与巴基斯坦签订了出口建造与秦山核电站同样堆型的机组，中国核电"走出去"从这一刻正式开始。这也为我国之后的"华龙一号"核电技术"走出去"奠定了坚实基础。

近年来，核电安全管理考验更多、要求更高。"90-30-00"是中国核能电力股份有限公司新近提出的一项衡量核电机组运行性能的先进性指标，"90"指机组能力因子超过90%、"30"指大修工期控制在30d以内、"00"指机组两次大修之间无小修。去年，秦山核电多台机组达到这项高标准的业绩目标。

30年间，秦山核电的各个核电机组没有发生任何核安全事故。历年环境监测结果表明，秦山地区环境辐射剂量率仍处于本底涨落范围内，排放的放射性物质对周围公众造成的最大个人年有效剂量当量仅占国家限值的0.2%，三废排放量远远低于国家标准，核电站运行以来对周围辐射环境未产生可察觉影响。

（3）成果与行动方案评价

秦山核电扎根海盐的30年间，一直与海盐共荣共生、合作共赢、互利发展。一方面，在核电的发展过程中，离不开海盐当地人民的贡献、支持和帮助；另一方面，核电的发展也推动了海盐的经济发展、促进了社会建设、带动了海盐民族文化发展。

秦山核电落户海盐30多年来，海盐政府为支持核电事业发展，付出了很多努力，做了许多工作。

兴建核电站之初，海盐县组建支援秦山核电重点工程建设办公室，对接协调地方与核电企业之间的合作进程，动迁农户，建设核电系统生活小区，增加城市建设配套设施，解决核电系统家属择业就业、子女入托就学等问题，为核电建设创造一个宽松的工作和生活环境，为核电人在海盐提供了坚实后盾。1991年，秦山核电顺利发电后，为确保核电站建成后的安全运行和公众安全，海盐建立核电事故场外应急办公室，编制核电应急道路体系建设规划，加强核电厂周边应急道路建设，新建6600m²的应急指挥中心，配备电话调变系统、卫星显示系统等11大系统的应急指挥平台，保证核电事故状态下周边居民能够安全、快速地撤离，满足了核应急响应的需求。

自2013年以来，海盐县与秦山核电已连续召开12次高层工作联席会议，双方发挥各自优势，着眼于新的经济增长点，共同推进核电关联产业的稳步发展，交流讨论双方年度工作情况以及发展规划，互相支持对方的所需所求，签署相关战略备忘录，共同完成了武袁公路二期建设等各大项目。

在核电公众沟通方面，面对部分群众对核的恐惧，海盐除了进行科普宣传，还用科学、透明的方法解决问题，如浙江省嘉兴市卫生部门与市妇幼保健部门同步进行的《中美合作预防神经管畸形项目》的研究，长达10年的监测数据显示，处在核电站周围的海盐县婴儿平均出生畸形率略低于全市平均水平；浙江省环境监测部门设置放射性物监测站每季度向社会公众发布秦山核电基地外环境监测结果，使社会公众都积极地支持核电建设。

9.4.2 管理者与社会公众

（1）伦理问题描述

按照国际核电发展的通例，发展核电要征询当地公众意见。对核电产业而言，从来没有哪个时期像当下一样，急需公众沟通的有效作为。公众立场决定了核电产业是否能够实现良性发展。作为实现中国大陆核电"零的突破"的秦山核电基地，其深耕30多年的公众沟通之路，也许就是中国核电业界构建与民众对话畅通机制，实现"有效有为"的最好参考样本之一。这个样本同时也显示出海盐县发展核电产业和秦山核电在海盐县再拓展的得天独厚优势。

海盐人对于核电的认知，在经历了初始阶段的保密状态、初期的担忧，到逐步了解之后，现在是"核谐相处，为核高兴"。在近几年的浙江省县级城市空气质量检查中，海盐都处在前列。2013年，海盐空气优良率达到97.3%；海盐良好的生态环境也让人们生活得更加健康，人均期望寿命已经达到80岁，超过浙江省平均水平。秦山地区的癌症发病率、新生婴儿畸形率都在正常值以内；秦山核电退休的一些老领导、老同志们几乎都长期居住在海盐，他们的态度非常具有风向标意义，体现了对核电环境安全的坚定信心和对海盐宜居环境的高度认可。

30年来，秦山核电基地切实加强与海盐地方党委政府的合作，按照"深耕海盐，辐射全国"的原则，开展"清洁核能助力'两富'浙江""海盐核电科普三年行动计划"等各种形式的常态化、品牌化核电科普宣传，受众超过10万人。据不完全统计，秦山核电基地已累计接待公众12万人次，40多个国家和地区外宾5000多名，仅2014年，就接待300余批共计1.1万人次。

随着秦山核电基地全面建成以及核电科技馆的后续投用，秦山核电基地的衍生价值将日益体现。无疑，秦山核电基地对其他核电项目公众沟通工作也具有借鉴作用，尤其是对漳州核电、辽宁核电和桃花江核电等单位的影响带动和经验参考，已表现出独具一格的价值。仅2014年，就有4000多位其他核电项目所在地的公众代表走进秦山核电，感受核电之美。

(2) 管理者的问题解决思路与行动方案

①红船党性教育课堂

针对党员干部为主体的党性特色教育课堂，秦山核电通过挖掘红船精神与中国核工业振兴崛起的结合点，讲深讲实中国核电从无到有、从弱到强的奋斗历程。

这个特色课堂的内容包括：参观被命名为中央企业工业文化遗产的中国大陆第一座核电站的模拟机房；车览秦山第二核电厂、秦山第三核电厂以及周边美丽乡村；参观核电科技馆了解中国核电发展之路；在核电科技馆聆听一堂"践行新发展理念振兴民族工业"的讲座。

2018年5月9日，浙江红船干部学院培训班首次走进秦山核电特色课堂，标志着这一新的现场教学点开课。到2021年6月底，秦山核电已接待培训班146批7163人次。

②徐主任讲核电

徐主任讲核电是由原海盐核电办主任徐浏华主讲的课程，主要针对普通大众的核能与核安全普及教育，通过讲述地方从谈核色变到与核共生的历程，提升大众对核安全的认知，增强广大市民的爱国主义情怀，该课程已受邀在国家图书馆、各类大专院校授课100余堂，听众万余人。

③"魅力之光"核科普知识竞赛

"魅力之光"核科普知识竞赛采用网上竞赛形式，时间通常持续两个月，早于全国核科普讲解大赛举办时间。在2021年举办的第九届竞赛中，全国有68万余人参加核科普知识竞赛，其中由秦山核电组织的竞赛答题人数近12万人，相当于每3个浙江海盐县人中，约有1人参加竞赛。

为提升竞赛活动的影响力和参与度，秦山核电充分利用各种社会资源和广泛的社会联系渠道优势，通过组建推广团队，联合海盐县核电产业发展服务局与地方媒体，举办广场主题活动，"秦山核电"微信公众号，核电科技馆参观渠道，各类微信群等，广泛发动重点人群、中学生、社会公众积极参与答题。

④核电宣传教育评估试点

2013年，中国核能行业协会把国内首次核电公众宣传教育评估的试点放在了秦山。评估报告称,秦山核电基地是"整个行业的核电科普宣传样本""到秦山看一看,到海盐走一走",近年来,一说到核电,社会各界自然想到秦山、想到海盐,其积淀30年的公众沟通资源、经验和品牌优势,正显示出卓越的"借鉴、复制"价值。秦山核电基地在实践中积累起来的公众沟通方法和对话渠道,已初现范本效应。

为了更专业、更稳步推进秦山核电文化宣传、公众沟通工作,实现秦山公众沟通工作的集约化、专业化、标准化、精细化管理,2013年,秦山核电基地整合了秦山一二三期公众沟通资源、优化工作组织结构,正式成立了秦山核电新闻宣传中心,全面负责秦山对外公众沟通工作。

2014年,由中核运行自编自导自演的"核电小苹果"视频风靡网络。"短短几分钟的视频里,5名核电员工出镜,在秦山核电基地的各个场景前,身着不同岗位的核电员工服装,模仿了热门歌曲"小苹果"的舞蹈,视频中还穿插了核电科普知识和生活用电知识。提到核电小苹果,每一个秦山人都为之点赞。该视频一经发布,就迅速引爆了核电圈,短短几天内总点击量就达千万之多,该视频被评为"2014年中国企业新媒体传播十佳案例"。

⑤核能供暖项目

"十四五"期间,海盐县政府与秦山核电将本着"共享发展成果,造福地方百姓"的工作理念,助力浙江省"共同富裕示范区"建设,积极落实海盐县"小县大城"战略,把人民对美好生活的向往作为奋斗目标,共同推进核能供暖重要民生保障项目建设。核能供暖项目由海盐县城市投资集团有限公司、海盐县水务投资集团有限公司、中核核电运行管理有限公司共同出资设立的浙江零碳热力有限责任公司负责投资建设和运营管理,项目按照"统筹规划、分步实施"的原则有序推进。2021年先行完成核能供暖示范项目建设,实现海盐县城区三个生活小区及老年公寓的核能集中供暖。通过示范项目安全、经济、稳定运营,为海盐县大规模集中供暖发挥良好的示范作用。后续,将逐步实现对海盐县其他公建设施以及有条件开展集中供暖的住宅小区、工业园区的大规模集中供暖,预计到2025年,供暖范围覆盖至海盐县主城区、秦山街道、澉浦镇等区域,总供暖面积将达到400余万m^2。

(3) 成果与行动方案评价

秦山核电在安全高效发展的基础上,主动承担企业社会责任,并通过多方面促进地方经济社会发展的良好成绩以及与属地政府和公众多层次多方面良好关系的构建,实现了与关键利益相关者之间的伦理协调,为重大项目建设中企地伦理冲突的解决提供成功范例。

30年前,时代的科技种子被播撒到古老的吴越大地,秦山核电沐浴阳光,在海盐的土壤上茁壮成长,并成为海盐大家庭中的顶梁柱。翻新校舍、拓宽马路、产业对接,哪里都有秦山人奔波的身影。秦山核电来到海盐后,给海盐经济社会发展带来了强劲动力,2020年,海盐县实现地区生产总值544.51亿元,其中核电115.54亿元,秦山核电贡献海盐县财政总收入16.78亿元左右,其中教育附加7475万元,培育了核电关联产业95家,核电关联产业2020年总产值超过290亿元。秦山核电利用自身优势,大力扶持海盐发展核电关联产业,获核级许可证企业4家,进入中核集团合格供应商企业48家。海盐"核电小镇"也成为浙江省首批37个省级特色小镇之一。有别于传统产业,核电带来的"蝶变"不只是经济体量的扩大,更是产业精度的提高,核电关联企业已经成为海盐县高新技术企业、科技型企业的主力军。海盐县前核电办主任说:"由于核电产品及服务要求的技术水平相对较高,这就决定了企业必须主动创新。目前核电关联企业中已经拥有一个国家技能大师工作室、省级院士工作站、省市级研发中心共20多家,在大力建设中国核电城的同时也为海盐创新驱动蓄满动力。"

9.5 基于企地关系协调的伦理评价与反思

9.5.1 全生命周期伦理问题应对的成功经验

在秦山核电站这一工程案例的全生命周期过程中,主要涉及的工程管理伦理问题为环境保护、安全防护、职业健康管理及核应急管理问题。管理者在不同工程阶段所面临的管理目标不同,要处理的主要伦理问题也不同,但管理者在每个阶段的所思所想所为不是孤立的,其对利益相关者的看法、对工程技术的看法、对自然的看法在全生命周期各个阶段是一脉相承的,并且最终目标是一致的,即达成各利益相关方的共赢。在决策、规划设计、实施、运营维护等不同的阶段,管理者处理工程管理伦理问题的任务不同,所依据的伦理指导原则不同,管理理念以及管理行为也有所不同。在秦山核电站工程中,伦理问题的成功解决有赖于以下三个核心措施。

(1) 适当设计变更,保障安全运行

核安全评审中心在1986年开展秦山核电站安全分析报告追溯性核安全评审,发现较多与安全相关的重要问题,管理者秦山核电有限公司同设计院对接,进行相应设计变更,如,增设ATWS缓解系统、在蒸汽发生器出口管增设N-16探测系统、增设堆芯水位探测系统、堆芯温度测量系统由非安全级修改为安全级技术等。这些修改，对提升秦山核电站安全运行水平具有重要意义。

（2）建设安全文化，核能和平利用

核工业始终把核安全摆在首要位置，认真按照国家对核设施监督管理的要求，接受国家有关部门的监督，履行核设施核安全许可制度，加强核设施运行管理，严格执行批准的运行条件和限值，切实使核电站处于安全受控状态。自1991年秦山核电站并网发电以来，近40年来，我国从未发生2级及以上事件和事故，已经形成了综合配套的事故防御、污染治理、科技创新、应急响应和安全监管能力，目前已累计安全运行超300堆年，根据WANO排名，核电运行机组普遍处于国际较高水平，部分机组已达世界先进水平，核电安全设计与运营达到国际先进水平。

（3）丰富科普方式，加强公众沟通

1983年以来，秦山核电站科普宣传与核电建设发展一路同行，以"大气如海、淳朴似盐"的海盐为起点，开启"永不落幕"的沟通之路。一方面，搭建多元沟通平台，举办科普展览，组织科普大篷车上山下乡，走上街头举办科普咨询活动；另一方面，采取多样宣传形式，举办核电知识与核科普绘画竞赛，组织核电科普论坛，开展核电科普讲座。随着秦山核电基地全面建成投产，以及30余年在核科普宣传方面的不断探索，秦山已成为中国最大的核科普基地。

9.5.2 自主研发创新，增进社会效益

2017年3月7日，国家核安全局正式发文批准秦山第三核电厂增加医用钴调节棒的修改申请，这标志着我国的大批量生产医用钴-60已有"准生"证明。

医用钴-60很少为公众所了解，但在肿瘤放射性治疗专家的眼里则绝不生僻，可用于降癌除瘤。我国虽是核技术应用大国，但一直无法规模生产供应医用钴-60，长期以来全靠进口供应。近年随着加拿大的生产堆退役和阿根廷的重水堆机组翻新，国际供应更趋困难，这已严重威胁到医疗设备的正常运行以及行业的健康发展。针对此问题，中核集团见之于心，及时行动，2015年在龙腾2020中立项，依托秦山的重水堆平台，自主研发和生产医用钴-60，为国产高科技医疗设备伽玛刀提供"中国心"。

中核集团下属中国同辐股份有限公司负责项目总体组织，秦山核电牵头开展重水堆生产相关的技术研发和实施，中核北方核燃料有限公司负责医用钴调节棒组件的研制和供应。合作目标为2017年能够开始医用钴-60生产，2019年首批

成品放射源投放国内市场。回顾过往，工业钴-60生产从技术研发到技术投产走过10年风雨历程。尽管有过去的技术和经验积累，但是在如此短的时间内实现医用钴-60的研发和投产仍存在很大挑战。参与人员直面困难，铆足了劲，精准把握市场需求，精心设计生产方案，合理安排工作任务，系统规范分析论证，于2016年7月底顺利向国家核安全局提交修改申请报告。经过半年的努力，终获审评专家的认可，赶在机组大修停堆之前获得批复。

秦山核电首批医用钴调节棒入堆已进入最后一个月的倒计时。虽然医用钴-60生产为秦山所创造的产值与发电收入相比显得微不足道，但是它却是一个能造福于民的重要产品。秦山核电将全力以赴做好医用钴-60生产工作，借此为我国的核技术应用产业发展做出新的贡献。

9.5.3 构建互利共赢的伦理生态

核电是特大型项目，也是可持续发展的百年工程，在做好选址工作的前提下，无论在哪个城市投建都会给当地经济增长和产业结构优化升级带来巨大贡献。核电项目建设包括大量的基础设施建设，会增加当地大量就业机会；核电项目投入运行后，向国家和地方缴纳巨额税费，可增加地方经济收入；除税费外，核电企业在支持地方社会事业建设上也投入很多，在人才培养、产业升级、环境治理、城市宣传等方面都有重要积极作用。

2004~2020年，秦山核电累计贡献海盐县财政总收入101.39亿元，其中仅教育费附加13.68亿元。截至目前，秦山核电已累计纳税372亿元，地税50.6亿元。秦山核电用自身优势有效带动地方产业的转型升级，培育了95家核电关联企业，4家获核安全局颁发的核级许可证，48家企业进入中核集团合作供应商名录，38家企业获非核级供应商资格。

发展核电首先要保证安全，同时也要有经济效益和社会效益。目前，核电面临的常态问题就是公众核电知识的匮乏以及随之而产生的对于维护自身生存环境的担忧。因此，企业在宏观层面的道德价值与规范上要树立加快我国能源电力系统清洁化、低碳化转型，重视环境保护、人与自然和谐发展的价值观；微观层面上，注重调节好与周边公众的关系，以秦山核电与海盐政府科学、透明的科普方式为样本，积极主动做好阐释宣传工作，打消群众顾虑，得到地方政府与公众的支持。

把政府与企业作为地方的一个大系统来看，企业的发展离不开地方的服务与支持，地方的振兴离不开企业的带动与扶持，二者唇齿相依，需要彼此认同和尊重各自的发展目标。企地要从长远的发展战略、发展定位、发展举措上达成深度共识,按照既有利于资源延伸开发、合理利用、促进大企业的发展,又利于地方全面协调可持续发展的原则,从城市建设到社会管理,从促进就业、再就业到改善民生福祉,真正树立以合作共赢为核心的发展共同体理念,从而构建企地合作共赢的新模式。

因此,在秦山核电站工程方与地方政府、地方公众、当地核电关联企业等不同利益相关方的共同努力下,在互惠、信任、包容、奉献等伦理观念和伦理行为的践行中,一种互利共赢的伦理生态得以构建,并成为各主体生存、生活与发展的伦理环境[①]。秦山核电站建设与运行工程也成为我国重大工程协调企地关系、促进各相关方和谐发展的典范。

---

① 晏辉. 伦理生态论[J]. 道德与文明, 1999(4): 7-10.

第10章 北京大兴国际机场航站楼核心区工程管理伦理

10.1 北京大兴国际机场航站楼核心区工程

10.1.1 工程背景与建设情况

（1）工程定位与建设目标

北京大兴国际机场是党中央、国务院决策的重大项目，京津冀协同发展交通先行的大型国际航空枢纽，国家经济发展的一个新的动力源。是北京市"十二五"时期重大基础设施发展规划1号工程和民航"十二五"重点工程。

北京大兴国际机场远期规划满足年旅客吞吐量1亿人次需求，本期按2025年旅客吞吐量7200万人次、货邮吞吐量200万t、飞机起降量62万架次的目标设计，建设4条跑道、总面积143万 m^2 的旅客航站楼综合换乘中心、停车楼、综合服务楼及轨道交通土建工程。航站楼综合体工程于2015年开工，2019年9月30日前投入运营。本期规划、近期规划、远期规划详见图10-1～图10-3。

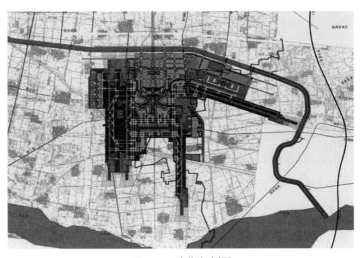

图10-1 本期规划图

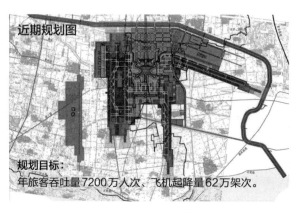

图 10-2 近期规划图

图 10-3 远期规划图

北京大兴国际机场航站楼的造型寓意"凤凰展翅",从中心区分别向东北、东南、中南、西南、西北五个方向设置五座指廊。与首都国际机场形成"龙凤呈祥"的双枢纽格局。航站楼在国际上首次有高铁从地下穿行,首次采用双层出发双层到达设计。效果图详见图10-4。

2017年2月23日,习近平总书记到北京大兴国际机场视察。在由北京城建集团负责施工的航站楼核心区建设现场,"承建单位负责人介绍,主航站楼在屋盖钢结构网架拼装等方面采用很多新技术,显著提高了精准度,施工做到了零差错、零事故。习近平表示肯定,鼓励他们再接再厉。他强调,新机场是首都的重大标志性工程,是国家发展一个新的动力源,必须全力打造精品工程、样板工程、平安工程、廉洁工程。每个项目、每个工程都要实行最严格的施工管理,确

图10-4 鸟瞰效果图

保高标准、高质量。要努力集成世界上最先进的管理技术和经验。"(据《人民日报》2017年2月25日第25067期)。习近平讲道：这么大这么复杂的工程，我看了后感觉就是井井有条，而且迄今为止零事故。（希望大家）再接再厉，精益求精，善始善终（来源：央广网）。

北京大兴国际机场航站楼综合体工程分为四个标段：一标段为核心区基坑及桩基础工程；二标段为核心区工程；三标段为指廊工程；四标段为停车楼及综合服务楼。其中，核心区基坑及桩基础工程（一标段）、核心区工程（二标段）均由北京城建集团有限责任公司施工总承包。标段划分图详见图10-5。

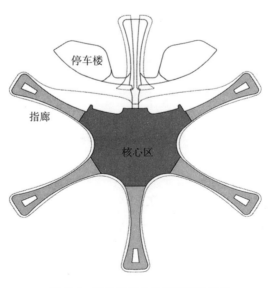

图10-5 航站楼综合体工程标段划分

（2）工程建造过程与进度

工程建造过程与进度见图10-6～图10-15。

图10-6　开工前

图10-7　桩基施工完成

图10-8　地下结构施工

图 10-9　地上结构施工

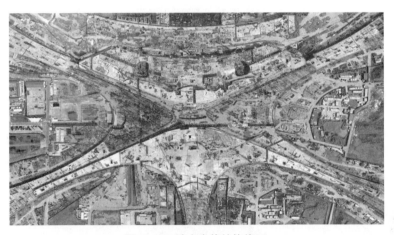

图 10-10　地上主体结构施工

图 10-11　网架结构安装完成

图10-12　室内装修完成

图10-13　机电安装工程完成

图10-14　整体亮相

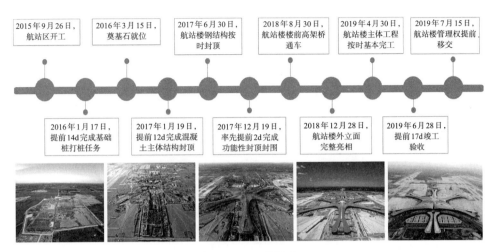

图 10-15 工程进度

10.1.2 工程成果与意义

(1) 已取得的成果（表10-1）

已取得的成果　　　　表10-1

序号	名称		颁发单位	颁发时间
一	质量奖项			
1	北京市结构长城杯工程金质奖		北京市优质工程评审委员会	2018-08
2	北京市建筑长城杯工程金质奖		北京市优质工程评审委员会	2020-08
3	中国钢结构金奖		中国建筑金属钢结构协会	2019-05
4	中国钢结构金奖杰出工程大奖		中国建筑金属钢结构协会	2019-05
5	中国建设工程鲁班奖		中国建筑业协会	2021-02
6	北京市安装之星		北京市安装协会	
7	中国安装之星		中国安装协会	2021-02
8	北京市建筑工程装饰奖		北京市装饰协会	
9	全国建筑工程装饰奖		中国装饰协会	
二	科技创新			
1	工程建设科学技术进步奖特等奖		中国施工企业管理协会	2020-12
2	中国钢结构协会科学技术奖一等奖		中国钢结构协会	2020-10
3	国际领先科学技术成果鉴定	超大复杂基础工程高效精细化施工技术	北京市住房和城乡建设委员会	2016-12
4		超大平面复杂空间曲面钢网格结构屋盖施工技术	中国钢结构协会	2018-11

续表

序号	名称		颁发单位	颁发时间
5	国际领先科学技术成果鉴定	超大平面层间隔震综合技术	北京市住房和城乡建设委员会	2019-12
6		超大平面结构混凝土施工关键技术创新与应用	北京市住房和城乡建设委员会	2019-12
7	绿色施工科技示范工程		中华人民共和国住房和城乡建设部标准定额司	2020-07
8	北京市建筑业新技术应用示范工程		北京市住房和城乡建设委员会	2019-12
9	北京市工程建设BIM综合应用成果一类		北京市建筑业联合会	2018-06
10	中国建设工程BIM大赛一等奖		中国建筑业协会	2017-11
11	第六届"龙图杯"BIM大赛一等奖		中国国图学会	2017-12
12	中国建设行业信息化最佳应用实践项目		中国建设行业年度峰会	2017-06
13	2016年全国建筑业创新技术应用示范工程		中国建筑业协会	2017-02
14	国优金奖		中国施工企业管理协会	2021-12
15	詹天佑大奖		中国土木工程学会	2021-12
三	工法（北京市工法11项）			
四	专利（已授权专利32项）			
五	QC成果（北京市一类成果13项，二类成果6项）			
六	论文（国内外期刊发表论文几十篇）			

(2) 计划申报奖项（表10-2）

计划申报奖项　　　　　　表10-2

序号	名称	组织单位
1	北京市科学技术奖	北京市人民政府
2	国家科学技术奖	国务院

(3) 其他已经取得的奖项

①全国建设工程项目施工安全生产标准化工地（AAA）；

②中国工程建设安全质量标准化先进单位；

③北京市绿色安全样板工地；

④建设工程项目施工安全生产标准化建设工地（中建协）；

⑤北京市"安康杯"竞赛优秀班组；

⑥96.87分通过"全国建筑业绿色施工示范工程"验收，并被指定为全国绿色施工达标竞赛活动的观摩工程。

（4）工程重大意义

在投运仪式上习近平强调，北京大兴国际机场能够在不到5年的时间里就完成预定的建设任务，顺利投入运营，充分展现了中国工程建筑的雄厚实力，充分体现了中国人民的雄心壮志和世界眼光、战略眼光，体现了民族精神和现代化水平的大国工匠风范，充分体现了中国共产党领导和我国社会主义制度能够集中力量办大事的政治优势。同时，北京大兴国际机场践行新发展理念，立足自主创新，开发应用多项新专利新技术新工艺新工法，建设指标达到世界一流，为我国基础设施建设打造样板。

10.1.3 工程管理体系的组织架构

（1）甲方与其他合作方

业主是中国民用航空局，由下属的首都机场集团成立的北京新机场建设指挥部负责组织实施，设计单位是北京市建筑设计研究院有限公司，监理单位是北京华城建设监理有限责任公司，监督单位是北京市建设工程安全质量监督总站，总承包单位是北京城建集团有限责任公司。

（2）管理者组织架构

集团成立指挥部，总指挥由集团总经理担任，副总指挥由集团主管副总经理和总承包部主要领导担任。管理体系中设钢结构、土建、安全三个专家顾问组，并设立安全、质量督导组。体系设置本着减少管理层级，缩小管理幅度，减少管理接口，提高管理效率和执行能力的原则，按照"四清晰、一分明"（目标清晰、责任清晰、过程清晰、结果清晰、奖罚分明）建立管理体系制度和程序。

管理体系中主要领导岗位按双岗配置，分主次划清管理职责。为加强安全领导力创新配置安全副经理，与项目经理同等待遇，作为安全、职业健康、环保、治安的负责人对项目经理负责。区域管理单位的负责人作为本项目的经理助理，纳入总承包管理体系，合署办公。

与以往其他工程相比，管理体系执行层中设置有协调部、招采部、科技中心、BIM中心、测量工作站、物业部等部门。管理体系如图10-16所示。

本次工程建设业主采用大总包模式。总承包合同范围包括基坑工程、主体混凝土结构、钢结构工程、给水排水工程、电气设备管线工程、电扶梯步道、消防工程、楼宇自控工程、围护幕墙和金属屋面工程、公共区精装修工程、非公共区装修工程、主要设备机房工程和楼前市政管线、道路和高架桥工程，其中电扶梯步道、消防工程、楼宇自控工程、围护幕墙和金属屋面工程、公共区精装修工

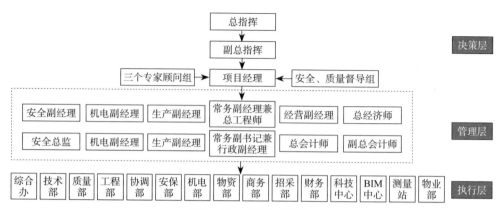

图 10-16　项目管理体系

程、配电箱柜和空调机组等作为暂估价项目，由总包负责组织与业主联合招标，总包签订合同。

根据总包合同范围、工程特点和以往工程经验，对各阶段施工模式做了安排。主体混凝土结构和机电安装施工创新总包管理模式，实行总包统筹、区域管理。此管理重在统筹和授权、责权利共享。此模式在国内首次成功应用，大大提高了管理效率和质量。新模式中主要材料、设备、劳务队伍、塔式起重机、周转材料等资源由总包组织统一招标签订合同。集团成员企业按照要求抽调精兵强将，签订区域管理协议，按照约定的质量和数量派出管理人员，这些人员的人事关系转入集团，加入项目的管理体系，负责组织管理完成所分配区域的各项任务目标，并负责制造成本控制。工资和办公费用由总包支付，总包按协议进行考核。

10.2　北京大兴国际机场航站楼核心区工程的意义与挑战

（1）国家重点工程、标杆工程、样板工程

北京大兴国际机场为国家重点工程，按照习总书记指示，创造一种世界先进水平，既展示国际水准，同时又为国家的基础设施建设创造样板，实现"精品工程、样板工程、平安工程、廉洁工程"。

（2）工程规模大、参建单位多、管理难度大

北京大兴国际机场航站楼规模超大，仅核心区平面投影面积约为18万 m^2。航站楼三个标段基本同步组织施工，分别为核心区（二标段）、指廊（三标段）、综合服务楼和停车楼（四标段）。同时，航站楼外围的站坪也同步施工，各标段之间的交叉影响大，组织协调管理要求高。参建共计164家分包单位和105家劳务分包（其中27家劳务单位，20家暂估价分包单位），参与建设的劳动力有5万多名。

(3)技术先进、功能强大、造型新颖、制作安装和组织管理难度大

①结构超长、超宽、超大平面、超大空间

航站楼核心区首层单层平面面积达16万m^2,混凝土结构东西向513m,南北向411m(图10-17、图10-18)。超大平面混凝土结构施工部署、组织管理难度大。

图10-17 航站楼效果图

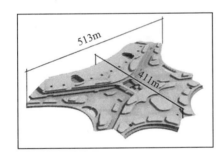 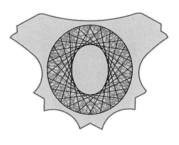

图10-18 航站楼核心区平面尺寸示意图

②高铁、轻轨下穿航站楼,减隔震系统复杂

航站楼下部设有高铁和地铁车站,过站高铁不减速(300km/h)穿越航站楼属于世界性难题。由于高铁高速通过,涉及减震、隔震问题,因此针对中心区采用隔震技术,在±0.000楼板下设置1152套隔震支座,单个重达7t,144套阻尼器,隔震系统将上下混凝土结构分开,节点处理非常复杂。低摩擦弹性滑板支座、高性能橡胶支座、大行程阻尼器、机电管线隔震补偿、复杂防火构造,高精度安装难度大(图10-19)。

③屋面钢网架结构造型独特、跨度大,安装风险大

北京大兴国际机场航站楼核心区工程屋盖钢网架为放射型的不规则自由曲面,投影面积达18万m^2,钢结构重量达3万多吨,屋盖顶点标高约50m,最大

图10-19 隔震支座安装示意图

起伏高差约30m,悬挑最大为47m。核心区工程钢结构屋盖被条形天窗与中央天窗分为6个分区,各分区结构特点、现场场地条件以及混凝土工作面提交顺序各不相同(图10-20)。

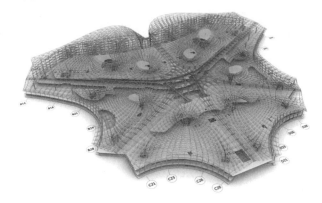

图10-20 屋面钢网架结构三维模型图

④机电功能先进、专业繁多、系统复杂,最复杂的安装公共建筑

本项目机电工程功能先进、系统复杂、专业繁多,6个分部工程支撑着民航信息弱电的六大数据交换平台38个子系统、PCR及TOC等信息机房工程的稳定运行,保障着13座值机岛、260个值机柜台、72个安检口的高效运营,满足先期每年4500万人次的进出港要求。双层出发、双层到达行李系统,以及地下一层换乘中心前列式值机区和地下二层的行李中转机房、49个行李分拣处理转盘等构筑起规模巨大、性能先进的行李工程,保持着近期年平均4500万件旅客货物分拣处理能力。机电系统高度集成化,支撑着与高铁、地铁、停车场无缝换乘的机电系统需求(图10-21)。穿越隔震层机电管线施工技术和抗震支架技术等满足核心区8度抗震设防要求。大量采用辐射供冷供热系统、飞机预制冷热空调系统等新技术,打造出一个功能强大、技术先进、绿色环保、世界领先的国际大型机场。

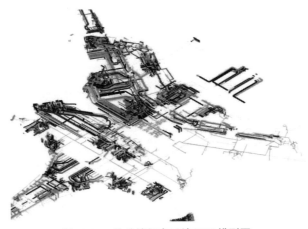

图10-21 航站楼机电系统BIM模型图

⑤双曲面漫反射大吊顶制作安装挑战大

航站楼室内屋面采用新型复杂双曲面漫反射大吊顶(图10-22)。主屋面大吊顶以C形柱为中心,沿主体钢结构方向留出主要划分缝,板缝宽度75～700mm,从C形柱侧面到顶面进行连续变化,形成"如意祥云"的肌理。视觉效果与地面拼花石材的"繁华似锦"和浮岛的"流光溢彩"上下呼应。

图10-22 屋面大吊顶三维模型图

(4)环保节能标准高,公共建筑前所未有

通过高品质的室内环境、结构优化节省建材、材料优化节能、完善的自动控制与管理系统、节水控制等,达到节能率超过70%的能源管理目标(图10-23)。

(5)社会关注度高,参观调研检查和媒体报道频繁

本项目接待参观调研2000余批次,总人数超过5万人。国内外一线权威媒体500余次采访报道,央视、新华社、人民日报、北京电视台等主流媒体持续跟踪报道。

图 10-23　绿色、节能建筑标识证书

10.3 北京大兴国际机场航站楼核心区工程行动者网络构建与分析

10.3.1 工程共同体与外部行动者网络

（1）管理者与其他工程共同体成员

共同体成员涵盖业主、监理、总包、分包和分供各方不同岗位的工程参建主体（图10-24）。从职责角度看，总包管理者作为核心主体，其与业主和监理的关系是依据合同规定的职责范围内被管理与管理、被监督与监督的关系；与分包分供方是管理与被管理。

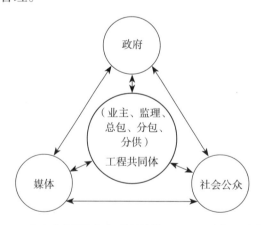

图 10-24　北京大兴国际机场航站楼核心区工程外部行动者网络

从利益角度看，由于各方职责、发展战略和秉持的核心价值观不同，各自的利益目标也不同。一方面，管理者与其他工程共同体成员具有共同利益，即工程合同目标的实现。另一方面，管理者与其他工程共同体成员也存在许多利益冲突。以新工艺技术的应用为例，业主的核心关切是工程造价和工期目标实现；监理注重工程质量和安全是否有保障；分包分供方更多地考虑实施的可行性、安全质量工期的风险和经济利益；而管理者关注的是对工程整体目标、风险和安全的控制。因此作为项目实施的核心主体，管理者需要协调各方利益诉求，对遇到的伦理冲突进行综合评判，提出解决方案，推进工程顺利进行。

（2）管理者与社会公众

从职责角度看，管理者应该承担相应的社会责任，不损害社会公众的利益，并接受社会监督。

从利益角度看，管理者与社会公众存在两方面的利益冲突。一是资源方面，机场建设占用较多土地资源，工程施工占用道路、水、电资源等。二是社会公众的基本权益方面，例如工程建设所带来的交通安全、环境污染、居住生活等方面的问题可能会损害社会公众的基本生活权益。

（3）管理者与（属地）政府

从职责角度看，管理者应该遵从（属地）政府出台的相关法规政策；（属地）政府可以对管理者所负责的工程进行监管。

从利益角度看，管理者与属地政府具有共同利益，但也存在利益分歧。共同利益在于新机场的建设，大大提升区域经济发展，增加就业、改善环境、提升行业建设水平。利益分歧在于自然环境保护、社会稳定、雾霾治理、安全质量、治安保卫管理等方面的高标准要求转化为对工程的限制条件增加，给工程带来较大压力。

（4）管理者与媒体

管理者与媒体的交互关系较为密切，媒体非常关注工程的进展，并对工程重大节点进行跟踪报道。这一方面增加了对工程的社会监督和舆论监督，对工程项目的管理水平提出更高要求，有助于保障社会各方利益的实现；另一方面为企业提供了提升知名度、品牌和形象的机会。

10.3.2 工程共同体内部行动者网络

工程共同体内部行动者网络如图10-25所示。

（1）管理者和系统分管领导的关系

本工程中，总包管理者是主体管理者，而作为总包管理团队核心的项目经理关注项目整体目标的完成，注重各系统的统筹协同、平衡推进，解决系统间的矛盾和交叉、支持和保障。而系统领导如项目总工程师，关注的是技术系统员工职责范围内的工作表现、工作业绩，往往容易忽略对其他系统的影响。

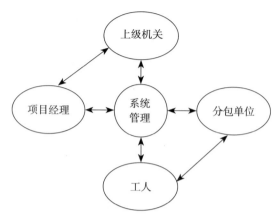

图10-25 北京大兴国际机场航站楼核心区工程内部行动者网络

（2）管理者和上级机关的关系

上级机关即项目团队的上级领导，项目管理者应服从上级的指令要求，但当项目诉求与上级领导的关切不一致时，会产生冲突。例如，上级机关领导注重集团战略发展指标，包括省部级及国家各种奖项的取得、社会稳定等；而项目本身的诉求可能是合同中的管理目标实现即可，利益冲突明显。

（3）管理者和分包的关系

总分包是一种契约关系，总包要求分包依照合同规定履行义务。分包的利益往往首先是保证经济效益，其次才是社会效益，但在实际中不能够完全准确地实现。由于合同往往按照社会平均水平制定，在北京大兴国际机场等技术先进、组织复杂的工程中，施工组织、操作难度和工效显著降低，工程的管理标准要求高，社会关注度高，投标和施工准备期相对较短，导致原先预测的管理风险和投入增加，亏损的风险大大增加，从而导致管理矛盾明显。

（4）管理者和工人的关系

管理者和部分工人存在直接的劳务合同关系。实践中，工人对工程本身设计的复杂程度、安全环保要求的高标准、工期进度紧张程度的认识不足，而实际工效降低、额外工作消耗等导致收入不高，从而容易产生与管理者的劳资纠纷。

10.4 工程安全与生态效益伦理问题

10.4.1 伦理问题的来源与背景

（1）伦理问题表述

北京大兴国际机场是建设国家基础设施的样板，有"精品工程、样板工程、平安工程、廉洁工程"的定位,对其在安全与环保方面的表现有着高标准、严要求。但由于工程规模大、人员众多、技术先进复杂,风险来源众多,在有限管理资源限制下,存在工程效益与安全和生态效益之间的矛盾,产生伦理问题。

(2) 行动主体及其责任

总包管理者作为核心主体,负责工程策划、组织、实施、检查、调整、考核,既有实现工程经济效益、满足各相关方利益诉求的职责,也对工程的职业健康安全与环保节能承担重要责任。

(3) 利益相关者及其利益

此问题涉及的利益相关方包括政府主管部门、社会公众、设计、监理和所有参与本工程建设的分包方与分供方等,各自的利益诉求与价值取向不尽相同。

(4) 宏观层面的道德价值与规范

项目建设创造世界先进水平,展示国际水准,同时为国家的基础建设创造样板,实现"精品工程、样板工程、平安工程、廉洁工程"。宏观层面的道德价值与规范,一是生命至上、安全第一,以最高标准、最严要求保护公众及参与者的健康安全;二是绿色建造,促进环境可持续发展;三是坚持公平正义、尊重诚信、和谐发展。

10.4.2 高安全环保要求与有限资源之间的冲突

如果只讨论非黑即白的行动方案,那么可采取的行动方案有两种。

方案一是为实现合同目标,追求利益最大化。以最少的人财物投入、最低成本的工艺设备、最低限度的安全防护和环境保护措施,组织没有足够经验的分包单位和普通技术工人,按照一般工程的技术手段和质量控制水平来开展工程建设。但在如此复杂和高标准的工程上,其带来的后果可能是事故频发、资源浪费、环境破坏。比如按照常规方式采用塔式起重机接力倒运四次后将材料运送到中心位置,不仅效率低,且安全风险大。结构施工期间,操作工人在简易操作平台绑扎钢筋浇筑混凝土时,有站立不稳而坠落的风险;以采取搭设满堂红支撑架平台的方式安装网架钢结构和进行如意祥云大吊顶板的安装调整,会造成大量脚手架钢管的使用,增大安全风险。由于该工程构件大都属于异形构件,采取落后的工艺设备装备会出现大量的资源浪费;而大量的桩头丢弃填埋则会造成土地污染等。

另一方案是以保证工程的安全健康、环保节能为首要目标,并为此采取充裕的人财物投入、最先进的工艺装备、最大程度的安全防护措施与环保措施等。此方案可以切实保护工人的生命安全,践行绿色环保理念,但会造成成本增加、工期延长、利润减损，不利于工程效益的取得。

10.4.3 兼顾工程、社会与环境效益的行动方案

(1) 管理者的所思所想

①管理者对利益相关者的态度。主要利益相关者包括政府、社会公众和业主、监理、分包分供等其他工程共同体成员。政府检查与监督工程建设中的管理行为、操作行为及相关活动是否满足法律法规要求，纠正违章行为，规范施工活动，树立样板和标杆，更新管理标准。对相关政府部门，应该接受其监督与指导，遵守相应法律法规，积极响应相关政策。对社会公众，应该在施工生产过程中尽可能减少对其正常生活权益的妨碍，保障其安全健康，增进其福祉。对媒体，与其维持良好的关系是必要的，有利于在做好工程建设工作的基础上宣传典型，树立样板，引导行业新发展。对工程共同体而言，实现工程总体目标是其根本任务和职责，然而不同工程共同体成员又有自身的利益和工作重点所在，管理者应该在国家战略目标和总体要求下，统筹兼顾总体目标和各自利益，协调各方统一思想、统一行动、共同努力，做到生命至上、健康第一，使所有参建者和利益相关方的安全健康与基本权益得到至高尊重和最严格的保护。

②管理者对工程生产的态度。管理者对工程生产组织应有全面准确的定位，应主责突出，统筹兼顾，协同推进。本工程项目创新"总包统筹、区域管理"的新型总承包管理模式，实现"六化管理"，即现场管理标准化、施工组织专业化、施工建造智慧化、安全管理人本化、日常管理精细化、资源组织集约化，以实现工期零延误、安全零伤亡、环保零超标的目标。应该明确管理者共同体内各级各方管理者的责任，协调各自的目标。例如，对生产管理者而言，其主要职责以实现工程工期目标为主；但管生产必须管安全，生产组织务必了解掌握工程的安全环保风险及控制措施，务必依据安全环保规则、交底、施工方案和技术交底的要求，严格遵照落实；此外，在更高的要求下，生产管理者应该注重管理创新、装备创新、智慧建造，以促进提升工程建设对地区经济发展、改善提高人民生活工作环境为引领，以保障人民生产生活的根本利益为宗旨，在确保安全环保的条件下推进工程进度按计划实施。

③管理者对工程技术的态度。管理者应秉持严谨科学的态度，对工程技术的定位和应用有全面客观的认识。首先，在这个超级工程中，已有的工程技术手段不能满足打造样板工程目标的需要，必须采用更先进的技术方案和装备，淘汰落后低效的工艺措施，从而提高施工效率，提高建设质量，达到工期与质量目标。

其次，工程的技术创新应满足高标准的安全与环保需求，例如在高难度的网架、大吨位减隔震支座、超大平面的水平运输栈桥等的安装技术与装备方案设计中，应首先评估其安全性、环保性、经济性与可持续发展性；再例如，可以通过集成创新智慧建造的手段提升安全保障系数，提升管理效率，实现信息共享，使控制更加及时精准，应急反应快速有效。

④管理者对自然环境的态度。管理者要清醒认识工程建设对环境的不利影响，最大限度减少对环境的破坏，减少浪费、保护环境；加强对所有参与者的环境保护意识培训，在工程建设环境保护方面创建样板实现引领。

（2）采取的行动方案

针对此伦理问题，最终采取的行动方案不是非黑即白的，而是通过创新管理和工程技术装备，兼顾工程效益、社会效益和环境效益，实现安全环保和进度目标的共赢。管理与技术创新包括探索和发展新型的总承包管理模式；吸收借鉴世界先进的绿色环保和新技术新装备；建立一整套文化、理念、体系、制度，创新管理模式和管理手段；实现施工组织专业化、安全管理人本化、现场管理标准化、建造手段智慧化、资源组织集约化、日常管理精细化；协调利益相关方实现整体目标，达到和谐共赢。

（3）行动方案实施的具体措施

具体措施包括全方位采用节能降效的设备设施和措施，全面采用可周转的临时设施、提高周转重复使用效率。工程建设中大量采用工业化建造方式，减少材料浪费。漫反射等技术在建筑材料上的应用，与同等规模的航站楼相比减少了近一半的灯具使用，实现了首个节能3A和绿建三星认证指标。在解决超大面积水平运输方面，创新研发建设全部可拆装可多次重复使用的支撑轨道和小火车（图10-26）。在超大型自由曲面钢网架安装方面创新采用全数字化液压同步提升系统，进行单

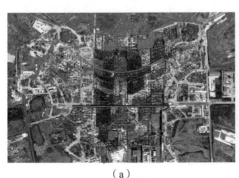 

(a) （b）

图10-26 自创栈桥小火车用于超大平面水平运输

元提升，区域卸载，整体合拢（图10-27、图10-28）。这种方案的所有提升架可周转重复利用，减少了大量支撑体系和人工投入。在临时设施方面全部采用集装箱房、地源热泵集中空调、太阳能热水供应、污水处理站、垃圾二次处理再利用等（图10-29、图10-30）。建立集中的拎包入住的大型工人公寓居住区，采取物业化管理，避免了对周边村庄生活及环境的影响。实现以人为本、以环境为本的管理。

（a）

（b）

图10-27 网架分区拼装、计算机液压同步提升、卸载、整体合拢

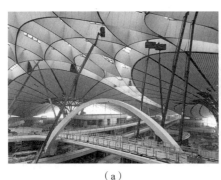
（a）

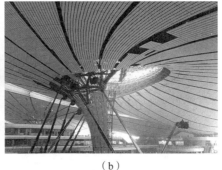
（b）

图10-28 新型液压高空升降车用于高空作业

图10-29 现场花园式工地

图10-30 操作平台满铺脚手板保证工人安全

(4) 管理者的职业责任与职业良心

对管理者来说，一方面，完成工程目标，实现工程效益，是管理者的职业责任所在。另一方面，从管理者职业良心的角度，应该合法合规组织施工，保护所有参与者的生命健康安全，坚持生命至上，安全第一，保护自然环境、节能降效，提升社会公众的福祉。

(5) 所依据的宏观价值

宏观价值为坚守社会效益与生态效益，从构建人与自然生命共同体出发，在工程建设、管理过程中倡导尊重生命、保护生命、敬畏生命、尊重自然、顺应自然、保护自然，以此使工程建设良性发展，促进人与自然和谐共生。

(6) 所依据的管理理念

本工程项目的管理理念为：以高度的使命感、责任感、荣誉感，探索和发展新型的总承包管理模式，大力推广应用绿色环保和新技术新工艺，实现安全管理人本化，资源组织集约化，管理手段智慧化，日常管理精细化。通过高标准管理和超强执行力，把北京大兴国际机场机场航站楼建设成为代表新世纪新水平的标志性工程，成为引领机场建设的风向标。归结为"牢记初心使命，安全高效生产、集成创新发展、生态和谐共生"。

组织管理方面，在清华大学方东平教授团队指导下，开展了一系列行之有效的安全管理活动。

①编制整体工程安全环保管理策划

管理策划是实现系统化、标准化、精细化管理的重要保证，突出事前风险评估，重在事故预防。策划的编制工作需要技术、工程、安保、机电、物资等部门全体参与，从全局把控整体要求，然后逐级分解至办公区、生活区、施工区，再细分至基础施工、主体施工、机电装修等阶段，指导现场管理，做到有的放矢，将策划与工作有机结合起来，保证HSE策划的可操作性。管理策划包含管理理念、管理目标、管理组织结构、管理职责、安全风险识别及管控措施、管理制度、培训计划、具体管控措施、事故应急处理、标准化设施等方面的内容。

②增强安全领导力

科学的领导是管理体系的基本要求和动力，也是自上而下、全面建构项目安全文化的重要驱动力。项目主要管理人员的安全领导力和高水平的安全文化是管理体系成功实施的基础。本项目一改国内通行的由管生产的领导管安全的管理体系模式，安全环保管理体系独立行使管理职权，安全主管与项目经理的待遇相同。因此，在项目初期就注重对项目主要管理人员进行安全领导力的培塑与提升,并在后续过程中将提升对象扩展至各方各级管理者,使项目各方各级组织在安全管理实践中都能确保安全理念、方针、制度、规范的充分落实落地。

③全面快速建构高水平的安全文化

安全文化是建构在一个集体中人、事、物上的安全信念和价值观的组合。项目在实施过程中坚持建设高水平的安全文化,通过领导明确的安全承诺、有效的安全沟通机制、整洁的现场秩序、完备的防护用具配置等多种形式对项目人员的安全意识与行为施加积极影响。因此,全方位、多元化地开展项目安全文化建构,是从源头上管控人的不安全行为,预防施工安全事故的有效方法。

④深度管控不安全行为

及时、准确、严格地管控工人的不安全作业行为、规范管理者的不安全管理行为是至关重要的。

首先,项目定期开展安全领导力测评予以实现持续改进。流程由准备、测评、分析与研讨等四个基本阶段构成,通过测评问卷进行数据统计分析,进行深入研讨,以发现问题、分析问题,并共同探讨解决问题的对策与措施。

其次,进行安全文化测评与改善。以提升项目及全员安全文化水平及组织安全绩效为目的,对项目中的安全承诺、安全管理体系、安全沟通、安全参与、安全监督、安全培训等方面进行综合分析,为针对性地开展项目高水平安全文化的快速建构提供科学的参考依据。

最后,对安全行为测评提出管控方法。首先,建立施工中作业不安全行为清单和检查表,建立安全管理信息化平台,用以在日常安全检查中识别和纠正工人的不安全作业行为。其次,通过采用主观性的行为测评工具调查分析工人在作业过程中的安全参与和安全遵守等方面的实际水平。针对高频、高危的不安全行为,进一步开展心理和生理的深层次不安全行为致因的调查,包括工人做出不安全行为的认知环节及失效情况调查和工人疲劳水平的全面调查。最后,针对工人做出不安全行为的致因分析结果,通过设施装备设置、奖惩措施制定、作业任务调节等方式实施管控,减少不安全行为的发生。

在工程技术创新的管理理念指导下,项目通过集成创新发展促进质量、进度、安全、环保等目标的协调。

①安全环保专项方案编制和审批制度

根据项目安全环保风险评定,对危险性较大的工作或工序,制定专项安全方案,经安全负责人审查通过后严格组织实施。对于技术复杂的或危险性较大的分部分项工程制定专项技术方案,制定专项的安全技术措施,经技术负责人审批通过后组织实施。其目的是确保施工方案符合研讨会确定的内容，同时符合国家、行业、企业管理强制性规定。

②大力推广应用技术和装备创新

技术方案的编制首先应评估工艺的安全性和环保性，坚决淘汰落后的工艺和装备，通过技术与装备创新促进安全与环保。在地下的轨道层，层高达到12m，混凝土结构梁的截面尺寸大、跨度大，属于高支模。为了确保高支模架的安全性，研究决定全部采用盘扣架体系，超大空间自由曲面钢构网架安装采用楼面拼装分块提升分区卸载的方法，所有高空作业采用高空曲臂车或升降车，具备工厂预制条件的机房工程、装修工程在工厂加工好后现场拼装，通过技术手段最大限度降低安全风险。现场安装扬尘监控系统，实时监测扬尘指数，利用雾炮车、雾炮机、喷淋降尘装置实时降低扬尘污染。购置钢筋自动加工设备，在工厂进行预加工，降低材料的损耗率，提高工程质量。

（7）不确定因素及应对方案

行动方案实施过程中的不确定性因素包括：自行设计的栈桥因为没有相应规范和验收标准，安全性如何保证；相当于鸟巢重量的18万 m^2 网架提升、卸载和合拢的安全风险如何控制，三个月的安装时间和安全风险控制相矛盾；机房内设备管线极其密集，现场安装风险很大；结构高峰期间8000多人，164家专业单位参与现场作业，如何有序控制安全风险，减少个人伤害。

为了处理不确定因素，在技术方面采取以下措施：

一是栈桥的使用。在设计栈桥及小火车时进行计算和充分模拟，请国内专业研究机构和设计院设计验算，在安全措施方面，通过采用轨道解决了车辆行走的安全不确定性，两侧安装安全护栏封闭式运输保证安全。

二是超大跨度复杂钢构网架安装。经过方案的多轮比较，分区域滑移、原位拼装等方式均不具备时间和安全保障。分区域滑移对接和滑移轨道支撑体系具有失稳风险，原位拼装支撑体系稳定性和高空吊装的安全风险大，因此经过反复计算和论证最终选择安全快捷的分块拼装、分块提升、分区卸载、整体合拢的方案。

三是工厂预制。机房是航站楼的重要功能单元，为减少现场安装的安全风险，创新采用工厂预制的方法，综合考虑市政运输、现场预留与吊装条件，把机房内的设备按功能分成若干单元，工厂制作完成后现场就位，进行单元间管线连接固定。

四是技术方案的充分论证。编制实施方案必须要经过相关方的充分研讨，样板样品安装试验，结构力学计算，利用BIM和动画进行工况模拟，必要时举办专家论证，以规避新技术带来的不可预见的安全环保风险、操作风险、经营风险、进度风险等。管理者最终对整体目标进行统筹、平衡和控制。

项目有164家参施单位，来往人员3万多人次，历时3年6个月，高峰期现场人员8000多人，如何管理这些参建人员的安全，是此项目最大的风险。为此，在管理方面采取措施如下：

一是提升领导力。主要领导高度重视以身作则，组建足够力量的管理组织架构，制定规划规则，加大资金投入，提升安全系统的领导地位和管理权力，充分授权设立激励机制，严格考核评价，建立全员全系统一岗双责的安全参与机制。

二是营造安全环保文化。设700人的培训教室和安全宣讲台，设专职安全环保培训师，建设安全体验中心，开展各种形式的安全考试、安全竞赛、拜师活动、安全观摩活动，编制安全教育手册，加大现场安全宣传教育和警示告知，签订安全协议，建立安全例会碰头会。

三是建立健全管理制度。制定《安全审批制度》《安全条件验收制度》《安全条块管理制度》《人员差别化管理》《安全风险管控制度》《安全双控机制》《班组安全环保管理》《安全标准化管理》《危险性工程旁站管理》。

四是加强安全行为管理。建立24h现场监控平台，严格控制操作人员的安全行为，有效控制管理风险。高峰期安全管理人员达到170多人，保安作为安全管理的重要辅助力量，这些管理人员按层级授权，按照不同安全隐患分级，有暂停工的权力，实现对现场进行及时严格的控制。此外成立现场消防救援队、机械管理队、保洁队，高峰期达1200多人。

（8）伦理决策的商谈程序

工程项目的每项重大决策均经过项目管理团队的充分调研与集体会议研究，特殊重大方案由专家论证决定。在决策与制度制定方面坚持审批制，保证程序公正；充分考虑各利益相关者的诉求，实行会签制度，决策需经各利益相关方签字确认方能生效。包容的商谈程序和严格的执行制度是全面落实"以人为本、生命至上"的安全价值观与"安全第一、预防为主"管理理念的重要保障。

10.4.4 行动方案的效果评价

习近平总书记在2017年2月视察项目时给予了高度评价。项目通过技术创新、安全管理创新，真正实现了零伤亡、零事故、零冒烟、零扬尘，真正做到了以人为本、生命至上的安全管理，实现了安全工程的管理目标，得到了社会各界的肯定和高度评价。扎哈工作室称赞本工程是世界上最干净整洁的工地，参观调研的社会各界给予了高度评价。本工程的管理成果是安全领导力、安全文化、安全行为研究应用改善安全管理的充分体现，在行业里树立了标杆和样板。

但短期内，超常规、高标准、严要求的安全管理带来高的安全投入，远超原定额的造价水平，同时还带来劳动效率的降低，造成工程效益的减损。

从长期影响来看，北京大兴国际机场航站楼在设计和施工方面的先进性、复杂性在世界上前所未有，其技术和管理创新突破的理论与方法为同类建筑的建设管理提供了借鉴和参考，践行了习近平总书记关于本工程要在基础设施建设方面创建样板的指示。这些理论和方法在行业内得到了广泛推广和应用，为行业的安全管理水平的提升和造价体系改革起到了积极作用，为建筑行业的高质量发展作出贡献。下一步需要进一步固化经验，加强安全文化的建设，借助数字化的平台和装备提升管理能力。

10.5 基于伦理决策主体与伦理问题演变的反思

10.5.1 管理者的作用和表现

反思本工程管理伦理问题的解决，管理者的行为取得了良好的效果。主要表现在四个方面。

①管理者实现了工程自身建设和社会效益的统一。管理者不仅通过工程技术创新和安全管理突破以零伤亡的成果实现了工程目标，而且践行了保护公众安全健康、推进绿色环保建设的社会责任担当，为行业发展作出贡献。

②管理者实现了职业责任与社会责任之间的平衡统一。管理者具有合法合规、诚实守信完成工程目标，保证工程效益的职业责任，同时也尽可能地维护了工程参建者与社会公众的安全、健康与利益，推进环境保护建设，通过管理与技术创新的行动方案在协调各方利益之间达成平衡，践行了社会责任，坚守了职业良心。

③管理者实现了工程效益与安全环保多方面价值的并重。通过创新工艺技术，充分利用BIM等数字化技术提高材料利用率、桩头等废旧混凝土的二次利用、钢筋自动加工、节水节电、工厂预制、太阳能、空气源热泵、污水处理，率先使用箱式周转房、箱式路基板、现场绿化等，从而既保证了工程效益，又最大限度地保障参建者安全健康，保护当地自然环境，兼顾了多方面的利益与价值。

④管理者实现了在短期利益与长期利益之间的合理选择。从行动方案的实际效果来看，管理创新、工艺技术、先进装备投入，虽然在短期内投入研究工作量大、风险大，但从全建造周期和行业长期发展角度来看，有利于降低施工成本，提高工程社会效益。管理者用单项风险换来了长远收益，是明智的选择，同时也对企业的长远发展与核心竞争力的提升具有重大意义。

10.5.2 管理者伦理决策的主客观影响因素

管理者在伦理问题的应对中做出了道德上最好的选择，影响其伦理选择的既包括价值观念、道德水准等主观因素，也有赖于技术创新的客观支持，主要有以下四点。

①管理者在价值观念上的正确选择，受到"创新、协调、绿色、开放、共享"五大发展理念和企业"创新、激情、诚信、担当、感恩"核心价值观的影响。

②管理者管理理念模式的革新，对工艺技术进步的不懈追求。如果没有管理者"工程效益与社会效益并重"的价值观念和矢志创新的管理理念的支持，就不会有其对安全与环保管理目标的高追求。而如果没有管理理论和工艺技术的进步作为支撑，管理者亦无法依照行动方案高标准、安全、高效完成工程，并达成多种利益与价值创造性的协调。可见，创新是保证行动方案落地、伦理问题解决的重要因素。

③管理者普遍拥有较高的道德水平，主动寻求伦理问题的最优解。体现在管理者在职业道德素养与社会责任担当意识层面都有很大进步。

④管理者的管理行为公正、诚实、正直、守信、忠诚、尊重他人。对社会公众、经济、环境的可持续发展作为自己的社会职责和行为准则。根据哈贝马斯的商谈伦理学，自愿的、真诚的、平等的对话才能达成道德共识，这个原则放在管理过程中也是适用的。倡导充分创新的激励机制，公正开放的决策流程，对最终达成合理的伦理决策也提供了保障。

10.5.3 管理者共同体内部决策矛盾成因

（1）工程管理的认识水平差异

各级各方管理者对工程本身的复杂性和重要意义认识存在偏差，在施工部署，组织管理，新技术、新设备、新工艺的创新应用层面存在分歧。比如针对安全的高标准严要求，生产和经营分管领导存在不同态度，因此需要在决策过程中深入沟通、充分论证，消除认识水平上的分歧，达成一致意见。

(2) 管理理念与价值观念不同

在工程效益与安全健康、环境保护价值之间的权衡，个体利益和整体效益、长期效益与短期效益间的取舍等方面，管理者团队内部会有不同的声音。对此，应该从全局整体的角度考虑问题，突出整体效率、整体效益，从大局出发和长远计议，最终做出决策。在本工程中，体现在国家重点工程建设应展现最高管理水平，为行业做引领、样板和标杆。

(3) 管理者道德能力不同

由于个人经历、认知水平、风险态度的不同，管理者团队内成员在道德修养与伦理水平上存在差异，可能会存在将私利置于共同利益之上的伦理倾向，例如消极承担工作、计较个人得失等，这些因素不利于伦理决策的作出。因此，一方面应通过培训教育和正向激励提高管理者的道德水准，另一方面坚持少数服从多数、少数模范带领多数的原则，从制度程序上保证决策的公开、透明、公正，充分考虑各相关方的利益诉求。

10.5.4 机场建设工程管理伦理问题的演变

从1995年开工建设，1999年投运的北京首都机场T2航站楼，到2004年开工2007年投运的北京首都机场T3航站楼，到2015年开工2019年投运的北京大兴国际机场航站楼，在工程管理、工程技术、价值观理念、职业伦理等方面发生了较大的变化，在发展的眼光下讨论这些要素（表10-2），有利于了解此工程管理伦理问题的动态性、发展性，以及伦理问题的解决方法，可以得出一些结

发展眼光下的北京大兴国际机场航站楼核心区工程管理伦理分析　　表10-2

要素	北京首都机场T2航站楼	北京首都机场T3航站楼	北京大兴国际机场航站楼
工艺技术	操作基本人工 主要材料设备靠进口 现场作业为主	操作基本人工 主要材料设备部分国产 现场作业为主	部分机械化 材料设备大部分国产 部分工厂预制
宏观价值	举集团之力 完成工程任务	创造精美工程 提供满意服务	创新激情诚信 担当感恩
社会价值	三个代表	科学发展观	五大发展理念
管理理念	粗放式的管理，重点关注工程进度	较精细的管理，重点关注工程进度	通过管理理论实践创新、技术创新实现以人为本的安全环保管理
道德能力	诚实守信、公平正直，安全环保意识不高	职业素养、工程伦理正在形成，安全环保意识不高	职业道德、工程伦理得到应用，实现以人为本的安全管理，环保意识深入人心

论：①社会价值理念的变化推动工程管理伦理水平的进步；②管理者的道德能力和伦理智慧有所提高；③工程管理伦理问题的解决以管理理论创新和技术创新为重要动力。

后　记

本书是中国工程院课题"基于中国实践的工程管理伦理学研究"（项目负责人刘合）的结题成果。

工程向善是新时代中国工程发展的基本诉求。新时代中国工程实践面临着更加尖锐复杂的时代性伦理问题，而工程管理伦理的整体水平滞后于工程建设的迅速发展，成为阻碍伦理问题有效解决的重要因素，不利于我国工程向好、向善、高质量发展。

在现有的工程伦理理论不完全适用于中国工程建设背景下，《工程管理伦理——基于中国工程管理实践的探索》的撰写、编辑和出版，提供了伦理主体从工程师转向管理者的新思路，有助于完善工程哲学与工程管理学理论体系，亦是对工程伦理的理论创新；有助于融合工程学、管理学、伦理学界的话语，组织一支工程管理伦理学的研究队伍，贯通理论与实践之间的桥梁；也可作为工程界和高等院校的教育培训与教学参考书，在培养我国工程管理后备人才方面发挥独特作用。

本书建立在现场调研、文献学习、理论分析、专家研讨等工作的基础之上，广泛吸收工程管理学、伦理学、哲学等领域专家意见，整合不同工程领域企业与机构参与实际案例研究和撰写工作中来，在密切合作中起到宣传教育的作用，扩大影响力。

在本书的研究、讨论、写作、修改过程中，获得了诸多帮助与支持。在此，我们要对各领域专家顾问，"基于中国实践的工程管理伦理学研究"课题组成员，案例撰写专家，以及一直支持、指导、关心本书写作的领导们表示衷心感谢。

顾问：

胡文瑞院士、殷瑞钰院士、何继善院士、孙丽丽院士、郑静晨院士、黄维和院士、袁晴棠院士、李贤玉院士、董尔丹院士等。

课题组：

刘合院士、杨宏院士、林鸣院士、方东平教授、李国欣教授、王建华教授、李军教授、张恒力教授、万俊人教授、李正风教授、刘洪玉教授、李芬、苏健、李文琪等。

案例撰写专家：

中国石油长庆油田页岩油开发建设工程：何文渊、支东明、吴志宇、陈林、李彦录等；

港珠澳大桥岛隧工程：高纪兵、董政、肖珈等；

载人空间站工程：陈国宇、夏侨丽、李伟、高珊等；

南水北调中线一期工程：何凡、姜姗、刘欢等；

秦山核电站工程：罗长森、陈志刚、黄潜、苏罡、薛妍、冯行、卫毓卿、杨克等；

北京大兴国际机场航站楼核心区工程：李建华、段先军、刘汉朝、张谦等。

工作指导：

中国工程院三局黄海涛副局长

中国工程院工程管理学部办公室聂淑琴主任、常军乾副主任

据悉，无论是在国内还是国外，本书都是第一部基于工程伦理在中国工程实践中的不完全适用性，提出工程管理伦理基本概念与理论框架的著作，具有重要的理论价值和现实意义。

我们希望本书能够引起工程界、伦理学界、管理学界、教育界和其他有关人士的兴趣，也希望能够引起理工科院校（包括职业教育院校）大学生、研究生和教师们的广泛兴趣。作为一部探索性的学术著作，本书中缺点和错误在所难免，也有许多问题尚未明确，等待未来研究的推进。我们诚恳地希望听到读者的批评和反馈意见。

作者

2022 年 8 月 8 日